상속자들

상속자들 : 학생과 문화

1판1쇄 | 2024년 11월 18일

지은이 | 피에르 부르디외, 장클로드 파스롱
옮긴이 | 이상길

펴낸이 | 정민용, 안중철
편집 | 윤상훈, 이진실

펴낸곳 | 후마니타스(주)
등록 | 2002년 2월 19일 제2002-000481호
주소 | 서울특별시 마포구 신촌로14안길 17, 2층 (04057)
전화 | 편집_02.739.9929/9930 영업_02.722.9960 팩스_0505.333.9960

블로그 | blog.naver.com/humabook
엑스, 페이스북, 인스타그램 | @humanitasbook
이메일 | humanitasbooks@gmail.com

인쇄 | 천일문화사_031.955.8083 제본 | 일진제책사_031.908.1407

값 18,000원

ISBN 978-89-6437-470-2 93300

LES HÉRITIERS
LES HÉRITIERS
LES HÉRITIERS

상속자들

학생과 문화

피에르 부르디외, 장클로드 파스롱 지음

이상길 옮김

후마니타스

차례

Les Héritiers. Les étudiants et la culture

일러두기

- 본문과 주석에서 대괄호([ ])로 묶은 내용과 참고 사항(231~236쪽)은 옮긴이가 추가했다. 옮긴이의 각주는 '[옮긴이]'라 표시했고, 그 외의 것은 원문의 주석이다.
- 원문에 이탤릭체로 표기된 내용은 드러냄표로 처리했다.
- 논문, 기사는 홑낫표(「 」), 단행본, 정기간행물은 겹낫표(『 』)로 표기했다.
- 외국어 고유명사의 표기는 국립국어원 외래어표기법을 따랐으나 일부 굳어진 표현은 그대로 사용했다.

    이 책은 기본적으로 다음과 같은 다양한 조사 결과들
의 종합에 바탕을 두고 있다. 우선 우리가 유럽사회학연구
소의 틀 안에서 수행한 조사로, 그 결과의 전체 내용은 다
른 지면에 이미 실린 바 있다.[1] 다음으로 INSEE[국립통계경
제연구소]와 BUS[대학통계청, 1933~70]에서 제공한 통계자
료들이 있다. 한편 우리가 직접 수행했거나 혹은 우리의 지
도 아래 실시한 사전 조사라든지 사례연구 들이다. 그 가운
데는 릴과 파리의 사회학 전공 학생들이 GTU[대학 내 연구
집단]를 구성해, 혹은 개별적으로 수행한 연구들도 있다. 대
학생의 인간관계(릴의 GTU), 시험에 대한 불안감(B. 베르니
에), 통합의 노력(릴의 GTU), 대학생의 여가(G. 르부르주아),
대학생이 본 대학생(파리 GTU), 소르본의 고대극부와 그 관
객(파리 GTU).

---

[1] Pierre Bourdieu & Jean-Claude Passeron, *Les étudiants et leurs
études*, Cahiers du Centre de sociologie européenne, publication de
l'Ecole pratique des hautes études, Mouton et C°, Paris, 1964.

우리는 대학생 집단 전체라든지 다른 단과대를 다루는 여러 조사(대학생과 정치, 릴 대학 도서관 이용자, 의대생, 여대생)는 드물게만 참고했다. 그러니까 인문대생들이 우리 분석에서 특별한 자리를 차지하고 있는 셈이다. 그 이유는, 앞으로 보겠지만, 이들이 우리가 연구 대상으로 취한 '문화에 대한 관계'를 모범적인 방식으로 구현하고 있기 때문이다.[2] 끝으로 문화와 교육에 관해 진행 중인 연구들 가운데 문화적 특권에 대한 분석만을 분리해 냄으로써, 우리가 가능한 질문들의 총체를 단 하나의 질문으로 환원하는 것처럼 보일 수도 있다는 점을 모르지 않는다. 하지만 해당 영역에서 의례적인 문제틀이 거의 언제나 성공적으로 은폐해 왔던 근본 문제를 포착하려면 그런 위험을 무릅써야만 하지 않을까?

---

2 21, 22쪽 참조. [프랑스어 'culture'는 '양육', '교육', '지식', '학습', '교양', '문화' 등 다양한 의미를 지니며, 이 모든 의미를 동시에 함축하기도 한다. 여기에서는 문맥에 따라 주로 개인적인 차원과 관련되는 경우엔 '교양', 사회적인 차원과 관련되는 경우엔 '문화'라고 옮겼다.]

1장

선택받은 자들의 선별

북아메리카 원주민들에게는 예언자의 행동이 고도로 양식화되어 있다. 아직 '[초자연적] 환영vision을 찾지' 못한 젊은이는 통상 다른 사람들이 보았던 수많은 환영의 이야기들을 듣게 된다. 그 이야기들은 '진정한 환영'으로 간주되어야 하는 경험의 유형과 특수한 상황을 세세하게 묘사한다. 그 상황은 (……) 초자연적인 접신을 승인하고 그에 따라 예언자에게 사냥, 전쟁 계획의 지도 등과 같은 권력을 부여하게 된다. 그런데 오마하족의 경우엔 이야기들이 예언자가 보았던 것에 관한 세부 묘사를 제공하지 않았다. 심층적인 탐구는 다음과 같은 사실을 분명히 알아차릴 수 있게 해주었다. 즉 환영은 그것을 찾는 사람이라면 누구나 민주적으로 접할 수 있는 신비한 경험이 아니라, 주술사 집단에의 소속 권한이라는 유산을 어떤 가문들 내부에서 간직하기 위해 은밀하게 보존해 온 방법이라는 것이다. 원칙적으로 그 집단에의 진입은 자유롭게 환영을 보게 되는 경우에 승인받을 수 있었다. 하지만 환영이 특정되지 않은 신비한 경험으로 모든 젊은이가 찾고 발견할 수 있다는 교의는 진정한 환영을 규정하는 것에 관한, 아주 은밀하게 지켜지는 비밀에 의해 상쇄되었다. 강력한 집단에 들어가기를 바라는 젊은이들은 고독 속에서 은거하고 단식하다가 되돌아와서 그들이 본 환영을 어른들에게 이야기해야 했다. 그런데 그들이 엘리트 가문의 구성원이 아닌 경우에, 그들의 환영은 진정한 것이 아니라는 선언을 듣게 되었다.

마거릿 미드, 『문화적 진화에서의 연속성』

고등교육 진학이 사회 계급별로 불평등하다는 사실을 확인하고 개탄하는 것만으로 학교 체계 앞에서 나타나는 다양한 불평등의 빚을 단번에 모두 정산하는 데 충분할까? 노동자 자녀의 6%만이 고등교육에 진학한다고 되풀이해 말하는 것은 대학생층이 부르주아층이라는 결론을 끌어내기 위한 것일까? 그런 말을 하는 사람들은 혹시 어떤 현상을 분석하는 대신 그 현상에 (대한) 이의를 부르짖으면서, 자신의 고유한 특권에 맞서 스스로 항변할 수 있는 집단은 특권 집단이 아니라고 믿으려 애쓰는 것이 아닐까? 이런 노력은 많은 경우, 성공적이기도 하다.

　　확실히 고등교육의 수준에서 다양한 사회계층이 학교 체계 앞에서 겪는 일차적 불평등은 일단 각 계층이 거기서 아주 불평등하게 대표된다는 사실 속에서 나타난다. 그런데 다음과 같은 사실 또한 관찰해야 한다. 계급 출신별 대학생들의 비중은 교육 불평등을 불완전하게만 반영한다는 점, 고등교육에서 가장 많은 비중을 차지하는 사회적 범주는 동시에 [경제]활동인구population active에서는 가장 적은 비중을 차지한다는 점이다. 아버지 직업에 따른 대학 진학 기회를 대략 계산해 보면, 농업 노동자의 자녀는 10분의 1, 기업가의 자녀는 약 10분의 7, 자유 전문직 종사자의 자녀는 10분의 8 이상이라는 사실이 드러난다. 이런 통계는 혜택받지 못한 계급들로 갈수록 교육체계가 그들을 더욱 전면적으로 제거하고 있다는 객관적인 사실을 분명히 보여 준다. 하지만 우리는 학교 체계 앞에서의 불평등이 작동하는 모종의 훨씬 은폐된 형식들은 제대로 간파하지 못한다. 중하층계급 자녀의 특정 전공으로의 추방, 그리고 학업의 지체나 부진 말이다.

우리는 고등교육 진학 기회에서 어떤 선별의 결과를 읽어 낸다. 그런 선별은 주체의 사회적 출신에 따라 학업 과정 내내 아주 엄밀하게 불균등한 방식으로 작동한다. 사실 가장 혜택받지 못한 계급들에게 문제가 되는 것은 노골적인 제거이다.[1] 상급 관리직 종사자의 자녀는 대학 입학 확률이 농업 노동자의 자녀보다는 80배, 노동자의 자녀보다는 40배 높으며, 중간관리직 종사자의 자녀보다도 두 배 높다. 이런 통계는 고등교육 활용의 네 가지 수준을 구분할 수 있

---

1 〈표 1〉과 이후에 잇따라 있는 그림들을 보라. 부록에는 대학생 모집단에 대한 여러 통계, 그리고 사회적 출신과 성별에 따른 고등교육 진학 기회 및 특정한 전공 선택의 개연성을 계산하는 데 쓴 방법이 나와 있다.

〈표 1〉 사회적 출신에 따른 학업 기회(1961~62년)

부모의 사회적-직업적 범주		객관적 기회 (진학 확률)	조건부확률**				
			법학	자연과학	인문학	의학	약학
농업 노동자	남성	0.8	15.5	44.0	36.9	3.6	0
	여성	0.6	7.8	26.6	65.6	0	0
	총계	0.7	12.5	34.7	50.0	2.8	0
농민*	남성	4.0	18.8	44.6	27.2	7.4	2.0
	여성	3.1	12.9	27.5	51.8	2.9	4.9
	총계	3.6	16.2	37.0	38.1	5.6	3.1
가사 노동자	남성	2.7	18.6	48.0	25.3	7.4	0.7
	여성	1.9	10.5	31.1	52.6	4.7	1.1
	총계	2.4	15.3	41.3	37.0	5.5	0.9
산업 노동자	남성	1.6	14.4	52.5	27.5	5.0	0.6
	여성	1.2	10.4	29.3	56.0	2.6	1.7
	총계	1.4	12.3	42.8	39.9	3.6	1.4
고용직	남성	10.9	24.6	46.0	17.6	10.1	1.7
	여성	8.1	16.0	30.4	44.0	6.1	3.5
	총계	9.5	21.1	39.4	28.6	8.6	2.3
상공인*	남성	17.3	20.5	40.3	24.9	11.0	3.3
	여성	15.4	11.7	21.8	55.7	4.8	6.0
	총계	16.4	16.4	31.8	39.1	8.1	4.6
중간관리직	남성	29.1	21.0	38.3	30.2	8.5	2.0
	여성	29.9	9.1	22.2	61.9	3.4	3.4
	총계	29.6	15.2	30.5	45.6	6.0	2.7
자유 전문직과 상급 관리직	남성	58.8	21.8	40.0	19.3	14.7	4.2
	여성	57.9	11.6	25.7	48.6	6.5	7.6
	총계	58.5	16.9	33.3	33.2	10.8	5.8

주: * 이 두 경우[농민, 상공인]에는 아주 다양한 사회집단을 포함하는 순수한 통계 범주들이 문제가
된다. 농민 범주는 경작 규모와 관계없이 모든 농경인들을 한데 묶는다. 상공인 범주는 장인과
상인 외에도 기업가를 포함한다. 기업가의 경우, 이 표에서는 따로 떼어내어 계산할 수 없었으나,
고등교육의 제일 활발한 이용자 집단 가운데 하나로 여겨질 수 있다(〈부표 1-9〉 참조). 따라서 이
표를 신중하게 읽으려면 동질성이 가장 높은 범주들에 더 큰 의미를 부여할 필요가 있을 것이다.
** [옮긴이] 어떤 사건이 일어났다는 조건 아래 해당 사건이 일어날 확률.

게 해준다. 가장 혜택받지 못한 범주[즉 사회계층]들은 오늘
날 자녀를 대학에 보낼 수 있다는 상징적 기회만을 겨우 가
질 따름이다(100분의 5 이하). 최근 그 비중이 증가하고 있는
중간 범주들(고용직, 수공업 장인, 상인)은 100분의 10에서 15

〈그림 1〉 사회적 출신에 따른 교육 기회

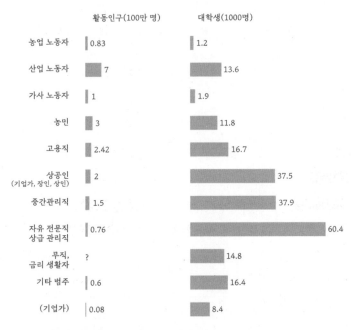

	활동인구(100만 명)	대학생(1000명)
농업 노동자	0.83	1.2
산업 노동자	7	13.6
가사 노동자	1	1.9
농민	3	11.8
고용직	2.42	16.7
상공인 (기업가, 장인, 상인)	2	37.5
중간관리직	1.5	37.9
자유 전문직 상급 관리직	0.76	60.4
무직, 금리 생활자	?	14.8
기타 범주	0.6	16.4
(기업가)	0.08	8.4

주: 〈그림 1〉과 〈그림 2〉는 고등연구원의 지도연구소에서 작성했다. 이 작업에 수고해 주신 베르탱 씨에게 감사드린다.

정도의 기회를 가진다. 다음으로 우리는 중간관리직에서 기회가 배가되는 경향(100분의 30 정도)을 관찰할 수 있으며, 이는 상급 관리직과 자유 전문직에서 다시 두 배 증가해 기회는 100분의 60에 가까워진다. 관련 당사자들이 그런 기회를 의식적으로 추정하는 것은 아니다. 그럼에도 객관적인 학업 기회에서의 뚜렷한 편차는 일상적인 지각 영역들에서 수많은 방식으로 표현된다. 그것은 사회계층에 따라

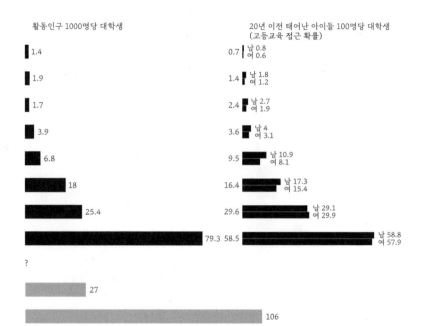

활동인구 1000명당 대학생

20년 이전 태어난 아이들 100명당 대학생
(고등교육 접근 확률)

1.4	0.7	남 0.8 / 여 0.6
1.9	1.4	남 1.8 / 여 1.2
1.7	2.4	남 2.7 / 여 1.9
3.9	3.6	남 4 / 여 3.1
6.8	9.5	남 10.9 / 여 8.1
18	16.4	남 17.3 / 여 15.4
25.4	29.6	남 29.1 / 여 29.9
79.3	58.5	남 58.8 / 여 57.9
?		
27		
106		

고등교육의 이미지를 '불가능한', '가능한' 혹은 '정상적인'
미래로 결정짓고, 이는 다시 학업에 대한 적성을 결정하는
요인이 된다. 학업적 미래의 경험은 상급 관리자의 자녀와
노동자의 자녀에게 동일할 수 없다. 전자는 대학에 갈 확률
이 2분의 1 이상이며, 자기 주변 혹은 가족 안에서 고등교
육을 평범하고 일상적인 운명으로 접할 수밖에 없다. 반면
후자는 대학 진학 확률이 100분의 2 미만이며, 대학 공부

〈그림 2〉 사회적 출신 및 성별에 따른 전공 분야 접근 확률

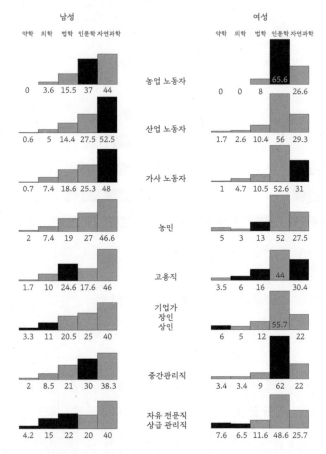

주: 우리는 전공 분야별로 가장 강력한 두 가지 경향성을 검은색으로 강조했다. 전공 분야의 분류는 각 분야에 등록한 학생 수에 따라, 또 사회적-직업적 범주의 분류는 고등교육에의 접근 확률에 따라 이루어졌다.

와 대학생을 개별적으로 알게 되거나 혹은 다른 계층과 만나면서 알게 될 따름이다.

상층계급일수록 가족 이외 인간관계들의 폭이 더욱 넓어지는 한편, 그 관계들의 사회적[계급적] 동질성은 계속해서 유지된다. 이와 관련해 우리는 최하층계급에서 고등교육 진학에 대한 주관적 기대espérance subjective가 객관적 기회에 비해서도 한층 더 약화되는 경향이 있는 것을 본다.

사회적 출신에 따른 학업 기회의 이런 불평등한 분포 속에서 남학생과 여학생은 대체로 균등한 조건에 놓여 있다. 그런데 하층계급에서는 여학생의 가벼운 열세가 좀 더 뚜렷이 나타난다. 전반적으로 여학생들의 고등교육 진학 확률이 100분의 8을 조금 웃돈다면, 남학생들은 100분의 10 정도이다. 이 차이는 낮은 사회계층에서 훨씬 두드러지는 데 반해, 상급 관리자와 중간 관리자층에서는 약해지거나 사라져 버리는 경향이 있다.

학업상의 불이익은 또한 특정한 사회적 범주가 합리적으로 구상할 수 있는 학업 선택의 제한 속에서도 드러난다. 대학 진학 기회는 출신 계급이 동일한 남학생과 여학생에게서 매우 비슷하다. 하지만 이 사실이 일단 대학에 들어간 이후 이들이 동일한 공부를 하지 않을 확률이 높다는 점을 감춰서는 안 된다. 사회적 출신이야 어떻든 간에 우선적으로 여학생은 인문학lettres 공부를, 남학생은 과학sciences 공부를 할 개연성이 가장 크다. 우리는 거기서 전통적인 성별 노동 분업(그리고 '재능')의 모델이 끼친 영향을 알아챌 수 있다. 더 일반적으로 여학생은 교직을 준비할 수 있는 인문대와 자연과학대를 가장 많이 강요당한다. 고등교육에 진학한 농업 노동자 가정의 여학생은 이 두 단과대 가운데 하나에 들어가 있을 확률이 92.2%인 데 반해, 동일한 출신의 남학생은 그 확률이 80.9%에 불과하다. 이 수치는 노동자 가정의 여학생과 남학생에게는 각각 85.3%와 80%, 고용직 가정의 여학생과 남학생에게는 74.4%와 63.6%, 중간관리직 가정의 여학생과 남학생에게는 84.1%와 68.5%, 상급 관리직 가정의 여학생과 남학생에게는 74.3%와 59.3%로 나타난다.

여학생은 혜택받지 못한 환경에 속해 있을수록 선택을 제한받을 확률이 훨씬 높아진다. 여학생은 상당히 가혹한 선택 제한을 대가로 고등교육에의 진입을 허락받는다. 이런 논리의 예시를 중간관리직과 상급 관리직 가정의 여학생 사례에서 볼 수 있다. 사실 여학생의 고등교육 진학 확률이 남학생에 비등한 것은 중간관리직의 수준에서이다. 하지만 이는 다른 사회적 범주들(농업 노동자를 제외한)에 비해 훨씬 두드러진 인문대로의 추방(61.9%의 확률)을 대가로 해서 이루어진다. 반면 상층계급 출신의 여학생은 남학생과 거의 대등한 고등교육 진학 비율을 기록하는 한편, 인문대를 강요받는 엄격성의 정도(48.6%의 확률)는 완화되는 것으로 보인다.

일반적인 규칙상으로, 선택의 제한은 특권계급보다는 하층계급에게, 남학생보다는 여학생에게 부과된다. 하층계급 출신 여학생에게 불이익은 훨씬 뚜렷하게 나타난다.[2]

요컨대, 성별과 관련된 불이익이 주로 인문대로의 추방 속에서 표출된다면, 사회적 출신과 관련된 불이익은 가장 막중한 결과를 가져온다. 그 결과가 혜택받지 못한 계층 출신 아이들의 노골적인 제거를 통해, 동시에 그런 제거를 피한 아이들에게 제공되는 선택의 제한을 통해 표출되기 때문이다. 이렇게 해서 이 학생들은 고등교육에 진입하는 대신 인문학이나 자연과학이라는 강요된 선택을 그 대가로 치러야만 한다. 고등교육은 그들에게 다섯 개가 아닌 두 개의 문을 열어 주는 셈이다. 법학, 의학, 약학 전공을 택할 확

---

2   이런 논평은 우리가 조건부확률 속에서 간파한 경향을 재구성하려는 목적을 지닌다. 그런 경향은 거의 언제나 기회를 사회적 출신에 따라 위계적으로 구조화한다. 하지만 다음과 같은 점을 인지해야 할 것이다. 즉 고용직 범주는 가장 확실하다고 주장되는 경향들을 종종 깬다는 것이다. 그리하여 의학을 공부할 확률은 중간관리직보다는 고용직 집안 출신의 남녀 학생들에게 더 높게 나타난다. 법학을 공부할 (조건부)확률은 회사원의 자녀에게서 강하게 나타난다. 거기서 우리는 프티부르주아지가 학업과 사회적 상승에 대해 가지는 태도에서 비롯하는 모종의 결과를 포착한다.

률은 상급 관리직 가정 자녀들의 경우 33.5%, 중간관리직 가정 자녀들의 경우 23.9%, 노동자 가정 자녀들의 경우 17.3%, 농업 노동자 가정 자녀들의 경우 15.3%이다.

그런데 특정한 사회적 범주 출신의 학생이 인문대에 등록할 조건부확률은 가장 혜택받지 못한 계급 출신 주체들의 추방을 흐릿한 방식으로만 드러낼 따름이다. 사실 여기에서 첫 번째 경향과 함께 두 번째 현상이 개입한다. 인문대, 그리고 그 내부에서 사회학이나 심리학 혹은 어문학과 같은 전공은 가장 학력 수준이 높은 계급의 학생들에게 망명처refuge 구실을 할 수도 있다. 사회적으로 고등교육이 '강제되는' 이 학생들은 적극적인 소명 의식 없이 이 전공들 쪽으로 향하는데, 그것들이 그들에게 적어도 남들에게 부끄럽지 않은 겉치레를 제공하기 때문이다. 따라서 특정한 사회적 범주 출신의 인문대 학생들이 차지하는 상대적 비중은 애매한 의미를 지닌다. 인문대가 어떤 학생들에게는 강제된 선택인 반면, 또 다른 학생들에게는 망명처이기에 그렇다.

정말로 상이한 분과 학문에 대한 불평등한 접근 가능성이 추방 현상으로 이어진다면, 고등교육 기관들의 위계 구조는 가장 혜택받은 계급들에 의한 최상위 학교들의 독점으로 이어질 것이라고 예상할 수 있다. 실제로 특권층 출신 학생들의 비중은 고등사범학교[윌므·세브르]와 국립이공과

학교에서 최대한에 달한다. 그 수치는 상급 관리직과 자유 전문직 가정 자녀가 각각 51%와 57%, 그리고 중간관리직 가정 남학생이 26%와 15%이다.[3]

학교 앞에서의 불평등이 표출되는 마지막 형태는 가장 혜택받지 못한 계급 출신 학생들의 지체와 부진이다. 이는 학업 과정의 모든 단계에서 포착될 수 있다. 그리하여 최빈 값 연령(즉 어떤 학년에서 최다 빈도의 연령)의 학생들 비중은 혜택받지 못한 계급 쪽으로 갈수록 감소한다. 하층계급 출신 학생의 상대적 비중은 높은 연령대에서 증가하는 경향이 있다.[4]

다음과 같은 세 가지 사실이 있다. 먼저 인문대나 자연 과학대로의 어쩔 수 없는 [진학] 선택은 진정 중하층계급 주체들에게 특징적인 일종의 학업적 불이익이라는 것이다(설령 그들이 이 운명을 소명으로 체험하게 되더라도 말이다). 또 자연과학 공부와 사회적 출신의 연계성은 상대적으로 약해 보인다는 것이다.[5] 끝으로 사회적 출신의 영향력은 인문학 교육에서 가장 분명하게 나타난다는 것이다. 이런 사실들에 우리가 동의한다면, 학교 체계 앞에서의 불평등에 작용하는

3 〈표 2〉 참조.
4 〈부표 2-11〉 참조.
5 〈부표 2-51〉에서 〈부표 2-53〉까지 참조.

문화적 요인들을 연구하기 위한 대표적인 현장으로 인문대를 꼽는 것은 당연해 보인다. 관련 통계를 공시적으로 재단하면, 성공적인 결실, 제거, 추방, 지체만이 드러나는 것이다. 일종의 패러독스는 극심한 문화적 불이익désavantages cul-turels을 겪은 주체들[즉 최하층계급 출신 학생들]이 가장 큰 불이익을 겪는 곳은 불이익의 작용으로 그들이 추방당해 내몰린 바로 그곳[즉 인문대]이라는 점이다.

경제적 장애물만으로는 '학업적 사망률'6이 사회 계급에 따라 그렇게나 달라질 수 있다는 점을 설명하기에 충분하지 않다. 비록 우리에게 다른 지표가 없고, 학교 체계가 끊임없이 가장 열악한 환경 출신 아이들을 에둘러 제거하는 다양한 방법에 대해 우리가 아무것도 모른다 하더라도, 이 주체들이 극복해야 하는 문화적 장애물들이 얼마나 크고 중요한지 그 증거를 다음과 같은 사실에서 발견할 수 있다. 그러니까 고등교육 수준에서도 사회적 출신과 뚜렷하게 관련된 태도와 자질의 차이가 나타난다는 것이다. 그렇게 차등화되는 학생들이 이미 15년에서 20년간 학교의 동

6 [옮긴이] 학업적 사망률은 교육과정에서 상급학교 진학에 이르지 못한 채 탈락하는 학생들의 비율을 은유적으로 가리키는 개념이다. 부르디외와 파스롱은 진학에 실패한 학생들의 중도 탈락을 '교육체계에 의한 객관적인 제거'로 표현하기도 한다.

질화 작용을 거친 데다가, 최하층계급 출신 학생의 경우 [다른 학생들보다] 더 뛰어난 적응력을 갖추었거나 아니면 [학교 체계에 의한] 제거를 용케 피해 갈 수 있는 가족 환경에 있었을 텐데도 말이다.[7]

모든 분화 요인 가운데 사회적 출신[즉 출신 계급]은 아마도 학생 환경에 가장 강력한 영향력을 행사하는 요인이다. 어쨌든 성별과 연령보다 한층 더 강력하고, 예컨대 종교적 소속과 같이 분명히 식별된 이런저런 요인에 비해 특히나 훨씬 강력하다.

표명된 종교는 [학생들 사이를 가로지르는] 가장 명확한 한 가지 균열의 기반이다. 또 '탈라스'talas와 '비非탈라스', 또는 '반反탈라스'의 구분은 분류 기준으로서 매우 유용하다.[8] 한데 그렇다손 치더라도, 종교적 소속과 독실한 신앙 실천은 적어도 학교와 교육 문화에 대한 태도와 관련한 중요한 차이의 결정 요인은 아니다. 사실 종교 집단이나 운동에의 참여(특히 가톨릭)는 학생들, 특히 여학생들에게 가족적 환경의 확장 격인, 상대적으로 통합된 이차집단 — '서클', '클럽', '모임' — 내에서 다른 친구들을 조직적이고 규칙적으로 만날 수 있는 기회를 제공한다. 가톨릭계 학생들의 경우,

---

7 56~58쪽 참조.

8 [옮긴이] '탈라스'는 실제 성당에 나가는 가톨릭 신자를 가리킨다.

〈표 2〉 그랑제콜 학생들의 사회적 출신 통계(1961~62년, 단위: %)

가장의 직업(아버지, 혹은 아버지가 없는 경우엔 어머니나 후견인)*	그랑제콜							
	국립이공과학교	국립중앙공예학교	국립고등광업학교(3)	국립고등항공학교	국립고등전기학교	국립고등화공학교, 국립고등엔지니어학교(14)	국립공예학교	리옹 국립응용과학연구소
0. 농민	1	2	5	5	4	5	5	6
자영농	1	2	3	4	3	3	5	2
차지농, 소작농, 토지 관리인	–	–	2	1	1	2	–	4
1. 농업 노동자	–	–	–	–	–	–	1	1
2. 상공인	13	12	13	31	19	19	19	18
기업가	5	3	4	18	6	5	4	2
장인	2	2	3	4	3	4	9	7
상인	6	7	6	9	10	10	6	9
3. 자유 전문직과 상급 관리직	57	47	41	33	42	30	19	19
자유 전문직	16	7	_9_	13	11	7	3	4
교수(사립 계열)	_8_	–		–	–	–	–	_3_
교수(공립 계열)		4	10	4	3	3	2	
상급관리직(사기업 부문)	14	20	11	5	11	10	8	5
상급관리직(공기업 부문)	19	16	11	11	17	10	6	7
4. 중간관리직	15	18	18	19	17	19	19	16
초등학교 교사(사립 계열)	2	_5_	–	–	–	–	–	–
초등학교 교사(공립 계열)	7		4	4	4	5	5	6
중간관리직(사기업 부문)	3	_13_	8	11	5	7	6	4
중간관리직(공기업 부문)	3		6	4	8	7	8	6
5. 고용직	8	9	12	8	8	11	10	16
사무원	5	_9_	11	7	6	7	7	13
점원	3		1	1	2	4	3	3
6. 산업 노동자	2	2	5	2	7	7	17	14
감독, 십장	_2_	1	1	1	2	2	5	2
반숙련노동자		1	4	1	_5_	_5_	11	11
미숙련노동자		_1_	–				1	1
7. 가사 노동자	–	–	–	–	1	1	2	2
8. 기타 범주	3	4	1	1		3	3	5
9. 금리생활자, 무직	1	6	5	1	2	5	5	3
총계	100	100	100	100	100	100	100	100

주: * 부모가 은퇴 혹은 사망한 경우, 최종 직업을 표기.
　　** [옮긴이] 두 항목에 걸쳐 있는 수치는 밑줄로 처리했다.
자료: La Documentation française, n. 45, 1954.

고등사범학교		그랑제콜			농업학교			1954년 활동인구 백분율	대학생 100명의 사회적 출신(비교용)
윌므·세브르	생-클루·퐁트네	정치학교(5)	고등경영학교	고등상업학교(12)	국립농업연구소	국립농업학교(3)	국립수의학교(3)		
1	7	8		4	20	28	15	20.8	6
1	5	7		3	20**	26	15		4
–	2	1		1		2			2
–	1	–		–	–	–	–	6	–
9	14	19		32	37	15	19	12	18
2	–	8		12	18	3	2		5
2	7	3		3		2	2		4
5	7	8		17	19	10	15		9
51	18	44		34	29	22	30	2.9	29
7	–	15		8	9	4	14		10
7	–	1		–	8	3	–		1
26	9	2		1			4		5
4	3	15		17	12	8	3		7
7	6	11		8		7	9		6
26	24	13		14	–	18	10	5.9	18
1	–	3		–		4	–		1
13	14			2			5		5
5	6	7		6		6	4		5
7	4	3		6		8	1		7
5	10	8		5	7	4	11	10.9	8
3	7	5		3	7	3	9		5
2	3	3		2		1	2		3
3	15	2		5	–	5	2	33.8	6
1	3	1		2		1	–		2
2	12	1		3		4	2		3
–	–	–		–		–	–		1
–	2	1		–	–	1	–	3.6	1
1	4	2		1		2	8		8
4	5	3		5	7	5	5	4.5	6
100	100	100		100	100	100	100	100	100

사립학교9에서 중등교육을 받은 비율이 훨씬 높다(가톨릭계는 51%, 비가톨릭계는 7%). 철학적 또는 이데올로기적 참여는 신앙 선서와 성당 출석률에 크게 연관된다. 가톨릭계 학생들 가운데 43%는 인격주의10라는 사상 학파에, 9%는 마르크스주의에, 48%는 실존주의에 속한다고 답한 데 비해, 비가톨릭계 학생들의 53%는 마르크스주의에, 7%만이 인격주의에, 40%는 실존주의에 속한다고 응답했다. 마지막으로 가톨릭계 학생들은 학업이나 미래 경력을 표상할 때 타자에 대한 봉사와 선의의 윤리를 투여하는 것으로 보인다. 그런 윤리는 나이 어린 여학생들에게서 특히 격정적으로 나타난다. 하지만 순전히 학업적인 행동과 태도 면에서 보자면, 종교적 소속이 결코 유의미한 통계적 차이들을 결정하진 않는다.

9 [옮긴이] 인종과 종교를 초월한 보통교육과 의무교육, 무상교육을 3대 원칙으로 삼는 프랑스 교육제도에서 학교의 절대다수는 국공립이지만, 사립학교 역시 일부 존재한다. 사립학교의 경우, 가톨릭교회, 혹은 프로테스탄트와 유대교 등 종교 단체가 운영하거나, 국가와의 협력 계약으로 개인이 운영하는 형태를 띤다.

10 [옮긴이] 인격주의는 인격을 목적 그 자체이자 최고의 가치로 보는 윤리학적 입장을 가리킨다. 전후 프랑스에서는 철학자 에마뉘엘 무니에가 1930년대에 가톨릭적인 입장에서 제창한 인격주의가 특히 사회적으로 많은 주목을 받았다. 무니에의 인격주의는 사람들의 인격 실현과 영적인 삶의 구현을 지향하며, 이를 저해하는 기술 문명, 전체주의, 자유주의적 개인주의를 거부했다.

매년 신입생이 들어오는 환경, 조숙성에 유다른 가치를 부여하는 학교 체계 내에서 나이, 정확히 말해 많은 나이 ancienneté는 통상적인 중요성을 갖지 않는다. 틀림없이 노화의 일반적 영향을 확인할 수 있는 행동, 태도, 의견 들이 있다. 이런 논리 속에서 우리는 나이가 많을수록 정치적 참여나 학생 조합 참여가 증가한다든지, [기숙사 같은 공동 주거가 아닌] 개인 주거에 거주하거나 공부와 아르바이트를 병행하는 경향이 강한 이유를 이해할 수 있다. 하지만 많은 현상은 반대로 이른바 학업 연령age scolaire에 연관된 것처럼 보인다. 학업 연령은 학업 과정에서 동일한 단계에 이른 학생들의 실제 연령과 최빈값 연령age modal 간의 관계를 가리킨다. 독립에 대한 선호와 성숙함을 증가시키는 단순한 고연령의 영향력이 미치는 행동과 태도를 별도로 떼어 다루기는 쉽다. 반면 학업적 고연령vieillissement scolaire의 영향과 의미를 포착하는 것은 훨씬 어렵다. 늦깎이 학생들은 단순히 나이 든 학생들이 아니라, 모든 연령대에서(그리고 정도 차이는 있지만 모든 사회 계급에서) 출현하는 학생 범주로 모종의 학업적 특징들에 의해 공부 면에서 늦되는 경향이 있는 학생들이다.[11] 마지막으로 연령의 영향은 상이한 실존 영역에 결코 동질적인 방식으로 가해지지 않는다. 그것은 특히 상이

---

11 〈부표 2-21〉에서 〈부표 2-28〉까지 참조.

한 사회적 환경 출신, 상이한 전공의 주체들에게도 그렇다. 우리가 이미 보았듯, 노숙성은 사회적 핸디캡의 일종일 수도 있고, 역으로 '영원한 학생'의 특권일 수도 있다.

완전히 상이한 기회, 생활 조건 혹은 노동조건을 규정하는 사회적 출신은 온갖 결정 요인 가운데 그 영향이 학생들 경험의 모든 영역과 모든 수준에까지 광범위하게 이르는 요인이다. 그것은 무엇보다도 그들의 존재 조건에 영향을 미친다. 거주 지역, 이와 연결된 일상생활 유형, 경제적 재원과 다양한 지출의 할당, 재원 확보와 관련된 가치와 경험의 성격처럼 재원에 따라 변화하는 [부모에 대한] 종속감의 밀도와 양태, 이것들은 모두 사회적 출신의 강력하고 직접적인 영향 아래 놓여 있고, 동시에 사회적 출신이 발휘하는 효력을 중개한다.

아무리 [그런 개념이] 단순화하는 방식에 지나지 않는다고 전제한다 해도, 어떻게 우리가 [일반적인] '학생 조건'condition étudiante에 관해 말할 수 있을까? 농민이나 노동자, 고용직 노동자, 그리고 하급 관리직 부모 자녀의 경우 14%만이 부모의 원조로 생활하는 데 반해, 상급 관리직이나 전문직 자녀의 경우 57%가 그렇게 생활하고, 전자의 36%는 학업과 일을 병행할 수밖에 없고 후자는 11%만이 그렇게 하는 세계를 가리키기 위해서 말이다. 그들 수입의 성격이나 액수, 나아가 그에 따른 가족에 대한 종속성 정도는 학생들을 사회적 출신에 따라 근본적으로 분리한다. 수입은 매달 200프랑에서 900프랑까지 걸쳐 있을 뿐만 아니라 그것의 출처, 그리고 부가적인 지원금의 규모(예를 들면, 옷값은 가족이 대줄 수도 그렇지 않을 수도 있다)에 따라 그 의미가 크게 달라질 수밖에 없다. 결국 자기 가족과 함께 생활하는 대학생들은 부분적으로만 대학생이다. 그들은 기회가 닿는 대로 '학생 조건'을 공유할 수 있겠지만, 그런 선택을 언제든 철회할 수도 있다. 그러니 '학생 조건'을 공유하면서 그들이 동일시하는 것은 실제 상황과 그에 따르는 제약들이라기보다는 환상적인 이미지에 불과하다. 그런데 자기 가족과 함께 생활하는 학생들의 비율은 농민과 노동자 자녀들의 경우 (전공 분야에 따라) 10~20% 사이를 왔다 갔다 하지만, 상위 계급 출신 학생들(특히 여학생들)의 경우에는 50%에서 때로 60%까지 올라간다.[12]

이런 여러 가지 차이는 의심할 여지 없이 명확하다. 일반적으로 우리는 학생 조건이 단일하고 통일적이라거나 통합되어 있다는 관념을 보존해 주는 정의의 기반을 학생들의 대학 활동에서 찾는다. 그들이 다른 면에서 얼마나 차이를 드러내든 간에 그들 특유의 역할이라는 관점에서 고려된 대학생은 사실 공부를 한다는 공통점을 지닌다. 출석이나

12 〈부표 2-1〉에서 〈부표 2-5〉까지 참조.

학습을 하건 안 하건 간에, 그들은 학위를 통해 사회적 성공의 핵심 수단을 독점하는 기관에 직업적 미래가 달려 있는 상황을 경험하는 것이다. 하지만 대학생들이 어떤 실천들을 공유할 수 있다고 해서, 이로부터 반드시 그들이 동일한 경험, 더욱이 집단적 경험을 한다고 결론지을 필요는 없다.

대학생들은 교육체계의 이용자일 뿐만 아니라 그 생산물이기도 하다. 그들만큼이나 현재의 행동과 자질이 과거에 획득한 것들acquisitions passées에 의해 강력하게 특징지어지는 사회적 범주도 없다. 많은 연구가 보여 주었듯이, 사회적 출신은 전체 수학 기간 내내, 특히 학교 이력의 중대한 전환점에서 영향력을 행사한다. 고등교육(특히 어떤 전공들)에 비용이 많이 들고 어떤 전문직은 부유한 부모 없이는 엄두를 내기 어렵다는 인식과 어떤 공부를 하면 어떤 경력으로 나아갈 수 있다는 정보의 불평등, 특정한 직업과 학업적 선택(예컨대, 라틴어)을 특수한 사회적 환경과 연결 짓는 문화적 모델들, 그리고 학교 체계를 지배하는 모델, 규칙, 가치에 잘 적응할 수 있도록 사회적으로 조건 지어진 선유경향prédisposition 등, 학생들에게 학교에서 '제자리인 듯 편안하게' 혹은 '자기 자리를 벗어난 듯 불편하게' 느끼고 그렇게 보이게 만드는 이 모든 요인의 총체가 — 여타의 자질이 동일한 경우 — 사회 계급에 따른 불평등한 학업 성취율을 결정짓는다. 이는 사전에 지적 도구, 문화적 습성, 혹은 경제적 수입이 갖춰져야 하는 전공들의 경우에 특히 그렇다. 예를 들면, 우리는 학업적 성공이 교육에 고유한 추상적 관념어들을 다룰 줄 아는 (실제의 혹은 외양상의) 능력에 달려 있으며, 이 부분에서 고전 교육[즉 그리스어와 라틴어 교육]을 받은 학생들이 가장 성공적이라는 사실을 안다.13 따라서

13 바질 번스타인의 연구는 노동계급 가족 내에서 발화된 언어 구조가 문화적 장애물 가운데서도 어떤 자리를 차지하는지 보여 주었다(Basil Bernstein, "Social Structure, Langage and Learning," *Educational Research*, 3, juin 1961, pp. 163-176). 철학과 학생과 사회학과 학생에게서 다양한 언어 활용 — 개념 정의 능력으로부터 다의성에 대한 명확한 의식, 동의어 찾기에 이르기까지 — 의 성공을 조건 짓는 요인들을 포착하고자 어휘력 시험을 실시한 결과는 가장 고전적인 교육과정(라틴어와 그리스어)이 언어의 통달에 제일 밀접하게 연계된 기본 변수를 구성한다는 사실을 알려 준다. 이런 상관관계는 성공 여부를 측정하는 시험문제가 학교교육과 관련된 것일수록 더 강하게 나타났고, 개념 정의 문제에서 가장 높은 점수를 기록했다(*Rapport pédagogique et communication*, Cahiers du Centre de sociologie européenne, N. 2, Mouton, Paris, 1965, 1부 참조). 이처럼 사회적 출신과 연결되어 있는 불이익은 주로 학업 관련 오리엔테이션의 선택을 통해 중개되며, 최고 수준 학업의 성공은 가장 먼 과거의 학업과 밀접하게 연관된 채로 남아 있다. 더욱이 테스트 결과에 대한 세부적인 검토는 다음과 같은 점을 보여 준다. 즉 다양한 계급 출신 학생들의 성공은 사회적 유산이 상이한 계급 상황들 속에서 학업적 유산으로 계속해서 전환되는 논리를 고려할 때만 이해 가능하다는 것이다. 그리하여 예컨대, 상급 관리직 자녀들의 테스트 점수는 이원적인 양식으로 분포되는 경향을 보인다. 이런 결과는 [상급 관리직 자녀들이라는] 이 통계적인 범주가 사실상 둘로 분화된 집단들을 은폐하고 있음을 폭로한다. 그런 분화는 명확히 문화적 오리엔테이션, 그리고 부차적인 수준의 사회적 특성들에 기인한 것이다. 또한 라틴어

(학년 단위로 사고하는 경향이 있는) 학생과 선생이 재능이나 본성, 아니면 아주 가까운 과거에 탓을 돌리는 경향이 있는 현재의 성공이나 실패는 사실상 이른 시기의 오리엔테이션[14][과 그에 따른 선택들]에 달려 있으며, 그것들은 원래 가족적 배경의 소산인 것이다. 그러므로 출신 환경에서 상속받은 문화적 습성과 성향의 직접적 작용은 최초의 [학업적] 오리엔테이션(이 또한 원초적 결정 요인들에 의해 생산된 것인데)의 승수효과[15]에 의해 증폭된다. 최초의 오리엔테이션은 이차적 결정 요인들의 작동을 촉발하는데, 그것들이 학교교육의 고유한 논리 속에서 이루어지는 상벌sanctions의 형식

전공생 범주에서 민중 계급 출신 학생들은 여타 집단들을 압도하는데, 그런 양성 과정의 희소성이 이 학생들에게서 상대적인 과잉 선별을 함축하기 때문이다(〈부표 2-44〉참조).

14 [옮긴이] '방향 모색', '방향 설정', '지향성' 등의 의미를 지니는 'orientation'은 우리말에서도 널리 쓰이는 외래어라는 점을 고려해 그대로 '오리엔테이션'이라고 옮겼다. 여기서 오리엔테이션은 주체가 자신에게 주어진 객관적 기회에 대한 주관적 기대를 바탕으로 물질적·심리적 투자를 수행하면서 사회 공간 내에서 자리를 잡아가는 행위를 가리킨다. 부르디외와 파스롱이 보기에, 이런 오리엔테이션은 의식적이고 합리적인 선택의 결과라기보다는, 무의식적인 실천 감각sens pratique의 작동에 가깝다. 참고로, 프랑스 교육과정에서는 진학, 전공 선택 등과 관련해 이루어지는 진로 지도 또한 오리엔테이션이라고 부른다.

15 [옮긴이] 승수효과는 변수 A에 대해 영향을 미치는 변수 B가 증감을 겪을 때, 그보다 더 높은 수준에서 A의 증감이 일어나는 것을 가리킨다.

아래 표현되기에 훨씬 더 효과적이다. 그런데 그 상벌은 사회적 불평등을 무시하는 척하면서 공인하는 것이다.

학생 인구에서 우리가 포착하는 것은 결국 사회적 출신으로부터 유래해 장기간에 걸쳐 가해지는 일군의 영향력이 빚어낸 최종 산물일 따름이다. 제거당하지 않고 살아남은 하층계급 출신 학생들에게 초기의 불이익들은 시간이 흐르면서 변화된 모습으로 나타난다. 그들의 사회적 과거는 학업적 수동성으로 변화한다. 이는 종종 잘못된 정보를 바탕으로 한 시기상조의 오리엔테이션, 강요된 선택 또는 학업 부진 등과 같은 중개 메커니즘의 작용에 의한 것이다. 예를 들어, 인문대 학생 집단에서 2학년에 라틴어를 공부한 학생들의 비율은 노동자와 농민 자녀의 경우 41%에서 상급 관리직과 전문직 자녀의 경우 83%까지 편차를 드러낸다. 이는 더구나 (문학도들의 경우) 고전 공부 및 그로 인한 학업적 이점들과 사회적 출신 사이의 관계를 보여 주기에 충분하다. 우리는 다음의 사실에서 가족 환경이 행사하는 영향력의 또 다른 지표를 확인할 수 있다. 즉 바칼로레아 [대입 자격시험]의 1차나 2차에서 어떤 과목을 선택할지에 관해 자기 가족의 조언을 따랐다는 학생의 비율이 사회적 출신이 올라갈수록 증가하는 반면, 이와 나란히 선생의 역할은 감소하는 것이다.

유사한 차이가 교육에 대한 태도에서도 발견된다.[16] 재능 이데올로기를 훨씬 강하게 믿기 때문인지, 혹은 자신의 재능을 강하게 믿기 때문인지 몰라도(이 두 가지는 함께 가는 현상이다) 부르주아 출신의 학생들은 다른 학생들처럼 지적인 작업을 위한 기술의 존재를 이구동성으로 인정하면서도, 독서 카드나 시간표처럼 지적 모험에 대한 낭만적 이미지와 양립할 수 없는 것으로 여겨지는 기법들에 대해 훨씬 커다란 경멸을 드러낸다. 상류층 학생들이 드러내는 미묘한 양태의 소명감이라든지 학업 수행 방식은 이들에게 내재하는 지적 관여성의 한층 공연한 특성을 보여 준다. 그들은 소명감이나 능력을 자신하면서 자기들이 가진 문화적 흥미를 최대한 다양하게 펼치는 와중에 진정한 혹은 젠체하는 망라주의[17]와 다소 유익한 딜레탕티슴[18]을 표출한다. 반면 다른 학생들은 대학 체계에 대한 훨씬 더 큰 종속성을 드러낸다. 사회학과 학생들에게 자기 사회, 제3세계 국가 혹은

---

16 〈그림 3〉 참조. 또한 〈부표 2-6〉에서 〈부표 2-13〉까지 참조.

17 [옮긴이] 망라網羅는 물고기나 새를 잡는 그물을 가리키는 말로, 망라주의는 폭넓고 다양하게 모든 것을 아우르려는 자세나 입장을 뜻한다.

18 [옮긴이] 딜레탕티슴은 예술이나 학문을 일종의 취미나 도락으로 즐기는 태도를 의미한다. 이런 태도를 가진 사람을 딜레탕트dilettante 라고 하는데, 특정한 분야의 전문가가 아닌 단순한 애호가, 또는 하나의 정립된 입장 없이 단지 이것저것 내키는 대로 즐기는 사람을 종종 부정적으로 이르는 말이다.

〈그림 3〉 사회적 출신과 학생 생활

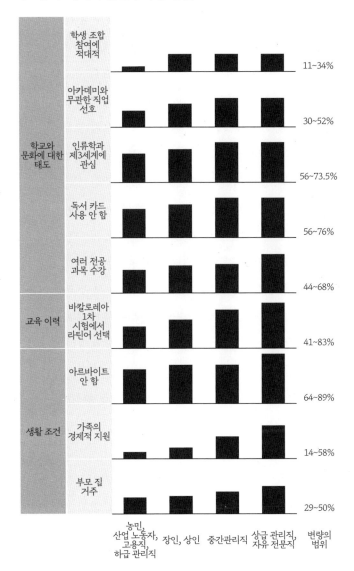

학교와 문화에 대한 태도	학생 조합 참여에 적대적				11~34%
	아카데미와 무관한 직업 선호				30~52%
	인류학과 제3세계에 관심				56~73.5%
	독서 카드 사용 안 함				56~76%
	여러 전공 과목 수강				44~68%
교육 이력	바칼로레아 1차 시험에서 라틴어 선택				41~83%
생활 조건	아르바이트 안 함				64~89%
	가족의 경제적 지원				14~58%
	부모 집 거주				29~50%

농민, 산업 노동자, 고용직, 하급 관리직   장인, 상인   중간관리직   상급 관리직, 자유 전문직   변량의 범위

민족학 가운데 어떤 쪽을 연구하고 싶은지 질문했을 때, 상층계급 출신일수록 '이국적인' 주제와 현장의 선택이 더 빈번하게 나타났다. 마찬가지로 가장 유복한 환경의 학생들이 최신 유행하는 사유에 훨씬 자발적으로 끌린다(예컨대 [롤랑 바르트가 주창한] '신화론' 연구에서 사회학의 특별한 대상을 보는 식으로). 이는 혹시 그들이 이때까지 살아오며 보호받은 경험이 자신의 열망aspirations을 현실원칙보다는 쾌락원칙에 따르도록 미리 정향 지었기 때문은 아닐까? 또한 지적 이국주의와 형식적 열의가 부르주아 경험을 표현하는 동시에 해소하는 상징적인, 즉 무해하게 과시할 수 있는 수단이기 때문은 아닐까? 이런 지적 메커니즘의 형성은 분명히 자유롭고 대가 없는 선택을 할 수 있는 사회경제적 조건들에 ― 아주 오랫동안 ― 노출될 것을 필요로 하지 않을까?

만일 학업 수행에서의 딜레탕티슴이 부르주아 출신 학생들에게 특히 나타나는 현상이라면, 이는 그들이 적어도 망명처 성격의 분과 학문[예컨대 사회학] 내에서는 허구적이나마 자기 자리를 확보할 수 있다는 믿음을 가지고, 실제적인 위험 없이 [그 학문에 대한] 모종의 거리 두기détachement를 표출할 수 있기 때문이다. 그런데 이런 거리 두기야말로 바로 더 확실한 안전망을 전제하는 것이다. 그들은 강의계획서에 직접 연관된 책들은 별로 읽지 않고, 덜 교과서적인 책들을 읽는다. 그들은 다소 동떨어진 전공이나 다른 단과대에서 여러 상이한 강의를 동시에 듣고 있을 개연성이 매우 높다. 그들은 언제나 자신에 대해 관대하게 판단하는 경향이 제일 강하다. 이처럼 [관용에서 기인하는] 자기만족은 학업 성적의 통계가 알려 주듯, 그들이 많은 상황에서 자신감을 갖게 해주는데, 이는 예컨대 구술시험을 치를 때 상당한 이점으로 작용한다.[19] 사실 부르주아 학생들이 학교의 전공에 덜 매인다는 점을 일종의 약점, 다른 특권들을 상쇄할 결점처럼 간주한다면 오산이다. 반대로 기민한 망라주의는 교육이 제공하는 가능성 가운데 최상의 부분을 뽑아낼 수 있게 해준다. 일정한 비율(약 3분의 1)의 상류층 집안 학생들은 다른 학생들에게라면 약점이 되었을 것을 아무 문제 없이 교육적 특권으로 변환한다. 앞으로 논의하겠지만, 학교 체계는 역설적으로 학교의 정형화된 가치와 전공

19 자신이 학업적으로 유능한 정도에 관한 견해를 하나의 척도 위에 표시해 달라고 요청했을 때, 부르주아 출신 학생들은 하층계급 출신 학생들에 비해 중간 범주에 대해서는 부정적이었고(75% 대 88%), '잘함'과 '매우 잘함'의 범주에 훨씬 기꺼이 스스로를 위치 지었다 (18% 대 10%). 중간계급 학생들은 모든 경우에 중간적인 태도를 지니고 있었다. 그런데 이 동일한 집단에서 하층계급 학생들은 정작 상층계급 학생들에 비해 일반적으로 더 우수한 학업 성적을 보였다. 하층계급 학생들 가운데 58%가 이전 시험들에서 적어도 한 번 이상 우등 성적을 받은 반면, 상층계급 학생들은 그 비율이 39%에 지나지 않았다. 두 번 이상 우등 성적을 받은 학생 집단에서 그 편차는 한층 명확해진다. 거기서 하층계급 학생들은 두 배 가까이 높은 비율을 보이기 때문이다(33.5% 대 18%).

에 대해 거리를 취하는 기술에 최고의 보상을 부여하기 때문이다.

특권계급 출신 학생들이 자신의 사회적 환경에 빚지고 있는 것은 학교 과제에 직접적인 도움이 되는 습관, 기술, 태도만이 아니다. 그들은 그 환경으로부터 지식, 요령savoir-faire, 여러 취향, 그리고 간접적이긴 해도 확실한 학업적 수익성을 보장하는 '좋은 취향'을 물려받는다. 어떤 전공들에서는 학업적 성공의 암묵적 조건이기도 한 [학과목 외] '자유' 교양culture 'libre'은 상이한 환경 출신의 학생들 사이에 아주 불균등하게 분포해 있다. 수입의 불평등성만으로는 발견된 격차들을 설명하기에 충분하지 않다. 문화적 특권은 극장, 갤러리, 음악회에 규칙적으로 가야만(학교는 그런 기회를 아주 간헐적으로만 마련한다) 알 수 있는 작품들에 대한 친숙성이 문제가 될 때 명백해진다. 이는 가장 덜 '교과서적인', 즉 일반적으로 좀 더 최신의 작품인 경우 한층 뚜렷해진다.[20]

연극, 음악, 회화, 재즈, 영화 등 측정 대상이 되는 문화 영역을 불문하고, 상류층 출신의 학생일수록 더 풍부하고 광범위한 지식을 가진다. 악기 연주 능력이나 극장 관람을 통해 얻어지는 연극 지식, 음악회 참석을 통해 얻어지는 고

---

20 〈그림 4〉 참조. 또 〈부표 2-14〉에서 〈부표 2-20〉까지 참조.

〈그림 4〉 사회적 출신과 학생의 예술 생활

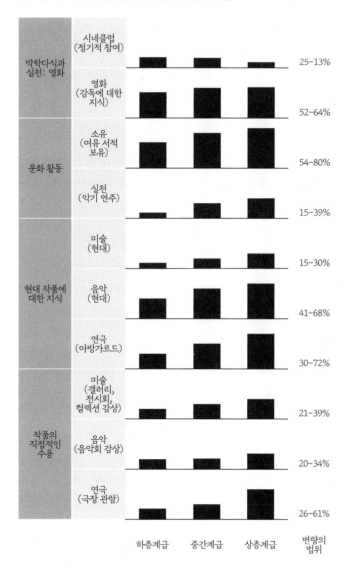

		하층계급	중간계급	상층계급	변량의 범위
박학다식과 실천: 영화	시네클럽 (정기적 참여)				25~13%
	영화 (감독에 대한 지식)				52~64%
문화 활동	소유 (여유 서적 보유)				54~80%
	실천 (악기 연주)				15~39%
현대 작품에 대한 지식	미술 (현대)				15~30%
	음악 (현대)				41~68%
	연극 (아방가르드)				30~72%
작품의 직접적인 수용	미술 (갤러리, 전시회, 컬렉션 감상)				21~39%
	음악 (음악회 감상)				20~34%
	연극 (극장 관람)				26~61%

전음악 지식에서 나타나는 광범위한 [계급별] 차이는 놀라운 일이 아니다. 반면 인상적인 것은 박물관 방문이라든지 '대중 예술'로 자주 언급되는 영화나 재즈 역사에 대한 지식조차 사회적 출신에 따라 학생들 간의 차이가 명확히 드러난다는 점이다. 우리는 직접적인 학교교육의 대상이 되지 않는 회화의 경우, 가장 고전적인 작가들에 대한 지식에서까지 차이가 나타나며, 현대 화가들에 이르러서는 그 차이가 한층 뚜렷해진다는 것을 안다. 영화나 재즈에 대한 박학다식(이는 공인된 예술에 비해서는 언제나 훨씬 드물다) 또한 사회적 출신에 따라 매우 불균등하게 분포되어 있다. 만일 그렇다면 우리는 문화 앞에서의 불평등은, 체계적인 교육의 부재로 인해 개인적 취향과 열정의 논리보다는 사회적 결정 요인들에 따르는 문화적 행동 영역에서 가장 현저하게 나타난다고 결론지어야만 한다.[21]

상이한 환경의 학생들은 예술적 이해 관심intérêts의 오리엔테이션에 의해 구분된다. 확실히 사회적인 분화 요인

21 상류층 출신이라고 해서 거기 속한 모든 사람이 자동적으로
동등하게 그 지위의 혜택을 누리게 되는 것은 아니다. 연극이나 음악회
관람 빈도의 경우, 상급 관리직 자녀들의 분포는 양분되어 있다. 그
모집단의 일부(약 3분의 1)는 같은 범주 내의 다른 집단, 동시에 여타
학생 인구 집단들에 비해 관람 빈도가 명확히 다르게 구분되어
나타난다. 〈부표 2-14〉와 〈부표 2-19〉 참조.

들은 때로는 가장 가시적인 효과들을 지울 수도 있다. 프티부르주아의 [고급문화에 대한] 진지한 태도는 상류층 학생들이 고급문화culture savante에 대한 친숙성에서 얻는 이점을 상쇄할 수 있다. 하지만 상이한 가치는 그것이 유사한 행동 [고급문화 수용]을 방향 짓는다 해도, 훨씬 미묘한 여러 차이를 통해 간접적으로 드러날 수 있다. 이는 특히 연극과 관련해 잘 나타난다. 미술이나 음악과 달리, 연극은 학교에서 교육되는 교양인 동시에 자유롭게 습득되는 자유 교양이기 때문이다. 농민이나 중간관리직, 노동자 혹은 상급 관리직의 자녀는 동일한 문화적 과거를 갖지 않기에, 고전 연극의 영역에서 같은 정도의 교양을 갖지 않으면서도 비슷한 수준의 지식connaissance을 드러낼 수 있다. 동일한 지식이 반드시 동일한 태도를 표현하지도, 동일한 가치를 수반하지도 않는다. 어떤 집단에서 그것은 교육적인 학습과 규율의 배타적인 권력을 증명한다(그것의 큰 부분이 실제 공연 관람을 통해서보다는 개인의 자유로운 독서 혹은 학교에서 부과한 독서를 통해 습득되었기 때문이다). 반면 또 다른 집단에서 그것은 적어도 학교의 강력한 요구에 대한 순종 못지않게 자신의 가정환경에 일차적으로 빚지고 있는 교양의 소유를 표현한다. 그러므로 우리가 일정한 시기의 [학생들의] 취향과 지식을 기록하기 위해 어떤 테스트나 시험을 이용할 때, 우리는 [그 학생들이 현재 있는 곳까지 이르게 된] 모든 상이한 궤적을 하나의 특정한 지점에서 잘라 내는 셈이다.

더욱이 고전 연극에 대한 풍부한 지식은 모든 계급의 자녀에게 마찬가지 의미를 갖지 않는다. 파리의 상급 관리직 자녀는 그것을 아방가르드 연극은 물론, 심지어 대중연극 theatre de boulevard에 대한 풍부한 지식과도 연결 짓는다. 반면 릴이나 클레르몽페랑의 노동자 자녀는 고전 연극에 대해 잘 안다 해도, 아방가르드 연극이나 대중연극에 대해서는 아예 무지하다. 우리는 순전히 교과서적인scolaire 교양은 부분적인 교양, 혹은 교양의 일부분이 아니라 열등한 교양이라는 점을 명확히 알게 된다. 그것을 구성하는 요소들은 더 광범위한 총체 내에서 동일한 의미를 갖지 않기 때문이다. 학교 체계는 '일반교양'을 찬미하지 않는가? 그것은 '일반교양'의 대척점에 있는 교과서적인 교양 활동을 평가 절하한다. 교양에 대한 교과서적 접근은 학교에서 얻는 것 말고는 다른 교양을 기를 도리가 없는 사람들이 하는 실천인데 말이다. 각각의 지식은 따라서 어떤 성좌의 한 요소인 동시에, 문화적 궤적의 총체 내에서 하나의 계기로 파악되어야만 한다. 그 궤적 안에서 곡선 위의 한 점은 곡선 전체를 담고 있다. 결국 어떤 문화적 활동에 고유하게 문화적인 특질을 부여하는 것은 그 활동을 수행하는 개인적 방식이다. 조롱 섞인 경쾌함과 거침없음, 재치 있고 세련된 우아함, 규약에 따르는 자신감은 편안함, 혹은 가식적 편안함을 허용한다. 이는 상류계급 출신 학생들의 징표이기도 한데, 그런 매너는 거의 언제나 엘리트에 속해 있다는 기호 역할을 한다.

대개의 경우, 특권의 작용은 가장 적나라한 형식 아래서만 인지된다. 추천이나 연줄, 학업에의 도움, 과외수업, 교육과 취업에 관한 정보 등등. 그런데 사실 문화적 유산의 핵심은 훨씬 은밀하고 간접적인 방식으로, 심지어 온갖 체계적 노력과 명시적 행동의 부재 상태에서 이전된다. 가장 '교양 있는'cultivés 계층에서야말로 아마도 문화를 숭배하도록 설교하거나 문화적 실천에 입문하려고 의도적으로 노력할 필요가 없을 것이다. 부모가 대개는 문화적 열의 외에는 별달리 전수할 것이 없는 프티부르주아 계층과는 대조적으로, 교양 계급classes cultivées은 문화에 대한 애착을 끌어내는 산발적인 자극들을 구사한다. 그것들은 일종의 은밀한 설득을 통해 훨씬 더 뛰어난 효과를 발휘한다.

그리하여 파리 부르주아지 출신의 리세 학생들은 의도나 노력 없이 습득한 폭넓은 교양을 드러낼 수 있다. 마치 삼투작용에 의한 것처럼 이루어지는 교양의 습득은 그들이 부모에게서 조금의 압력도 느낀 적이 없다고 [그 영향을] 부인할 때조차 일어난다.

"미술관에 가시나요?"

"그렇게 자주 가지는 않아요. 리세에서는 미술관에는 별로 가지 않고, 주로 역사박물관에 갑니다. 부모님은 절 극장에 데려가세요. 우리는 미술관에는 그렇게 자주 가지 않아요."

"좋아하는 화가들은 누구인가요?"
"반 고흐, 브라크, 피카소, 모네, 고갱, 세잔이요. 저는 그 그림들을 원화로 보지는 못했어요. 그냥 집에서 보는 책을 통해서 아는 거지요. 피아노는 조금 쳐요. 그게 다예요. 전 특히 음악을 듣는 것은 좋아하는데, 직접 하는 건 별로예요. 우리는 바흐, 모차르트, 슈베르트, 슈만[의 음반]을 많이 갖고 있지요."

"부모님이 책을 읽으라고 권하시나요?"
"전 제가 원하는 걸 읽어요. 우리는 책이 많아요. 난 내가 끌리는 책을 집어 들지요."
(교수의 딸, 13세, 세브르 리세 고전 계열 4학년)

그런데 자유 교양의 영역에서 학생들 간의 차이는 언제나 사회적 특권 혹은 불이익을 가리키지만, 선생의 기대 측면에서 고려될 때는 언제나 동일한 의미를 지니지는 않는다. 사실 가장 열악한 환경 출신의 학생들은 다른 의지처가 없기에 희곡 작품의 독서와 같은 교과서적 실천 속에서 그들의 불이익을 보상받을 만한 수단을 발견할 수 있다. 마찬가지로, 영화에 대한 지식은 특권의 논리에 부합하는 방식으로 분포된다. 그 논리는 유복한 환경 출신의 학생들이 문화적으로 계발된 습성을 교과목 바깥의 영역에 이전하는 취향과 쾌감을 안겨 준다. 이에 반해, 시네클럽22 드나들기처럼 경제적이고 보상적이며 유사 교과적인 실천은 특히 중간계급 출신 학생들에게서 일반적으로 나타난다. 가장 열악한 환경 출신의 개인들에게는 학교가 교양에 접근할 수 있는 유일한 경로로 남아 있으며, 이는 모든 교육 단계에서 그러하다. 그러므로 학교는 문화 민주화의 왕도일 수 있을 것이다. 만일 학교가 문화 앞에서의 초기 불평등을 간과하고, 바로 그럼으로써 신성화하지 않는다면 말이다. 또 상속된 교양이 노력이라는 천한 징표 없이 재능과 영감의 외양을 띤다는 이유로 추켜세우면서, 종종 학교가 전수하는 문화를

---

22 [옮긴이] 시네클럽은 영화인과 영화 애호가 들을 회원으로 영화 감상과 비평을 함께하는 모임을 말한다. 프랑스에서 1920년대에 생겨난 시네클럽 운동은 1950, 60년대에 전성기를 맞았다. 시네클럽이 조직한 영화 상영회는 대개 영화 소개-영사-비평과 토론 같은 순으로 이루어졌는데, 교육적인 성격을 띠었고, 각 지역의 구청이나 공공 도서관에서 지원하는 경우가 많았다.

평가 절하하지 — 예컨대, 교과 과제물이 너무 '교과서적'이라고 비난하는 식으로 — 않는다면 말이다.

자신의 환경에 빚지고 있는 선유경향과 선지식présavoirs의 총체에 의해 차이가 나는 학생들은 고급문화의 습득에 있어서 형식적으로formellement 평등할 따름이다. 실상 그들은 분리되어 있다. 매번 상이한 면에서 상이한 이유로 차이가 나는 통계적 범주들을 구분하는 불일치에 의해서가 아니라, 학생들이 (인정하든 안 하든) 출신 계급과 부분적으로 공유하는 문화적 특성들의 체계에 의해서 말이다. 직업 계획의 내용과 양태, 그런 소명을 추구하기 위한 학업 행동의 유형, 또는 예술적 실천의 가장 자유로운 오리엔테이션 등 한마디로 어떤 학생 집단이 학업과 맺는 관계를 규정하는 모든 것은 그 집단의 출신 계급이 전체 사회, 사회적 성공, 그리고 문화와 맺는 근본적인 관계를 표현한다.[23]
모든 교육, 특히 (심지어 과학을 포함한) 교양 교육은 교양 계급의 유산을 구성하는 일군의 지식, 요령, 그리고 특히 표현 양식을 암묵적으로 전제한다. 특정 부분을 삭제한

---

23 경험적 탐구는 이 의미심장한 일련의 총체성을 연속적인 프로필의 형식 속에서만 파악할 수 있다. 그것이 분석 대상을 파편화하는 지표들에 의존해야만 하기 때문이다.

ad usum delphini[24] 교육이라 할 수 있는 중등학교의 고전 교육은 [가정에서 이루어지는] 일차적인 수준의 귀중한 경험들을 당연한 것으로 여기면서, 이차적인 수준의 의미들만을 실어 나른다. 그 귀중한 경험들은 예컨대, 부모의 서가를 통해 자극받고 승인받은 독서, 자신이 고를 필요 없이 [부모에 힘입어] 엄선된 공연, 문화적 순례나 다름없는 여행, 이미 깨친 자들만을 일깨울 수 있는 암시적 대화들로 이루어진다. 이로부터 특권을 가진 자들의 게임에서 작동하는 근본적인 불평등이 말미암는 것 아닐까? 그 게임은 보편성의 가치로 치장한 채 제시되기에, 모든 사람이 그 안에 들어가야만 한다. 하층계급의 아이들이 학교교육으로의 입문을 종종 '교사용 담론'과 어떤 기교의 학습으로 지각하는 이유는 추상적인 사고를 직접적인 경험에 선행시켜야만 하기 때문이 아닐까? 그들은 자기가 사는 지방을 한 번도 벗어나 본 적이 없으면서도 파르테논의 도면을 자세하게 배워야 한다. 마찬가지로 그들은 학업 과정 내내 '자기도 모르는 것'에 관해, 고전에 대한 은근한 열정에 관해, 또는 좋은 취향의 무한하고 미세한 뉘앙스에 관해 어쩔 수 없이 가식적인 장광설을 늘

---

24 [옮긴이] 여기 쓰인 라틴어구는 원래 '(책이나 판본 등에서) 점잖지 못한 표현을 삭제한', '검열당한' 같은 뜻을 지니는데, 중등학교에서 이루어지는 고전어 학습이 실상 '가정교육'이라는 일종의 예비 과정을 감추고 있다는 사실을 비판적으로 암시한다.

어놓아야만 한다. 따라서 전통적인 교육이 현실성 없는 내용을 전수하고 있다는 비판만 그저 되풀이하는 것은, 상이한 환경의 학생들이 비현실성의 감각을 아주 불균등하게 느낀다는 사실에는 입을 다무는 일이다.

우리가 필요한 '재능'을 갖춘 이들 모두에게 동일한 경제적 수단을 보장한다면 그들이 최상급의 교육과 문화에 접근할 평등한 기회를 갖게 될 것이라고 믿는 사람들은 장애 요인들에 대한 분석에서 중도에 멈춰 서는 셈이다. 그들은 또 다음과 같은 사실을 간과한다. 즉 학교식 평가 기준에 의해 측정된 능력은 자연스러운 '재능'(이는 우리가 교육 불평등의 원인을 여타 요인들에 추적할 수 있는 한 가설적인 것으로 남아 있어야만 한다)에서 유래하기보다는, 한 계급의 문화적 습성과 교육체계의 요구, 또는 거기서 성공으로 규정되는 기준 사이의 상당한 친화성으로부터 기인한다는 것이다. 학생들이 '고상한'[즉 귀족적인] 공부(국립행정학교나 국립이공과학교, 또는 문학 아그레가시옹agrégation[25])를 할 기회를 결정하는 데 언제나 매우 중요하게 이바지하는, 이른바 교양 과목들

---

25 [옮긴이] 아그레가시옹은 '교수자격시험', 또는 '교원고등고시'
정도로 옮길 수 있다. 매우 어려운 것으로 정평이 나있는 이 시험은
고등사범학교 졸업생과 일반 대학의 석사 학위 이상 소지자에게만
응시 자격을 부여하며, 대학에서 준비반을 운영한다. 합격자는 리세나
대학의 교수로 임용될 수 있다.

을 선택할 때, 그들은 온갖 지식과 기술의 총체를 흡수해야만 한다. 그런데 그것은 사회적 가치들로부터 완전히 분리될 수 없으며, 그들의 출신 계급의 가치에 종종 대립한다. 농민, 노동자, 고용직 또는 소상인 들의 자녀에게 학교 문화의 습득은 [다른 문화와의 접촉에 의한] 문화변용, 즉 문화 접변26이다.

이 학생들이 자신의 학습을 [출신 계급 문화의] 포기이자 부인으로 경험하는 일이 드물게만 일어난다면, 그들이 획득해야 하는 지식이 전체 사회에 의해 높은 가치를 부여받고 있고, 그런 성취가 엘리트로의 진입을 상징하기 때문이다. 따라서 우리는 학교가 전수하는 문화를 쉽게 소화하는 능력(이는 상류층 출신일수록 커진다)과 그 문화를 습득하려는 의향propension을 구별해야만 한다. 후자는 중간계급에서 그 강도가 최대치에 이른다. 교육을 수단으로 사회적 상승

26 [옮긴이] 19세기 말 미국 인류학에서 유래한 개념인 문화 접변은 서로 다른 문화를 가진 개인 또는 집단 간의 지속적이고 직접적인 접촉으로 인해 발생하는 현상, 나아가 두 행위자 집단의 원래 문화 또는 '둘 중 하나'의 문화에서 발생하는 변화(동화, 통합, 격차, 저항 등)를 의미한다. 이 개념은 인류학뿐만 아니라, 사회학, 사회언어학, 역사학, 심리학 분야에서도 널리 쓰인다. 부르디외는 1950년대 프랑스 식민지였던 알제리 사회에 관한 연구에서 이 개념을 핵심어로 사용한 바 있는데, 『상속자들』에서는 프랑스 사회 내부의 계급 관계 ─ 구체적으로 지배계급 중심의 대학 문화에 대한 민중 계급 학생들의 (부)적응 ─ 를 문화 접변의 관점에서 조명하고 있다.

을 이루려는 욕망은 중간계급 못지않게 하층계급에서도 강하게 나타나지만, [후자의 경우] 그것을 실현할 수 있는 객관적 기회들이 아주 적은 만큼 그 욕망은 환상적이고 추상적인 것으로 남는다. 노동자들은 그들의 자녀가 고등교육에 접근할 확률이 2%에 불과하다는 통계에 대해서는 전혀 모르고 있을 수 있다. 하지만 그들의 행동은 같은 범주의 구성원들 모두 공유하는 객관적 기대espérances에 대한 경험적 추정에 객관적으로 맞추어진 것처럼 보인다. 중간 단계의 계급인 프티부르주아지가 학교적 가치에 가장 강한 애착을 드러내는 이유도 교육체계가 사회적 성공의 가치를 문화적 특권의 가치와 결합함으로써 그 계급의 온갖 기대를 채워 주기 때문이다. 중간계급 구성원들은 자신들도 실질적으로는 잘 알지 못하는 엘리트 문화에 의식적인 인정을 부여함으로써 하층계급 구성원들과 스스로를 구별 짓는다(그리고 구별 짓고자 한다). 그런 인정은 그들의 문화적 열의, 문화에 접근하고자 하는 공허한 의도를 증언한다. 따라서 농민과 노동자계급 출신 학생들은 교양을 쉽게 소화하는 능력과 그것을 습득하려는 의향의 이중적인 관계에서 불이익을 감수한다. 최근까지도 그들은 가족으로부터 학교 공부를 열심히 하라는 격려조차 받지 못했다. 그런 격려는 중간계급이 소유에 대한 열망aspiration을 통해 박탈을 벌충하게끔 해준다. [하층계급의] 자녀가 리세로 진학하고 그 이상으로 더 교육받기 위해서는 [학업에서] 연속적인 성공(그리고 교사의 반복적인 조언과 추천)을 거두어야만 했다.

이와 유사한 명명백백한 사실들을 거듭 일깨워야 하는 이유는 소수의 성공이 다음과 같은 점을 너무나 자주 망각하도록 만들기 때문이다. 즉 그 소수는 단지 그들의 특출한 능력과 가족 환경의 어떤 특수성 덕분에 문화적 불이익을 극복할 수 있었을 뿐이라는 점 말이다. [대학 입학 같은] 고등교육에의 접근은 어떤 이들에게는 끊임없는 일련의 기적과 노력을 전제한다. 그런데 아주 상이한 정도의 엄격성에 기반해 선발된 주체들 간의 상대적 평등성은 그것의 바탕에 있는 불평등성을 은폐할 수 있다.

중간계급 출신의 학생들도 교양 계급 출신 학생들만큼이나 빈번하게 학업적 성취를 거둔다. 하지만 두 집단은 문화에 접근하는 방식에서의 미묘한 차이들에 의해 분리된 채로 남아 있다. '명석한' 혹은 '재능 있는' 학생을, '착실한' 혹은 '노력하는' 학생과 대비하는 선생은 많은 경우 이들이 어떤 집안 태생인지에 따라 사회적으로 정해진, 문화에 대한 관계를 판단하는 것일지도 모른다. 중간계급 학생은 학교에서의 학습에 전념하면서 자계급에서 높이 평가받는 직업적 덕목(예컨대, 엄밀히 수행된 고난도 작업에 대한 숭배)을 자기 작업에 동원하는 경향이 있다. 그는 수많은 선생이 기꺼이 자기 것으로 취하는, 교양 있는 엘리트의 기준에 따라 평가될 것이다. 특히나 그들이 [지적 권위를 갖는] '마지스테르'magi-stère[고급 직업 교육을 위해 대학에서 수여하는 석사 과정 수료증]를 따서 '엘리트'에 속하게 된 경우에 말이다. 문화와 지적인 작업을 둘러싼 귀족적 이미지는 완성된 교양에 대한 널리 퍼져 있는 표상과 매우 큰 유사성을 지닌다. 그럼으로써 그 이미지는 결코 엘리트 이론들에 휩쓸릴 법하지 않은 사람들에게까지 부과되고, 그들이 형식적 평등에 대한 요구 이상으로 나아갈 가능성을 가로막는 것이다.

기호들의 뒤집기를 통한 가치 목록의 전도는 진지함le sérieux은 진지한 정신esprit de sérieux[27]으로, 또 노동에 대한 가

---

27 [옮긴이] 여기서 '진지한 정신'으로 번역한 'esprit de sérieux'는, '심각한 정신', '근엄한 정신' 등으로도 옮겨지는 사르트르 실존주의 철학의 주요 개념이다. 부르디외와 파스롱이 사르트르의 용법을 다분히 의식한 상태에서 이 용어를 쓰고 있기에, '진지한 정신'에 관해 좀 더 부연해 둘 필요가 있다. 『존재와 무』(1943)에서 사르트르는 인간이 자유롭다는 존재론적 명제의 도덕적 결과를 끌어낸다. 인간이 자유롭다면 그는 도덕의 영역에서도 자기만의 가치를 발명해야 한다. 그런데 일종의 자기기만을 통해, 도덕적 가치가 자신의 자유로운 선택과 창조 이전에 존재한다고 간주하는 사람들의 태도를 사르트르는 '진지한 정신'이라고 부른다. 그들은 주어진 보편적 도덕과 가치 체계, 또는 종교적 독단에 부응하면서 진정성 없는 삶을 영위한다. 프랑스어에서 'sérieux'라는 형용사는 "마땅히 고려할 만한 가치가 있는 것을 고려하는"Qui prend en considération ce qui mérite de l'être이라는 사전적 의미를 지닌다. 즉 '진지한' 태도는 '고려할 가치가 있다고 미리 (사회적으로) 전제되고 합의된 것에 대해 고려하는' 태도를 가리킨다고 할 수 있다. 기존 가치 체계에 일탈적·저항적이거나

치 부여는 재능의 부재를 만회하려는 쩨쩨하고 깐깐한 옹색함으로 바꾸어 놓는다. 그런 전도는 프티부르주아의 에토스가 '엘리트' 에토스의 관점에서 판단될 때, 즉 교양인의 딜레탕티슴에 견주어질 때 발생한다. 교양인, 또는 '명문가 자제'는 지식을 쌓으려 애쓰지 않아도 지식을 가지게 되는 사람이고, 자신의 현재와 미래에 대한 자신감이 있기에 우아한 거리 두기를 할 여유가 있고 재기 발랄에 따르는 위험을 감수할 수 있는 사람이다. 그런데 엘리트 문화는 학교 문화에 너무 가까운 나머지, 프티부르주아(농민이나 노동자는 말할 필요도 없다) 출신의 아이는 교양 계급의 자녀에게는 그냥 주어진 것을 고생스럽게 습득할 수밖에 없다. 스타일, 취향, 에스프리, 한마디로 삶의 기술과 방식 말이다. 이는 어떤 계급에게는 자연스러운데, 그것들이 바로 이 계급의 문화이기 때문이다.28 어떤 이들에게 엘리트 문화의 학습은

창조적이기보다는 동조적이고 순응적인 성격을 띠는 것이다. 『실존주의는 휴머니즘이다』(1945)에서 사르트르는 이 '진지한 정신'을 통해 또는 '결정론적 변명'을 통해 자신의 완전한 자유를 자신에게 숨기려고 하는 사람에게 '비겁자'라는 이름을 붙인다.

28 우리는 고생스럽게 노력해서 획득하는 '재능'이 함축하는 모순을 이 기적이 그 대상에게 강제하는 심리적이고 지적인 드라마 속에서 포착할 수 있다. 예컨대, 샤를 페기는 피선발자로서의 불편한 의식을 문학작품 — 작가 자신이 겪은 사회적 드라마의 신화적 해결책 — 속에서 변환함으로써만 극복할 수 있었던 사람이 아닐까? [참고로, 19세기 말의 시인이자 사상가인 페기는 오를레앙 태생으로, 의자 수선

상당한 대가를 치러야 하는 정복 활동이다. 또 다른 이들에게 그것은 상속받는 유산인데, 용이함 그리고 능란함의 경향성 모두를 함축한다.

　만일 사회적 이점 또는 불이익이 학교교육의 행로, 더 일반적으로는 문화생활 전체를 그토록 무겁게 짓누른다면, 그것이 지각되든 그렇지 않든 간에 언제나 누적적이기 때문이다. 예를 들면, 사회적 위계 구조 내에서 아버지의 위치는 다른 가족 구성원들의 유사한 위치에 아주 밀접하게 연결되어 있다. 그것은 또 예술적 실천 및 지식의 불평등 정도와도 상당히 연결되어 있는 것으로 알려진, 대도시 혹은 소도시 소재 중등학교 진학 기회와 무관하지 않다. 이것은 지리적 요인이 미치는 영향의 가장 멀리서 나타나는 표현들 가운데 하나일 뿐이다. 지리적 요인은 중등 및 고등교육 진학 기회의 명백한 불평등을 일차적으로 결정한다. 어떤 지방départements이냐에 따라 진학률은 11세에서 17세 사이 연령층의 경우 20% 미만에서 60% 이상까지, 19세에서 24세 사이 연령층의 경우 2% 미만에서 10%까지 변화한다. 이

일을 하는 어머니와 할머니 슬하에서 어렵게 성장해 고등사범학교에 입학했다. 여기서 말하는 사회적 드라마는 페기의 예외적인 교육 경로와 계급 상승을 암시한다.]

런 차이는 농업에 종사하는 활동인구 비중 및 주거지 분산 정도의 함수이다. 사실 지리적 요인과 문화적 불평등의 사회적 요인은 절대로 무관하지 않다. 우리가 보았듯이, 교육과 문화에 접근할 가능성이 훨씬 큰 대도시에서 거주할 확률은 사회적 위계 구조에서 상층부로 올라갈수록 증가한다. 그래서 예술 관련 지식의 영역에서 극명하게 대조적인 두 집단은 파리에서 어린 시절과 청소년 시절을 보낸 상급 관리직 자녀들 및 손주들, 그리고 주민 5만 명 미만의 도시에서 성장한 농부의 자녀들 및 손주들이다.

그러므로 학생층에서 설령 간과되거나 부인당하더라도, 사회적 분화 요인들은 여전히 작동하고 있다. 다만 기계적인 결정론의 경로를 통해서 그런 것은 아니다. 예컨대, 문화적 유산이 그 수혜자들에게 자동적으로, 또 유사한 방식으로 유리하게 작용할 것이라고 믿지 말아야 한다. 실상 우리는 특권과 관계 맺는, 적어도 두 가지 방식이 있고, 특권이 작동하는 두 가지 유형이 있다는 점을 간파했다. 상속은 언제나 유산을 탕진할 위험성을 함축한다. 특히 문화가 문제일 때는 더욱 그러한데, 문화는 획득 방식이 그 핵심을 구성하는 획득 대상un acquis이기 때문이다. 하층계급 출신 학생들은 어쩔 수 없는 성향상 문화적 유산을 가장 믿을 만한 곳들에 투자한다. 그런데 이 유산이 우아한 사교 게임 같은 피상적인 여가 활동에 흘러들어 간다면, 확실한 투자처에서 보장할 수 있는 정도의 교육적 이윤profit scolaire을 여러 학업 단계에서 생산하지 못한다. 반면 합리적으로 쓰인다면 문화적 유산은, 그 소유자를 학교 체계가 규정하는 다소 편협한 이해 관심에 얽어매지 않으면서도, 학업적 성공에 유리하게 작용한다. 진정한 지적·학문적 위계 구조를 아는 교양 계층의 구성원이라면, 다른 사람들을 과도한 권위나 위세로 짓누르는 다양한 교육적 영향력을 상대화할 수 있을 것이다. 마찬가지로 다음과 같은 사실을 보여 주는 것은 쉬운 일이다. 즉 최하층계급 출신 주체들은 사회적 운명의 무게에 스스로 압도당할 매우 높은 확률을 지니지만, 또 예외적으로 그들이 처한 지나치게 불리한 환경 속에서 그것을 극복하려는 자극제를 발견할 수도 있다는 것이다. 고등교육에까지 다다른 노동자나 프티부르주아의 자녀들에게서 쥘리앵 소렐의 에너지와 라스티냐크의 야심이 그토록 일반적으로 강렬하게 드러난다면, 그들이 바로 그런 야심 덕분에 자기 계급 공통의 운명을 벗어날 수 있었기 때문은 아닐까?[29]

　이 예외적 운명들을 결정짓는 원인 혹은 이유에 관해 좀 더 구체적인 연구가 필요할 것이다. 그런데 모든 점으로

29　[옮긴이] 쥘리앵 소렐은 스탕달의 소설 『적과 흑』의 주인공이고, 라스티냐크는 발자크의 소설 『고리오 영감』의 주인공이다. 모두 명석하면서도 가난하고 야심에 찬 지방 출신 청년을 표상한다.

미루어 볼 때, 그것은 가족 환경의 특이성에서 찾아질 수 있을 법하다. 이미 보았듯이, 상급 관리직의 자녀가 고등교육에 접근할 객관적 확률이 노동자 자녀에 비해 40배 더 크다면, 노동자 가정과 상급 관리직 가정에서 대학 공부를 한 개인의 평균 숫자 역시 조사할 경우, 거의 같은 비율을 나타내리라고 기대할 수 있다. 그런데 의학 전공 학생들 가운데 고등교육을 받았거나 받는 중인 확대가족 구성원 평균수는 노동계급 학생과 상위 계급 학생 사이에 단지 1~4배의 차이만 드러낼 뿐이다.[30] 이처럼 고등교육에 접근한 하층계급 출신 학생들은 적어도 이 면에서는 자계급의 여타 개인들과 심층적으로 다른 셈이다. 친족 중에 고등교육을 받았거나 받고 있는 사람이 한 명이라도 있는 경우, 이런 가족들은 대학 진학에 대해 훨씬 강렬한 주관적 기대를 제공한다는 점에서 흔치 않은 문화적 상황을 보여 준다. 검증이 필요하겠지만, 자신이 불리한 점들에 대한 상대적 무지 — 이

[30] 우리는 가족 집단 수준 — 즉 주체가 구체적으로 지각할 수 있는 형식 — 에서의 이런 교육 기회 지표를 헝가리중앙통계국의 페르주에게서 빌려왔다. 확대가족은 조부모, 부모, 형제자매, 부모의 형제자매, 그리고 사촌까지 포함했다. 한 사회계층에 고유한 고등교육 기회와 그 계층 소속 학생들의 확대가족 구성원들 가운데 고등교육을 받았거나 받고 있는 사람들의 실제 숫자 사이에서 발견되는 차이는 취학률이 한 세대에서 다른 세대로 일정하게 증가하는 만큼 더욱 두드러진다.

는 교육 기회에 대한 직관적 추정에 기초한 것인데 — 가 하층계급 출신의 가장 실질적으로 불리한 점들 중 하나라 할 수 있는, '불가능한' 학업의 지속적인 수행에 대한 체념적 포기를 극복할 수 있게 해준다는 가정이 가능하다. 하층계급 출신의 대학생들이 사실 가장 열악한 계급 내 가장 덜 열악한 분파에서 나오기 때문에, 일단 이 주변적 범주가 소진되면 교육체계에서 하층계급의 대표성이 안정화되는 경향이 있을 것이다. 예컨대, 중등교육을 받는 노동자의 자녀 비율은 규칙적으로 증가하다가 오늘날 15% 선에서 상한점에 머물러 있다.

만일 파리 거주와 교양 계급에의 소속처럼 종류가 다른 특권들이 거의 언제나 교육과 문화에 대한 동일한 태도와 연계된다면, 이는 그것들이 사실상 관련되어 있고 어떤 가치들에 대한 지지를 조장한다는 뜻이다. 그 가치들의 공통적인 근원은 특권의 현실 외에 다른 것이 아니다. 문화적 유전의 무게는 너무도 큰 나머지, 이 영역에서 우리는 남들을 배제할 필요도 없이 배타적인 방식으로 소유할 수 있다. 모든 일이 마치 스스로 배제한 사람들만이 배제되는 것처럼 진행되기 때문이다. 주체들이 그들의 조건, 그리고 그것을 규정하는 사회적 결정 요인들과 맺는 관계는 그들의 조건과 그것이 그들에게 부과하는 조정conditionnements에 대한 온전한 정의의 일부를 이룬다. 이 결정 요인들은 주체들이 자신의 운명에 대한 결정을 자기의 관점에서, 달리 말하면 자기가 속한 사회적 범주의 객관적 장래avenir objectif와의 관계 속에서 내리도록 강제하기 위해 의식적으로 지각될 필요가 없다. 더 일반적으로 결정 요인들의 영향력은 그 효력의 범위가 분명하게 인지되지 않을수록 훨씬 가차 없이 작용한다고 말할 수도 있을 법하다.

그러므로 체계에 맞서 싸운다고 믿으면서 체계에 봉사하는 가장 효과적인 방법은 교육 기회에서의 모든 불평등을 단지 경제적 불평등이나 정치적 의지의 탓으로만 돌리는 것이다. 사실 교육체계는 그 고유한 내적 논리의 작용만으로도 특권의 영속화를 보장할 수 있다. 달리 말하면, 그것은 특권층이 그것을 이용해야 할 필요도 없이 특권에 봉사한다. 따라서 총체적인 고등교육, 혹은 고등교육의 이런저런 양상이 이차적인 수준의 추상에 의해 문제가 될 때, 교육체계의 한 가지 측면만을 자율화하는 경향이 있는 그 어떤 개혁 요구도 체계에, 그리고 그 체계가 봉사하는 모든 것에 객관적으로 봉사한다. 사회적 특권의 영속을 보장하기 위해서는 유치원에서 고등교육에 이르기까지 이 요인들이 알아서 작동하도록 내버려두는 것만으로 충분하기 때문이다. 따라서 하층계급과 중간계급 아이들의 제거를 보장하는 메커니즘은 체계적인 장학금이나 학업 지원금 정책이 모든 사회계급의 주체들을 학교 체계 앞에서 형식적으로 평등하게 만드는 상황에서도 거의 다를 바 없이 효과적으로(하지만 더욱 은밀하게) 작동할 것이다. 그렇다면 우리는 상이한 교육 단계에서 상이한 사회 계급의 불평등한 대표성을 설명하기 위해, 더할 나위 없는 증거들을 가지고서, 재능의 불평등이나 문화적 열망의 불평등에 책임을 전가할 수 있을 것이다.

한마디로, 사회적 불평등 요인들의 효력은 매우 강해서 경제적 수단의 평등화가 성취된다고 하더라도, 대학 체계는 사회적 특권을 개인적 재능이나 역량으로 변환함으로써 불평등을 계속해서 신성화할 수 있다. 아니 이렇게 말하는 편이 나을지도 모른다. 형식적인 기회의 평등이 실현되면 학교 체계는 온갖 정당성의 외양을 이용해 특권을 정당화할 수 있다고 말이다.

진지한 게임과
진지한 것을
둘러싼 게임

chapter 2

로베르 드 소르봉은 아마도 그의 콜레주[성직자 모임] 학생들에게 했던 일종의
유머러스한 강론에서 서슴없이 예술대학의 시험을 최후의 심판에 비교했으
며, 나아가 대학의 판정관들이 천상의 판정관들보다 훨씬 가혹하다고까지 말
했다.

볼로냐에서는 법학만 가르쳤다. 법학도들은 중년 남성으로, 이미 급료를 받는
성직자들인 경우가 매우 많았다. 그런 수강생들은 [선생들에게] 좌지우지 당하
고 싶어 하지 않았다. 그리하여 그들은 선생들의 콜레주와 구별되는 독립적 동
업조합, 즉 우니베르시타스를 결성했다. 그들의 동업조합은 막강한 조직력 덕
분에 규정을 제정했고, 선생들에게 학생들의 의지를 강제했다. 선생들은 무엇
이든 학생들이 원하는 것에 잘 맞춰야만 했다. 역설적으로 보일지도 모르겠지
만, 이런 유형의 학교 조직은 존재했으며, 하나 이상의 사례가 있다.

에밀 뒤르켐, 『프랑스에서 교육의 진화: 기원에서 르네상스까지』

학생들이 논의 대상이 될 때, 특히 학생들이 자신들에 대해 말할 때 학교 체계 앞에서의 불평등은 흔히 지각되지 않고 언제나 마지막까지 가장 적게 언급된다. 하지만 그런 불평등과 관련해 적어도 엄밀하게 경제적인 면에서는 충분한 증거가 있고, 이는 학생층의 통일성을 존재 조건의 동일성에서보다는, 대학 활동의 동일성에서 찾도록 강제한다. 동일한 대학 학칙의 수용, 동일한 행정 절차의 감수(등록, 의료 검진 등), 공동으로 경험하는 공간 부족 상황, 대강당이나 고사장에서의 익명성, 대학 식당이나 도서관에서 줄 서기, 동일한 교수들의 괴짜 짓이나 동일한 커리큘럼이 주는 속박을 감내하기, 동일한 주제로 보고서 쓰기, 강의에서 동일한 질문을 다루기, 이 모든 것은 막연하게 또는 부정적으로나마 하나의 통합된 집단과 직업적 조건을 규정하기에 충분한 것일까?

직업적 실천의 구체적 특성들, 그리고 그 실천이 이루어지는 사회조직, 실천의 리듬과 수단, 실천이 부과하는 제약에 대한 분석은 일반적으로 어떤 전문직 집단의 행동, 태도, 이데올로기에 대한 온전한 이해의 일차적 조건들 가운데 하나임이 분명하다. 그런데 대학생은 그 구성원들이 계속해서 새롭게 바뀌고, 사회적 과거 못지않게 직업적 미래의 차원에서도 상이하며, 적어도 지금까지는 자신들의 직업 준비 과정을 직업 그 자체로서 경험하지 않는 집단이다. 그리하여 학생들은 실천의 통일성 측면에서보다는, 그들이 스스로의 실천에 거의 만장일치로 부여하는 의미와 상징적 기능 측면에서 스스로를 정의할 가능성이 있다.

분명히 학생들은 고유한 시간과 공간 속에서 살아가며, 또 그러고자 한다. 학업이 쳐놓은 괄호는 그들을 가족적·직업적 삶의 리듬에서 잠시나마 해방한다. 대학 생활의 독자적인 시간을 방패막으로 삼으면서 학생들은 교수들보다도 훨씬 더 확실하게 전체 사회의 시간표로부터 탈출한다. 그들은 시험이라는 노여움의 날dies irae 말고는 다른 마감일을 모르며, 그렇게 빡빡하달 수는 없는 강의 일정 외에 다른 시간표는 알지 못한다. 대학 교육을 향한 신앙 활동에는 독실한 신도들[즉 모범생들]이나 뜨내기 신도들[수업에 불성실한 학생들] 모두 참여하는데, 성실성 정도야 어떻든 간에 그들은 모두 학기와 학년의 리듬을 살아간다. 그들에게 부과되는 유일한 달력은 학업 사이클을 중심으로 구조화된다. 처음의 결심이 해이해지고 열성이 사그라드는 한 학기의 길고 밋밋한 시간을 틀 짓는 강렬한 기점들 — 개강의 열광과 시험 전날의 흥분 — 과 함께 학년의 단위는 학문적 노력과 지적 모험을 구획 짓고, 성공과 실패를 둘러싼 경험과 기억을 조직하며, 여러 계획을 그 좁은 지평의 범위 안에 한정 짓는다.

어떤 날짜도, 어떤 일정도 [대학의 학년이라는] 이런 달력이 부과하는 제약 바깥에 있지 않다. 학생 조건은 사회생활의 시간적 틀을 깨뜨리거나 그 질서를 뒤집을 수 있게 해준다. 스스로를 학생으로 실감한다는 것은 먼저, 그리고 아마 무엇보다도 우선 아무 때나 영화관에 갈 수 있으며, 따라서 남들이 가는 일요일에는 가지 않아도 되는 자유를 느끼는 일이다. 그것은 성인들의 활동과 여가를 절대적으로 구조화하는 거대한 대립 쌍들을 약화 또는 전도하려 애쓰는 일이다. 즉 그것은 주중과 주말, 낮과 밤, 작업 시간과 자유 시간의 대립을 무시하는 모험을 하는 일이다. 더 일반적으로 학생은 제약의 부과를 통해 삶을 조직하는 온갖 대립 쌍들, 예를 들면 한담과 조직적 토론, 자유 교양과 강요된 교양, 교육적 실습과 개인적 창작의 구분을 해소하는 경향이 있다.

> "우리가 해야만 하는 모든 것을 하지 않을 수도 있고, 원하는 시간에 일할 수 있고, 또 원한다면 아예 아무 일도 안 하면서 지낼 수 있는 인생의 유일한 시간이지요……." (상급 관리직의 아들, 파리, 26세)

"학생이 된다는 것은 우리가 마음이 내킬 때 일한다는 것이고, 이것저것에 관심을 가질 수 있을 만큼 충분한 시간을 가진다는 것이고, 더 많은 여가와 유연한 시간을 가진다는 것이죠." (상급 관리직의 아들, 파리, 23세)

"여가가 따로 없죠. 저는 일과 여가의 구분을 거부합니다. 전 그 이분법에 반대하는데요. 그건 자의적이거나 아니면 일 때문에 괴롭다는 실패의 고백이거나 그렇죠." (중간관리직의 아들, 파리)

"내 일은 싫지 않고, 강요된 것도 아닙니다. 그것이 제게는 전부 여가라고까지 말할 수도 있을 텐데요. 다행히 누구도 제게 억지로 시킨 것이 아니라서, 전 일하는 데 만족합니다." (중간관리직의 아들, 파리)

"한 해 동안 저한테는 일이 일종의 여가였고, 여가가 일종의 일이었어요. 두 가지는 서로 겹쳐 있죠. 그리고 제 생각에 저는 일보다는 여가를 훨씬 더 잘 활용하는 편입니다. 그러니까 주관적이긴 하지만 제 인상으로, 학생 생활은 실제적인 일보다는 여가가 훨씬 더 많은 것 같습니다. 일이 뭔가 괴롭고 귀찮은 것이라고 본다면 말이죠. 제게 칸트적 의미의 의무 개념으로서 일은 별로 호소력이 없었던 것 같아요. 그런 식으로 뭘 할 바엔 차라리 아무것도 안 하는 편이 낫다고 생각하죠. (……) 만약에 최소한의 무언가를 해야 한다면, 약간, 아주 약간의 노력은 해야겠죠." (상급 관리직의 아들, 파리)

"저는 문제로 생각하는 게 거의 없어요. 특히 일정과 관련해서는요. 여가와 일의 구분도 없지요. 괜찮은 영화가 있으면 주중이든 일요일이든 보러 가요. 딱히 여가 문제라고 할 만한 것도 없어요. 여가 활동에 딱히 패턴이 있지도 않아요. 그때그때 어떤 여가 활동을 고를 뿐, 계획적으로 짜지는 않습니다. 어떤 일정을 세운다기보다는 그냥 제시된 활동을 선택하는 것이죠. 전 어딘가에 가입되어 있지도 않고, 날짜가 정해진 만남을 정기적으로 갖거나 하지도 않습니다. (……) 여가에 할애된 시간과 관련해서는 어떤 습관도 없어요. (……) 정해진 것은 아무것도 없지요. 제가 가족과 함께 사니까 따로 여가라고 정해진 시간은 없지만, 결국에는 많은 시간을 그렇게 보내지요." (상급 관리직의 딸, 파리)

이런 자유는 아무리 피상적이고 부자연스럽다고 해도 의식적인 결정에 따른 방종이며, 그것을 통해 고등학생은 자신이 대학생이 되었음을 인증한다. 신입생은 자기 일을 스스로 조직하는 기술을 쌓기까지 긴 시간이 걸릴 수 있다. 하지만 모든 것이 그가 그렇게 하도록 만드는 경향이 있으므로, 그는 가장 권위 있는 지적 모델들에 따라 삶의 기술 — 혹은 자유방임적 삶의 기술 — 을 즉각 그리고 전면적으로 채택한다.

> "그렇죠. 전 엄청나게 시간을 낭비해요. 전 일과를 어떻게 적절하게 조직할 수 있는지 모르겠어요. 제가 시간을 허비하고 어쨌든 일이 여가보다는 우선하니까, 당연한 거죠. 전 여가 활동에 쓸 시간이 남지 않아요. (……)"(상급 관리직의 아들, 파리)

> "일할 마음이 더는 안 들고 식탁에 앉아 있을 때는 주중에 해야 할 일을 준비합니다. (……) 전 시간에 맞춰 일하려 하고, 그러니까 원칙상 시간표가 있죠. 물론 원칙상 날씨나 그때그때의 분위기에 따라서 그렇게 되기도 하고, 안 되기도 해요."(상급 관리직의 아들, 파리)

"일상을 잘 조직하지 못하는 것이 제 문제입니다. (……) 사실 전 스스로를 잘 규율하지 못하는 것 같아요. 언제나 같은 얘기죠. (……) 전 일과 계획을 세우고 규율 있게 지내는 것이 상상도 못 할 만큼 어려워요." (상급 관리직의 아들, 파리)

"제 생각에 문제는 지적인 조직화의 차원에 있는 것 같아요. 뭔가가 제대로 작동하지 않는데, 아직 잘 조율이 안 돼요. 일들의 우선순위가 분명하게 파악되지 않아요. 예를 들면, 집에서 뭔가 할 일이 있을 때 그것을 하려고 밖으로 나갔다가, 그렇게 나간 순간 다른 일을 해야만 한다는 사실을 깨닫지요. 이 일 했다가 저 일 했다가 하면서 계속 뭐가 덧붙는 식이에요. (……) 그래서 괴로워요. 수료증을 따려면 책을 아직 30권은 더 읽어야 하는데, 매일 새 책을 집어 듭니다. 매일이라기보다, 차라리 거의 매시간이요! '이 책을 읽어야 하는데'라고 속으로 되뇌면서 책 한 권을 꺼내 들었다가, 서너 쪽 읽고는 저녁에는 다른 책에 꽂혀서 그걸 붙잡게 됩니다." (상인의 아들, 파리)

이처럼 자유롭고 자유주의적인 시간 활용은 학생의 고

유한 특성일 수 있겠으나, 그렇다고 해서 학생 조건을 적극적으로 규정하지는 않는다. 모든 사람의 활동을 동일한 제약에 복속함으로써 집단을 통합하는 사회적 리듬과 달리, 대학 생활의 유동적인 시간은 학생들을 부정적으로만 한데 모은다. 학생들의 개인적 리듬은 거대한 집합적 리듬과 제각기 상이한 방식으로 다르다는 공통점만을 지닐 수 있기 때문이다.

의심의 여지 없이 대학 생활이 발전한 곳이라면 그 어디든 특유의 주거지, 단골 가게들, 그리고 그것들을 잇는 여러 경로가 땅에 새겨진다. 도시 공간 안에 이리저리 흩어져 있다 해도, 대학생이 거주하고 여가를 보내는 장소들은, 일상어가 증명하듯, 특수성을 지닌다. '학생' 지구, '학생' 카페, '학생' 기숙사가 있는 것이다. 그런데 학생들 대부분이 같은 강의에 출석한다는 공통점을 지닌다는 사실 이외에, 그들이 단순히 공존 혹은 공동생활을 한다는 사실만으로는 그로 인해 가까이 있게 되는 개인들을 응집력 있는 집단으로 통합하는 힘이 거기에 있다고 말할 수 없다. 어떤 집단에 통합의 틀을 제공하는 것은 공간 그 자체가 아니라, 시간적으로 구조화되고 조절된 장소의 활용이다.

우리는 그것을 전통적인 유형의 기숙사들과 대학촌cité universitaire에서의 공동생활이 초래하는 상이한 결과들에서 보게 된다. 그랑제콜 입시 준비반classe prépa(그리고 그에 따라 정도는 약간 덜하지만 그랑제콜)은 통합의 군도를 표상한다. 거기서 우리는 구전의 혹은 명기된 전통 일체, 입문 의식, 통과의례, 나이순의 위계 서열을 전제하는 타인과의 관계 코드, 경험의 특수성을 이름 붙이는 데 도움이 되는 속어, 그리고 평생 '그랑제콜 동문'으로서 남들과 자신이 인식하게 만드는 '에스프리'를 만나게 된다. 그럴 수 있는 이유는 여러 활동이 학교식 규율에 따라 조직되면서, 무엇보다도 공간과 시간, 공동 식사와 공동생활, 생활 리듬과 일과 배분이 여기에서 구조화하는 힘을 재발견하기 때문이다. 전통 마을에서처럼, 동일한 규칙이 강제하고 증가시키는 접촉과 조절된 활동들은 모두가 직접적인 경험에 의지하지 않고도 모두에 관해 알 수 있도록 해준다. 우리가 이처럼 맹렬하고 강제적인 통합 유형을 학생 동료들 간 관계의 이상이라든지 효율적인 작업의 모델로서 제시하려는 것은 아니다. 그보다 우리 목적은 이 한계-사례를 기화로, 공통 공간과 시간은 그 활용이 제도나 전통에 의해 조절되는 경우에만 통합 요인일 수 있다는 점을 보여 주려는 것이다.

우리는 때로 온갖 대학 활동의 동일 공간 내 집결판인 캠퍼스가 교수와 학생, 그리고 학생과 학생 간 관계를 완전히 변화시킬 것으로 기대한다. 사실 주거지 분리가 그 속성상 통합에 부정적인 조건을 창출한다면, 집합행동과 특히 협력 활동의 심화는 공동체적 통합의 전통적 메커니즘이 부재하는 상태에서, 작업을 공동으로 조직하고 협력 기술을 가르칠 기관과 전문 인력을 전제한다. 그리고 실상 학생 세계에서 통합의 기호는 기존의 기관에서 어떤 집단의 조직을 요구하거나, 혹은 인문대의 경우처럼 어떤 전문 연구소들에서 교육적 필요에 따라 협력을 강제할 때만 나타난다.

그런데 프랑스 대학 전통은 협력의 이상을 조금도 장려하지 않는다. 유치원부터 과학 연구에 이르기까지 집단 작업은 예외적으로만 기관들에 의존할 수 있다. 교수들은 스스로 설정하는 과제 가운데 자기들에게 그 책임이 돌아오는 조직 기능, 특히 학생들의 집단 작업을 위한 틀을 구축하는 과업에 가장 낮은 우선순위를 두곤 한다. 게다가 학교 체계는 어린 시절부터 [협력과] 상반되는 이상, 즉 개인주의적 경쟁의 이상을 주입한다. 따라서 학생들은 대학의 현실과는 대조적인 팀 작업에 대한 바람을 가질 수 있지만, 체계의 산물로서 오래전부터 내면화한 가치들에 반대되는 [협력] 기술들을 만들어 낼 준비가 조금도 되어 있지 않다. 그리하여 대학의 작업 집단들의 잦은 실패는 무엇보다도 수동성을 계발하는 체계의 산물로서, 학생들이 새로운 통합 형식을 무에서ex nihilo 창조할 수 있으려면 거의 기적적인 결단성이 필요하다.

학생 세계를 적어도 상징적으로 과거에 통합했던 전통으로 말하자면, 그것은 파편화되었고 오늘날 주변적인 집단들에서만 보존되고 있다. 학생 '민속', 그 행렬과 노래는 지방의 작은 대학 도시에서 가장 오래 지속되었는데, 학생 세계보다는 지역공동체에 대한 통합의 지표라 할 수 있다. 이 [문화적] 특수성의 기호는 학생 인구가 특정 연령 집단과 다를 바 없고, 학업이 특권층 젊은이들에게 부르주아 생활의 시작 직전에 의례적으로 끼인 과도기 혹은 유예 기간을 제공했던 시대에 가장 두드러졌다. 법대나 의대의 경우, 아마도 가장 부르주아적인 단과대로 남아 있기에, 혹은 한층 전통적인 전문직 집단으로 인도하기에 오늘날에도 동업자corporation 의례가 이루어지는 최후의 피난처를 구성한다. 하지만 법대생과 의대생의 숫자가 상대적인 관점에서 일정하면서도 뚜렷하게 감소하고 있기에, 이제 그들은 대학 생활의 주된 분위기를 좌우하지 못한다.

법대생과 의대생은 20세기 초 학생 인구의 60% 이상을 차지했으나, 오늘날에는 30% 이하에 그친다. 반면 1901년 학생 인구의 25% 이하였던 이과생과 문과생은 오늘날 65%에 달한다. 이런 역전은 그 성격상 외부 집단들이 학생에 대해 갖는 지각, 그리고 학생들이 서로에 대해 갖는 지각에 질적 변화를 가져오지 않을 수 없었다. 오늘날 [가장 많은 수를 차지하는] 전형적인modal 학생은 이제 법대생이나 의대생이 아니다. 이는 이 두 단과대의 한층 부르주아적인 신입생 선발과 전문직 진출이 조장하는 태도의 유형을 고려해 볼 때,

나름대로 의미가 있다.[1]

사회적 틀과 제도적 지원은 잃어버리고, 낡은 대학 생활 전통으로부터는 점점 더 멀어지는 상황에서 오늘날 학생 세계는 아마 그 어느 때보다도 통합의 정도가 낮을 것이다. 거기선 심지어 여러 하위 집단 간 공식적이고 유희적인 이분법 게임조차 찾아볼 수 없다. 리세나 에콜[초등학교]처럼 일시적이고 인위적으로 만들어지는 집단에서 최소한의 통합을 제공하는 게임 말이다. 문과생과 이과생의 구분, 또는 같은 단과대 내에 상이한 전공 분야와 학년 사이의 구분은 순전히 행정적인 차원에서만 이루어지며, 재학 연차라든지 등록 학위의 종류는 통계 범주에만 쓰일 따름이다. 학생들 사이 [학과별, 단과대별] 고정관념이나 농담을 일삼는 관계의 부재는 단체 의식esprit du corps의 결여, 그리고 특히 접촉 및 교류의 희소성을 증언한다. 마찬가지로 [학생 세계에만 고유한] 진정한 은어들보다는, 출처가 다양한 은어가 뒤섞인 혼성어들만이 눈에 띈다. 그런 혼성어들은 [진정한 은어들과 달리] 배제를 통해서일망정 집단에 대한 소속감을 고취할 수 없다. 끝으로 특히나 파리에서는 (다른 전공 학생들은 고사하고a fortiori) 같은 과 학생들 간에도 서로 알고 지내는 경우가 매우 드물다. 그러니 수업에 꼬박꼬박 출석하고 주어진

---

1 〈부표 1-3〉과 〈부표 1-4〉 참조.

강의에 매우 충실한 학생들 사이에서 자연스럽게 교류가 가장 많이 이루어진다. 하지만 어느 정도 연속성과 안정성을 가지고 지속되는 친분 관계망은 이전의 학교교육에서 유래하거나[이를테면, 리세 동창], 또는 공통의 출신 지역, 종교적·정치적 소속, 그리고 무엇보다 특권적 사회 계급 소속과 같은 학교 외적인 사회관계에 바탕을 둔다.

　　모든 사회관계 측정 테스트tests sociometriques 결과는 강의실 바깥에서의 교류는 물론 다른 학생들의 이름을 아는 정도의 사이도 매우 드물다는 점을 보여 준다. 다양한 지표가 알려 주듯, 가장 지속적이고 다양한 교류가 상류층 학생들 간에 일어난다면, 이는 그들이 대학 환경을 한층 편안하게 느끼고, 또 아마도 그들의 이전 교육에서 그런 환경에 걸맞은 사교성의 기술들을 습득했기 때문일 것이다. 릴에서 실시한 소규모 설문 조사는, 다른 조건들이 동일하다면, 가장 유복한 계층 출신의 남녀 학생들이 동급생들에게 제일 잘 알려져 있고, 그보다는 다소 정도가 약하기는 하지만, 동급생들을 가장 많이 알고 있었다. 비슷한 맥락에서, 교단 가까운 자리에 앉는다는 사실은 편안함과 자신감의 기호로 여겨질 수 있는데, 놀랍지 않게도 강의실의 앞줄에서 뒷줄로 갈수록 그 자리의 학생들이 알고 있는 동급생 숫자는, 친분 정도(단순히 얼굴만 아는 사이에서 공동 작업한 사이까지)와 관계없이, 일정하게 감소하는 경향을 나타냈다.[2]

이처럼 [학생 세계의] 낮은 통합도는 기술적 정보와 지적 자극을 전수하는 데 확실한 장애물로 작용한다. 그 결과, 릴 대학 도서관 이용자들 가운데 교수의 조언에 따라 책을 읽거나 빌렸다는 학생 수가 친구의 권유에 따라 그렇게 했다는 수에 비해 세 배나 많았다. 마찬가지로 친구들의 영향력이 강의나 진로의 선택에 작용하는 경우는 매우 드물다. 하지만 간헐적인 만남과 우연한 수다도 교수와 그들의 요구 사항, 까다로운 성격에 관한 종종 공포스러운 소문을 퍼뜨리는 데에는 모자람이 없다. 시험에 관한 정보의 유통은 약하고 느리고 불명확하게 이루어지는 반면(매 학기 시험 과목이나 기간에 대해 전혀 모르는 학생이 상당수 있다), 아주 부풀려진 소문은 들불처럼 널리 빠르게 번진다. 이렇게 해서 시험이나 검시관에 관한 대부분의 신화가 만들어진다. 이런 [소문으로 들끓는] 언어적 흥분 현상은 학생 전체를 공통의 가치에 통합하지 않고도 문화적 전염이나 모방을 조장한다. 또 그것은 진정한 통합의 실현 수단을 제공하지 않으면서도, 그런 통합에 대한 이상이나 향수를 유지할 수 있다. 효율적인 작업 집단의 구성처럼 뭔가 실용적 목표가 있는 교류를 조직하려는 계획이 생겨날 때 제도적이거나 전통적인 통합 메커니즘의 부재는 강렬하게 상기된다.

2 〈부표 2-12〉와 〈부표 2-13〉 참조.

이 모든 것은 대학생들이 하나의 동질적이고 독립적이며 통합된 사회집단을 구성한다는 점을 의심하도록 이끈다. 학생 상황이 포함하는 특수한 성격들이 분명히 있기에, 우리가 어떤 분석 수준에서 그런 상황에 가장 직접적으로 연계된 태도들을 그 상황과 관계 지으려는 노력을 정당화할 수 있는 것은 사실이다. 하지만 학생 환경을 완전히 자율적인 것으로 간주한다면 그것에 대한 [적절한] 사회학적 접근은 불가능해질 것이다. 학생들은 대학 활동만을 공통점으로 가지며, 그런 활동 방식조차 사회적 출신에 따라 다양하게 분화된 양상을 띤다. 이런 집단에 대한 사회학은 학교 체계 앞에서의, 그리고 그것이 전수하는 문화 앞에서의 사회적 불평등에 대한 사회학의 특수한 사례(물론 그 특수성은 규정되어야 하지만)에 지나지 않는다.

학생 세계는 직업 집단보다는 유동적인 군집agrégat에 훨씬 가깝다. 학생들이 다른 집단들, 그러니까 대개의 경우 그들의 가족에, 또 이차적으로는 종교 조직이나 정당 같은 선택적 단체에 통합되어 있지 않고 단지 학생이기만 하다면, 온갖 아노미 증상을 표출할 것이다. 그러나 겉모습이나 이름이야 어떻든, 학생 단체는 아니어도 학생을 위한 단체들이 있기에, 그냥 학생으로 남아 통합의 결여를 외롭다거나 버려졌다는 기분으로 느끼는 이들은, 통합된 환경의 이상을 구현할 단초를 제공하는 그런 단체들 안에서 통합에 대한 향수를 한층 강하게 경험할 기회를 발견한다. 이렇게 해서 가족이나 이차집단들에 더 긴밀하게 매여 있는 여학생들은 종종 동급생 집단을 활성화하려는 시도에 앞장서는 역할을 한다. 그러나 좋은 의도로 무장한 의지주의에 바탕을 둔 이런 시도 대부분은 축제 기술의 생생한 전통에도, 혹은 모종의 공동체 감정에도 의존할 수 없다는 점을 보여 주게 될 것이다.

우리는 지방 인문대의 철학 전공생들 사이에서 매년 집단 활동을 조직하려는 시도가 나타나는 것을 본다. 그것은 어김없이 실패하는데, '철학도들'의 귀족적 개인주의에 부딪히기 때문이다. 집단을 구성하려는 간헐적인 시도들은 자신의 외로움을 고독한 명상의 이상 속에서 승화할 수 없거나 그러길 원하지 않는 사람들에 의해 이루어진다. 즉 일차적으로 여성의 전통적 역할로 특징지어지는, 교류의 조직이라는 과업을 대학에서의 역할에 투영하는 여학생들에 의해서 말이다. 1964년에 연구소Institut3의 학생위원회는 다섯 명의 여학생과 한 명의 남학생([일종의 학생 협동조합인] '코르포'Corpo의 구성원이자 철학도 '가톨릭회'의 회장)으로 이루어져

3　[옮긴이] 저자들이 명시하고 있진 않지만, 여기서 말하는 연구소는 릴 대학의 철학 연구소를 가리킬 가능성이 크다. 머리말에 저자들이 밝혀 두었듯이, 학생 통합 문제와 관련한 자료 수집은 릴 대학 사회학과 학생들로 이루어진 GTU(대학 내 연구 집단)에서 수행했기 때문이다.

있었다. 이들은 모두 학부 1학년생이었고, 가톨릭회의 구성원들이었다. 연구소의 핵심부가 '학생 교구'의 신자들로 구성되어 있고, 인문학과 철학 전공 학생들의 4분의 3이 가톨릭을 자처하며, '가톨릭회'의 신실한 성원 가운데 철학과 학생이 25명 들어 있음에도 불구하고, 교수들이 참석한 몇몇 행사만이 성공을 거둘 수 있었다. 저녁 식사(참석자 45명 가운데 절반은 남성)와 파리 문화 기행(참석자 25명)이 그것이다. 다른 행사들의 경우, 예컨대 교수들이 빠진 저녁 식사와 '크레페 파티'에는 가톨릭 핵심 활동가들만이 모여들었고, 매번 여학생이 다수를 차지했다. 공동의 시험 준비 모임 계획은 취지는 훌륭했으나 결국 실현되지 못했다.

어떤 다른 곳보다도 학생 세계의 통합 정도가 약한 파리에서는 그런 보완 행동조차 훨씬 드물고, 대다수의 체념이 극소수의 이데올로기적 몽상과 공존한다. 교수들과의 접촉은 확실히 지방보다 파리에서 훨씬 드문 데 반해, 그에 대한 학생 대중의 요구는 파리에서 훨씬 적게 나타난다. 아마도 현실이 그런 열망의 비현실성을 명백히 떠오르게 만들기 때문일 것이다. 반면 지방대생들은 [교수들과의] 한층 긴밀한 교류를 요구할 수 있는데, [교수와 학생이 가까이 모여 사는 지방 대학 도시의 특성을 고려할 때] 그런 교류가 이루어지지 않는다면, 물리적 난점보다는 대학의 관습 탓으로 비치기 때문이다.

그리하여 어떤 선을 넘지 않는 이성적인 기대들이 현실에 의해 너무도 명백하게 부인당하고 거부당하면서, 마치 불편한 체념이나 유토피아주의에 자리를 내주는 것처럼 모든 일이 진행된다. 파리의 대학생들은 현행 체계에 의해 단순히 공간적인 공존, 수동적인 출석, 학위를 향한 고독한 경쟁을 선고받고, 익명성의 경험과 대중의 분산 공격에 짓눌린다. 따라서 그들이 현실에 대한 현실주의적 비판을 개념적 테러리즘으로 대체하는 경향이 있다는 것은 확실히 우연이 아니다(그저 말뿐인 요구들로 이루어지는 개념적 테러리즘은 그것들이 표명되었다는 사실만으로 대강 자족하고 만다). '소규모 작업 집단들'이야말로 대학 조직의 지배에서 학생들을 완전히 풀려날 수 있도록 해줌으로써 학생들 간 소통의 밀도를 높일 수 있을 것이라는 유토피아적 믿음, 그리고 어떤 방향성으로부터도 완벽하게 자유로운 교습과 상호 교육과 집단적인 소크라테스주의[산파술] 같은 신화는 통합에 대한 욕구를 단지 통합을 위한 통합이라는 형식적 이상의 형태 속에 투사할 따름이다.

이런 이데올로기의 지극히 과장된 진술들은 얼마나 비현실적이건 간에, 진지하게 받아들여져야만 한다. 학생 환경이 감추려 애쓰는 진실들 가운데 하나를 표현하는 것일 수 있기 때문이다. 가장 극단주의적인 이데올로기가 혹시 부르주아라는 출신 배경, 파리라는 지역적 기반, 더 전통적인 전공의 특성에 가치와 사고 습성을 빚지고 있는 어떤 집단의 객관적 진실을 표현하는 것은 아닌지 의구심을 품는다면, 이는 혹시 너무 멀리 나아가는 것이 될까?

그들이 얼마나 다르든, 존재 조건에서나 성공 확률에서 그들을 가르는 불평등이 얼마나 대단하든 간에 학생들은 최소한 단일성의 신화 못지않게 다양화의 게임에서도 무언가에 대한 개인적 동일시를 실현하려는 의지를 공통적으로 지닌다. [학생의 특수한 행위] 모델은 아닌 그 무언가는 이상보다는 덜하고 고정관념보다는 더하며, 학생의 역사적 본질을 규정하는 것이다. 학생들의 몇몇 뿌리 깊은 태도를 학생 상황의 총칭적 형식으로부터 이해하려는 노력은 이런 상황이 학생 조건과 학업에 대한 관계라는 매력[즉 학생이 되고 공부를 할 수 있다는 유혹]을 객관적인 가능성으로서 포함하고 있는 한 정당화된다. 역사적 유형으로서 가치가 있는 그런 매력은 다양한 학생 범주에 따라 매우 불평등하게 실현되지만 말이다.

옷이나 화장, 이데올로기 등 여러 영역에서 산발적이고 유동적인 순응주의 아래 놓여 있는 학생의 특수한 행위 모델을 발견하겠다는 희망을 품는 것은 헛된 일이다. 이는 아마도 학생들이 주로 그들의 존재와 행동에 대해 맺는 관계를 통해, 혹은 더 정확히 말하자면, 그들의 존재와 행동에 부여하는 의미를 통해 서로 닮아 있기 때문이다. 관찰자가 일반적으로 학생답다고 인식하는 행동은 무엇보다도 상징적 행동이다. 즉 학생이 다른 사람들 앞에서, 또 자기 앞에서 독자적인 학생 이미지의 창조자가 될 수 있는 능력을 증명하는 행위인 것이다. 이는 그가 처한 이행적이고 예비적인 조건에 의해 자신이 되고자 계획한 것, 또는 순수한 존재 기획pur projet d'être만이 되게끔 선고받았기 때문이다.

이런 기획은 그것이 완수되는 상징적 행동들의 내용을 일의적인 방식으로 미리 결정하지 않는다. 학생으로서 스스로를 실현하려는, 때로는 열성적이고 체계적인 의지는 이상적 학생 이미지에 대한 만장일치의 인정을 전제하지 않는다. 그가 구현하고자 하는 것의 이미지가 이미지를 구현해야 한다는 정언명령으로 환원될 수 있기에 그렇다. 무엇이 되고자 하는 것, 자기 정체성을 선택하고자 하는 것은 우선 자신이 되고자 선택하지 않은 것이 되는 것을 거부하는 일이다. 거부되고 변형되어야 하는 여러 필연성 가운데 첫 번째는 사회적 환경에 둔 뿌리이다. 학생들은 일반적으로 자기 부모의 직업이 무엇이든 간에 그것에 대한 단순한 언급도 회피한다. 당황해하는 침묵, 절반의 진실, 또는 [부모와의] 단절의 공언은 스스로 참을 수 없는 어떤 생각, 즉 선택되지 않은 결정 요인이 자신의 정체성을 선택하려는 주체를 온전히 결정할 수 있다는 생각과 거리를 두는 다양한 방식이다.⁴ 자신을 창조하고 자기의 정체성을 선택하려는 열망은 어떤 정해진 행동을 강제하는 것이 아니다. 그것은 단지 그가 하는 행동이 선택의 산물임을 증명하는 행동을 상징적으로 활용하게끔 만들 따름이다. 그러므로 학생 일반에 관한, 그리고 학생으로서 그 자신에 관한 학생의 담론은 무차별적으로 긍정과 부정 사이를 오가는데, 결국엔 늘 그의 존재를 구성하는 질문, 즉 자신이 누구인지에 관한 질문으로 되돌아간다.

> "나는 나 자신을 결코 학생으로 생각해 본 적이 없어요."(건축과 여학생, 20세)

> "그냥 '한낱 학생'이라는 것은 없어요. 우리는 그냥 학생인 것은 아니지요."(사회학과 여학생, 20세)

> "저는 다른 것들이기도 한 것처럼 학생이기도 하지요."(심리학과 여학생, 27세)

> "학생이 바로 저 자신이지요. 사람들이 [학생이 어

---

4 부모 직업을 묻는 질문에 대한 무응답 비율은 언제나 학생 인구에서 특별히 높게 나타난다.

떤 존재인지] 제게 물으면 저 자신에 관해 말할 수밖에 없어요." (사회학과 남학생, 21세)

어떤 행동(특정한 재킷의 착용이나 [색소폰 연주자] 캐넌볼 애덜리 숭배 등등)이 규칙적으로 혹은 빈번히 이루어지면서 범속성의 나락으로 굴러떨어져 버리면, 그것이 가진 차별화의 힘은 그것을 거부하는 행동으로 넘어간다. 학생으로서 스스로를 차별화한다는 것은 다른 학생들이 그 안에 갇혀 있다고 여겨지는 학생의 본질로부터 자신을 구분 짓는 일이다.

"전 특별한 경우예요. 전 사람들이 말하는 학생에 부합하지 않아요." (고고학 전공 여학생, 20세)

"전 학생이 아닙니다." (심리학 전공 남학생, 26세)

"학생의 원형이 있다면 독립적인 학생이겠지요. (……) 유행도 있고, 지적인 조류도 있는데요. 학생 스타일을 계발하길 원하는 사람들이 대개 그런 것들을 뒤쫓지요." (사회학과 남학생, 24세)

"소르본 [대학] 학생에 대한 어떤 이미지가 있지요.

파리한 안색에 『르몽드』를 끼고 이리저리 배회한다든가, 카페에 앉아서 토론을 벌인다든가, (……) 소르본에서 사람들이 행복하지 않다고 불평불만을 늘어놓는다든가 하는 식으로요." (인류학 전공 여학생, 21세)

　여기서 제약에 대한 관계는 모두, 그것이 어떤 제약이든 간에, 필연성을 자유로 만드는 상징적 변환 논리에 따라 작용하는 경향이 있다. 학생들이 시·공간을 지극히 비현실적으로 경험하는 것은 이 제약들 안에서 학생으로서의 정체성을 스스로 선택하기 위해 그것들을 상징적으로 재해석하기 때문이다. 어떤 장소들은 학생들만 주로 다니는 곳일 수 있다. 학생 식당이라든지 특정한 카페들이 그러한데, 거기 나란히 앉아 있다고 해서 그런 소집단들 사이에 사회적 연대가 생겨나는 것은 아니다. 모든 '단골들' 간에 교류가 이루어지는 하층계급 카페와 달리, 학생 카페의 기본 단위는 같은 테이블에 모인 사람들로 남아 있다. 많은 학생들은 카페라는 공간과 그곳에서의 고독한 작업에 투여된 상징적 의미를 소비하기 위해 거기 온다. 카페는 그 자체와 그 이용자들을 소통과 협력의 공간 속에 자리매김하기는커녕, 시네클럽이나 재즈 공연장처럼 신화적인 공간의 일부를 구성한다. 그곳에 학생들은 서로 만나는 것 이상으로 훨씬 더

학생의 원형을 만나러 온다. 경제적 제약 때문에 어쩔 수 없이 생겨난 공간인 '학생 방'chambre d'étudiant⁵조차 상징적 변환 게임에 끼어들 수 있다. '개인 주택'에서 내놓은 셋방이나 기숙사 방과는 대조적으로, 학생 방은 거기로 몰아넣는다고 개탄하는 사람들에게조차, 높은 것과 낮은 것, 다락방과 지하실 같은 양극단을 특권시하는 문학 공간 안에 새겨진다. 그것은 그 가난과 궁핍 속에서까지 소명의 위험과 자유의 대가를 드러낸다.

학생들을 그들의 출신 계급, 그리고 심지어 그들의 조건과 실천(양자는 언제나 그들의 출신과 밀접히 연결된다)으로 환원하는 것은 부분적으로만 가능하다. 지성의 초심자로서 그들은 자기의 출신 계급, 조건과 실천에 대해 맺는 관계에 의해 스스로를 규정하기 때문이다. 지식인 지망생으로서

5　[옮긴이] 19세기 초반 이래 프랑스 부르주아 저택이나 아파트에는 지붕 아래의 꼭대기 층에 작은 침실로 이루어진 하녀 방chambre de bonne을 두었는데, 이는 후대에 가난한 노동자들이나 학생들을 위한 셋방으로 주로 쓰이게 된다. 여기서 학생 방은 문맥상 이 같은 열악한 환경의 작은 셋방을 가리키는 것으로 보인다. 한편 1950, 60년대 프랑스에서는 고등교육의 대중화와 더불어 학생 주거 공간의 부족이 중요한 문제로 떠오른 바 있다. 그에 따라 활발하게 건립된 대학생용 기숙사는 10㎡ 넓이의 작은 방에 공동 주방과 샤워, 세탁 시설을 갖추었으며, 1955년 이래 공기관인 CROUS(대학 및 학교 활동 지역 센터)가 운영하고 있다.

그들은 이런 관계를 그들 조건의 논리 속에서 재해석된, 지식계급의 모델들에 따라 체험하고자 애쓴다. 중등 교육과정의 과목들에 대한 반작용으로, 대학생들은 문화적 자유의지의 주체로서 자신의 정체성을 확인하는데, 이는 시네클럽 드나들기, 음향 기기와 음반 구입하기, 각종 포스터로 방 꾸미기, 문학과 영화의 아방가르드 찾기 등으로 나타난다. 정치나 문화에 관한 토론을 벌일 때라든지 책과 음반을 빌릴 때 일어나는 교류가 상호 교육이라고 말할 정도로 충분한 식견을 가지고 이루어지지는 않지만, 적어도 문화적 가치에 대한 인정을 고무하는 효과는 발휘하는 것으로 보인다. [이런 문화 영역으로] 개종한 선배들은 변호인이자 매개자로서 신참들을 문화 세계에 대한 의무적인 추종으로 이끈다. 그렇지 않았다면 그 세계는 성인이나 특권적 지식인의 전유물처럼만 여겨졌을 것이다.

청년이자 초심자로서 대학생은 다른 누구보다도 자신의 사고와 생활을 인도해 줄 안내자를 찾는다. 따라서 그는 권위 있는 본보기에 특별히 예민하다. 미래의 지식인으로서 그는 그런 본보기를 지식 세계에서만, 더욱이 그 안에서도 대개 자신의 일상적 활동을 통해 직접적이고 지속적으로 교류하는 일부분인 교수 집단에게서만 발견할 수 있다. 문화에 대한 열망으로 규정되는 집단은 자연스럽게 문화적 가치에 대한, 그리고 그것을 전수하거나 구현하는 사람들에 대한 애착을 조장한다. 그리하여 자주 만나는 교수들 가운데 누군가가 학생이 그처럼 되고자 열망하는 지식인의 권위 있는 이미지를 제공할 수 있다. 모든 학생은 자신의 공부 경로curriculum에서 어떤 '위대한 스승'을 만나게 마련이다. 바로 이 권위 있는 스승의 이름으로 우리는 단순한 교육자들의 뻔한 교육을 거부하게 된다. 교수의 이마고6를 둘로 분리해 내면서 학생은 독불장군이거나 중언부언하거나 따분하기 그지없는 교수들에 대한 적대감에도 불구하고, '훌륭한 교수'가 구현하는 가치들에 동일시할 수 있다. 교수는 심지어 학교 세계에서 가장 거리가 먼 [정치적] 참여의 정당성에 대한 보증인이자 보호자로 나타날 수 있다. 학생은 지적 스승과 동일한 정치적 대의에 봉사하면서 자신의 '독특한 본질'을 실현하고, 그런 자기완성에 자연스럽게 따라오는 지고지순한 행복을 경험하지 않는가?

선생의 역할은 새로운 기대의 충족에 한층 적합하게 만들어진 매스미디어 같은 경쟁적 영향력에 비하면 아무것도 아니라는 반박 — 한창 유행하는 주장이다 — 도 나올 수 있을 것이다. 하지만 적어도 학생 세계에서는 대학이 전통

---

6 [옮긴이] 이마고는 부모, 형제 등 사랑하는 사람의 근원적인 이미지를 가리키는 정신분석학의 용어로, 유년기에 형성되어 이후의 인간관계에 무의식적인 영향을 미치는 것으로 여겨진다.

문화는 물론, 간접적이고 부차적으로는, 그보다 정통성이 덜한 문화 콘텐츠를 실어 나르는 주요 매개체로 남아 있다는 점을 보여 주기란 그리 어렵지 않은 일이다. 예를 들면, [대중문화 연구자로서] 직업적 관심에 사로잡힌 비판자들은 그렇게 믿고 싶어 하지 않지만, 사실 영화나 재즈에 해박한 학생들은 매우 드물며, 어쨌거나 대학에서 교과목이 개설된 예술 장르에 전문 지식을 갖춘 학생들에 비하면 정말 엄청나게 드문 것이다. 특히나 학교 세계에 가장 잘 적응해 자신의 교육적 기술과 관심을 예술 장르에 이전할 수 있는 학생들이 그 분야에서도 가장 탁월한 기량을 발휘한다.

영화와 재즈 지식은 병립적이거나 경쟁적인, 혹은 보완적인 문화를 구성하기는커녕 전통 예술에 대한 친숙성과의 직접적인 관계 속에서 변화한다. 그러므로 학교 세계에 가장 잘 통합되어 있고 높은 수준에 있는 집단이 다른 분야에서와 마찬가지로, 재즈와 영화에서도 가장 좋은 결과를 얻는 것은 자연스러운 일이다. 예컨대, 일군의 영화를 놓고 그 감독 이름을 말해 달라는 질문에 [대표적인 그랑제콜인] 파리국립이공과학교 학생들 가운데 94%가 적어도 한 명의 이름을 댈 수 있었던 반면, 일반 대학교 학생의 경우 그 비율이 69%에 지나지 않았다. 유사하게 전자의 73%가 기초적인 재즈 지식을 가지고 있었던 데 비해, 후자는 49%에 불과했다.

연극부나 문예부 같은 학생들만의 독자적인 문화 기획

역시, 잘 알려져 있다시피, 흔치 않은 일이다. 그것이 계속 유지될 수 있으려면 대학 기관에 기반하고 있거나 교육적 수요에 부응해야만 한다. 그리하여 소르본에서 고대극부와 근대극부는 강의계획서에 올라와 있는 공연 정도만 알고 있었던 대부분의 학생이 보기에 준전문가 수준에 이른 덕분에 지속·발전할 수 있었다.

어떤 학생들이 공공연한 의견이나 피상적인 태도 속에서 교육 행위의 효력을 반박하려 들기에, 또 교육이 이제 누구에게 어떤 영향도 미치지 못한다고 사람들이 자신하고 싶어 하기에 다음과 같은 사실이 종종 잊힌다. 즉 교육은 큰 틀에서 그것이 제공하는 생산물[즉 교과목 관련 지식]과 교양에 대한 욕구를 학생들에게 성공적으로 자극한다는 것이다. 사실 교수의 과업은 언제나 지식 소비의 성향을 충족하는 동시에 그것을 창출하는 데 있다. 문화 재화 시장에 대한 교육의 영향은 아마도 프랑스 대학 전통 속에서 가장 뚜렷하게 나타날 것이다. 교수의 카리스마는 교양 있는 소비의 영원한 자극제이다. 높은 기교의 과시, 은근한 찬사의 게임이나 경멸적인 침묵 등은 종종 학생 활동을 결정적으로 인도한다. 권위 있는 철학 교수 아래 있는 학생들이 자신을 '철학자'인 줄 안다는 아이러니 섞인 지적이 제기되곤 한다. 그런데 교수의 영향력이 그가 직접 가르치지 않은 영역들에까지 폭넓게 나타난다는 점은 제대로 간파되지 않는다.[7]

학생과 교수는 모두 교육체계의 생산물로서 그것의 논리를 드러낸다. 학생은 지식의 '생산'이나 '전수'를 방향 짓는 데 어떤 기여도 하지 않는다. 교수는 학생들이 무엇을 필요로 하는지 학생들과 결코 상의하지 않는다(혹은 아주 드물게만 그렇게 한다). 교수가 그러려고 하는 경우, 대개 학생들의 놀란 혹은 수동적인 반응을 만난다. 무조건 지식을 흡수하겠다는 태도로 무장한 학생들은 교수가 구체적으로 그들에게 중요한 것이 무엇인지 알려 주길, 나아가 [무엇 무엇에 대한 학생들의] 필요를 충족해 주겠다고 정함으로써 창조해 내는 특정한 필요를 충족해 주겠다고 알아서 결정해 주길 기대한다. 그러므로 교수는 모든 것에서 주도권을 쥔다. 커리큘럼, 강의 주제, 과제, 읽을거리, 나아가 교육 기계ma-chine scolaire⁸ 속에 안전하게 주입될 수 있는 일정량의 환상을 규정하는 일도 다 교수의 몫이다. 교육체계의 현 상태에서 소비에 대한 조사는 생산에 대한 조사에 귀착할 수 있다. 달리 말해, 대학생(리세 학생은 차치하더라도)이 소비하는 것을 알려면, 교육이 생산하는 것을 아는 것으로 (거의) 충분하다. 소도시의 서점들은 그런 사실을 잘 안다. 그들은 새

---

7 개방형 질문에 대한 응답에서 학생들의 4분의 3은 자신의 예술 관련 생애사에서 가장 중요한 사건을 특정한 교수와 연관 지었다.

8 [옮긴이] 제도화되고 관료화된 학습 조직을 비유적으로 표현한 용어.

로 부임한 철학 교수가 자기 색깔을 드러내길 기다린 뒤에, [이를 파악하고는 예컨대] 니체보다는 마르크스 책을 주문한다. 실상 이 교수는 신간들의 교육적 공인에 핵심 역할을 수행한다. 하이데거에 관한 강의라든지 사르트르, 사이버네틱스, 존엄사 혹은 모리아크에 할애한 비중을 통해 교수는 (매년 40명의 학생들에게) 고상한 문화적 욕구와 그렇지 않은 것을 정해 준다.

이런 조건 아래서 교육산업이 매년 매우 순응적인 일군의 소비자를 생산하기에 이른다는 사실은 조금도 놀랍지 않다. 이를 확인하려면 일종의 대표 생산물 격인, 콩쿠르 제네랄Concours général9의 우승자들이 증명하는 문화적 정통성을 떠올려 보면 된다. 1963년에 최우수상 수상자 18명(이 중 15명은 상급 관리직 또는 전문직의 자녀였고, 세 명이 상인의 자녀였다) 가운데 13명이 교직이나 연구직 종사를 희망한다고 말했고, 그럼으로써 그들의 가치를 인정해 준 대학 체계에 대한 인정을 드러냈다. 이들은 모두 독서를 가장 즐겨 하는 여가 활동으로 꼽았고, 선호하는 작가로 카뮈, 말로, 발레리,

---

9 [옮긴이] 매년 리세 학생들을 대상으로 이루어지는 일종의 전국 단위 학력 평가로, 여기서 학생들은 각 과목의 최우수상prix과 우수상들accessits을 놓고 겨룬다. 콩쿠르 제네랄에서의 수상이나 바칼로레아의 우등 성적은 파리의 명문 리세에서 운영하는 그랑제콜 입시 준비반에 입학하는 데 필수적인 요건으로 꼽힌다.

카프카, 프루스트 등 신성화된 아방가르드 소집단에 속하는 이들을 들었다. 11명은 자신이 고전음악과 연극을 특히 좋아한다고 말했으며, 영화와 재즈는 후순위에 머물렀다. 끝으로 이들은 [프랑스의 엘비스 프레슬리로 불린 인기 가수이자 영화배우인] 조니 할리데이가 당대의 청년을 표상한다는 인식에 분노 어린 거부감을 표했고, 방문하고 싶은 나라로는 그리스를 1순위로 꼽았다. 이처럼 매년 젊은 수상자들은 언론의 부고 기사에서 칭송하는 것과 동일한 미덕들을 자신의 장래 계획 속에서 드러낸다. 철학, 프랑스어, 혹은 고전어 분야의 최우수상을 고전 교육에 결부된 가치들이 최상으로 실현된 형태라고 본다면, 우리는 호모 아카데미쿠스homo aca-demicus의 청년기 이념형을 구성할 수 있다. 1964년의 철학 최우수상 수상자는 부모와 조부모가 모두 교육자였는데, 고등사범학교 진학 계획을 세웠고, 거기서 아그레가시옹에 합격한 뒤 철학 교수가 되겠다는 목표가 있었다. 한편 라틴어 최우수상 수상자는 "15세 2개월의 나이에 프랑스 문학 전체를 섭렵한" 바 있는 "엄청나게 개인주의적"이며 "놀랄 만큼 조숙한" 학생으로, 다만 연구와 교육 사이에서 무엇을 선택할지 망설이고 있었다(1964년 6월 각종 언론 보도 참조).

의심의 여지 없이 이것들은 극단적인 사례다. 하지만 그런 전수 수단들[학교에서 우수한 성적을 거두고 결국 교수가 되는 사람들을 의미한다]을 장착한 기관이 반드시 전수하기를

원하는 것, 또 전수한다고 믿는 것은 아니라고 하더라도 무
언가를 전수하는 것은 불가피한 일이다. 실상 겉보기와 달
리, 대학은 언제나 개종자들에게 설교를 늘어놓는다.[10] 대
학의 궁극적인 기능이 문화적 가치들에 대한 애착을 확보
하는 데 있다는 점을 고려하면, 대학은 반드시 강제하거나
제재할 필요가 없다. 그 고객층이 어느 정도는 지식계급에
들어가고자 하는 공공연한 열망에 의해 규정되기 때문이다.
그러나 인텔리겐치아 되기는 학생들 가운데 제한적인 소수
에게만 타당한 합리적 기획이다. 이런 상황에서 장차 지식
인이 되지 못할 이들까지 포함해 모든 학생이 수년간 거쳐
야만 하는 지식인 조건의 허구적이고 유희적인 경험은 어떤
기능을 지닐 수 있을까?

어떤 학생들은 집합적 자기기만[11] 덕분에 그가 현재 하
는 공부가 예비하는 미래를 스스로에게 감추면서 그 공부

10 [옮긴이] 이미 문화적 가치를 믿고 있는 이들을 대상으로 문화적
가치의 중요성을 역설한다는 뜻이다.

11 [옮긴이] 사르트르 실존주의 철학의 중요 개념 가운데 하나인
자기기만은 개인이 실존의 불안에서 벗어나기 위해, 자신이 자유를
행사해 어떤 행동을 했다는 사실을 스스로 부정하는 상태를 가리킨다.
자기기만에 빠진 사람들은 자신이 하는 일을 명확히 볼 수 있으면서도
그 의미에 대해서는 자신을 속이는 쪽을 선택한다. 이들은 의식을 가진
인간 존재로서 자유, 선택, 책임, 부정, 가능성 등과 같은 자신들의
실존적 조건을 정면으로 마주하지 않고, 스스로를 의식이 없는 사물
존재처럼 간주하려는 태도를 취한다.

의 진실을 회피하기에 이른다. 집합적 자기기만은 대학 체계의 논리 안에서 작동하는 이성의 간계ruse de la raison의 일차적 형태이다. 지적인 전문직을 상징적으로 실행하는 것, 기성 지식인의 과업들을 '하는 척하는' — 장 샤토[12]가 아이에 관해 말한 바처럼 — 방식으로 수행하는 것은 어떤 면에서 어떤 학생 범주에게는, 지식 세계를 지배하는 가치들에 애착을 갖는 조건들 가운데 하나이다. 벨에포크 시대[19세기 말, 20세기 초]의 고등사범학교 학생식으로, 문학이나 철학 전공생은 오늘날까지도 학창 시절을 순전히 지적인 삶을 준비하는, 일종의 입문을 위한 은둔기로 보낼 수 있다. 아마 그래야만 할 필요가 있을(지금까지 있어 왔던) 것이다. 이런 수련은 단순한 수단으로 여겨지기보다는 그 자체가 하나의 목적으로 받아들여진다. 출발점terminus a quo과 도달점terminus ad quem에 대한 이중 부정을 대가로, 학업을 수행하는 현재를 자율화함으로써 학생들은 지적인 소명을 온전히 살아내고 있다는 환영에 사로잡힌다. 그렇기에 사회적 결정 요인들과의 게임 및 이중 게임의 학습은 효과적인 직업 준비 과정처럼 나타난다. 그것이 자유롭게 부유하는 인텔리겐치아freischwebende Intelligenz[13]의 실제적 혹은 허구적 경험을 얻을

---

12 [옮긴이] 프랑스의 교육심리학자. 어린이와 놀이의 관계에 대한 연구로 유명하다.

수 있는 기술들의 습득을 보장하기 때문이다.

이런 환영은 대학 활동의 비현실성 그 자체가 조장하는 것이 아닐까? 구체적인 제재들과 의무들조차 흐려지고 무디어지는 것처럼 보인다. 학생과 교수 사이의 암묵적인 공모 아래서 대학의 규율은 준엄하고 가차 없는 것으로 강제되거나 감내될 수 없다. 실패는 비록 극적으로 경험된다 해도 결코 중대한 직무 해고로 나타나지는 않는다. 대학 체계는 그것이 포함하는 가장 진지한 제재인 시험의 성격상, 확실히 노동보다는 게임에 훨씬 가깝다. 한편으로 학생은 대단한 무언가 또는 중요한 인물이 되고자 하는 불안감에 빠져, 자신에 관해 끊임없이 질문하는 경향이 있다. 다른 한편 이론의 여지 없는 위계 구조를 구축해야 할 책임이 있는 기관에 만연한 본질주의적 정신에 사로잡힌 교수는 학생의 전 존재를 평가할 수 있는 자격이 있다고 느낀다. 그런 느낌은 교수가 보고서나 논문 같은 학생의 생산물을 그 목적이 오로지 잠재적이면서도 결정적인, 즉 본질적인 능력을 드러내는 가상적 '수행성', 혹은 일종의 수련으로 지각할수록 더욱 강해진다. 그러므로 학생은 유일하고도 명백한 선

---

13 [옮긴이] 이 표현은 사회학자 카를 만하임이 『이데올로기와 유토피아』(1929)에서 쓴 것이다. 만하임은 이를 통해 어떤 사회적 구속에서도 벗어나 계급 조건과 무관하게 행동할 수 있는 집단으로서 지식인을 특징짓고자 했다.

별의 기호를, 학교 체계의 평가가 자신의 '작업'에 대해 매기는 가치 속에서 찾지 않을 도리가 없다. 교수와 학생은 학교의 시험과 상벌이 지닌 비현실성을 인지하고 때로 그것에 관한 농담을 주고받지만, 그러면서도 끊임없이 개인적인 구원의 극적인 가치를 거기 투사한다.[14] 누구에게나 학위논문은 하나의 계기로 느껴지는데, 그것은 인간을, 아니 최소한 대학인homme universitaire을 평가하는 계기로 느껴진다. 이 대학인은 우리 사회의 어떤 사람 안에도 존재하는 인간이지만, 마치 인간의 전부로도 여겨진다. 게다가 그것을 인간의 전부로 간주하는 사람은 비단 대학인들만은 아닌 것이다. 학교 세계는 여러 특성상, 이를테면 사람들이 수용해야만 가치를 갖는 규칙들의 적용 영역이라는 것, [사회경제적] 결정 요인들이 작용하는 실제 세계로부터 빠져나와 있는, 경계가 분명한 제한적 시·공간이라는 것 등에 의해 게임의 세계를 환기한다. 그런데 모든 다른 게임 이상으로, 그것은 거기 참여하는 사람들에게 그들의 전 존재가 그 게임의 판돈이라고 믿게 만들면서 게임에 매달리도록 은근히 또는 강하게 유혹한다.

14 학업적 성공이 개인적인 구원의 기호라는 신화는 그랑제콜 입시 준비반에서, 특히나 인문 계열에서 그 절정에 이른다. 우리는 어떤 실패들, 그리고 그 못지않게 어떤 성공들이 빚어낸 드라마를 알고 있다.

2장. 진지한 게임과 진지한 것을 둘러싼 게임   97

더구나 대학 체계와 대학 문화에 대한 문제 제기는 그 또한 대학에 고유한 모델에 따라 이루어지지 않는가? 은밀히 공모하는 허구적 논박의 모델, 어떤 주제든 상관없는 토론disputatio de quolibet과 알 수 있는 모든 것에 관한 논술dissertatio de omni re scibili의 모델, 학교가 제약 아래 행사되는 지적인 자유를 가르치기 위해 쓰는 지극히 형식적인 연습 말이다. 학교 체계에 맞선 저항과 이단적 열광 속으로의 도피는 사실 우회적인 경로들을 통해, 대학 체계가 추구하는 궁극적인 목표를 실현하지 않는가? 가장 고리타분한 교수는 학생들이 더 진실하고 생생하다고 믿는 '반反문화'에 반항 어린 애착을 갖게 자극함으로써 본의 아니게도 자신의 객관적 기능을 완수한다. 그것은 수련생들에게 대학이 아니라 문화를 숭배하도록 설득하는 기능이다. 대학의 역할은 단지 문화에 대한 숭배를 조직하는 데 있는 것이다. 한마디로, 학교적 이성raison scolaire의 최상의 간계에 의해, 제약은 가장 고분고분하지 않은 자들이 제약의 쓰임새를 허구적으로 부정하는 가치에 애착을 갖게끔 밀어 넣는다. 겉보기에 지극히 자유분방한 행동들조차 전통적인 적용 영역의 바깥에서 전통적인 모델에 복종한 결과일 따름이며, 문화의 빨치산들은 학교를 꾀부려 농땡이 치는 모범생들일 뿐이다. 학생들에게 서부극이 문화의 서부far-west[미개척지]처럼 비치지 않는다면, 과연 서부극에 대한 그들의 열광이 여전할 것인가? 문학이나 철학 담당 교수가 번번이 보람도 없이 이끌어 내 보고자 애썼던 [창의적인] 학생 발표나 토론이 시네클럽 회장 앞에서 이루어지곤 한다. 따라서 규칙의 외적인 제약에 맞선 반항은 규칙이 부과하는 가치들의 내면화intériorisation가 완수되는 경로들 가운데 하나이다. 마치 프로이트적 신화에서 부친 살해와 함께 비로소 내면에 투여된introjecté 부친의 지배가 시작되는 것처럼 말이다.

파리의 인문대생이 신참 지식인으로서의 대학생에 대한 이념형적인idéal-typique, 즉 완전한 동시에 과장된 이미지를 제시한다는 사실은 놀랄 일이 아니다. 신참 지식인은 기대에서 벗어나는 기술이 지적인 자유의 특권적 행사 방식인 게임을 실행하면서, 자신을 자율적 지식인으로서 증명하도록 요구받는다.

정치적 의견에 가족적 환경이 미친 영향을 그대로 드러내 보이는 데 대한 거부는 파리에서 가장 두드러진다. 파리 대학은 부르주아 출신 학생 비율이 가장 높지만, 스스로 좌파라고 응답한 학생들의 비중이 지방에서보다 훨씬 높다. 그런데 지방에서는 좌파적 견해가 하층계급에의 소속과 매우 밀접하게 관계있는 것으로 나타난다. 자신이 좌파라고 주장하면서도 좌파 정당과의 연관성은 부정하는 학생들의 비율 역시 파리에서 가장 높게 드러난다. 자신을 정치적으로 규정하기 위해 '신흥 트로츠키주의', '구축적 무정부주의', '혁명적 신공산주의' 등과 같은 새로운 명명법의 필요성을 느끼는 이들 가운데 3분의 2가 파리의 대학생들이다. 더 일반적으로 파리의 대학생들은 자주 아방가르드 쪽으로 향하는 미학적 선택에서나, 종종 극단주의 쪽으로 나아가는 정치적 선택에서나 어떤 균열 안에 있으며, 그러기를 추구한다. 그들은 의식적으로 시대의 조류에 거슬러 반대 사면으로 가고 또 그러고자 하지만, 반反순응주의의 순응주의에 복종하면서 그렇게 하는 것이다. 이는 부르주아 학생들이 학생 세계에 들여오며, 특히 파리의 학생 세계 전체를 압도하는 딜레탕티슴과 방약무인désinvolture의 가치가, 자유롭게 부유하는 지성이라는 지식인의 이상 속에 들어온 가치들과 친화적이기 때문이다.

이런 이유에서 파리의 대학생들은 다른 학생들보다 훨씬 더, 청소년기의 상징적 단절을 지적인 자기실현과 혼동하는 경향이 있다. 그리하여 많은 선택을 가장 전통적인 모델에 따라 관리해 온 상당수의 여학생은 성적 규범에서 해방됨으로써 해방된 지식인으로서의 자기 이미지를 실현한다. 그런 해방이 지니는 높은 상징적 이익은 해방이 허용하는 형식적 뒤집기에서 간파될 수 있다. "처녀성에 대한 가치 부여를 (……) 또 다른 '신비주의'가 대체한다. 어떻게 해서든 잃어야만 하는 처녀성의 신비주의."[15] 한편 어떤 정치적 참여의 매력은 종종 그것이 가족 환경과의 단절을 가장 경제적이면서도 가장 요란스러운 형식 아래 상징적으로 소비할 수 있게 해준다는 점에 일부 기인한다. 온갖 제약 — 사회적 출신이든 직업적 미래든 아니면 그 준비를 위한 공부든 — 에 대한 거리 두기라는 지적 게임은 전형적으로 은폐를 위한 은폐의 게임을 불러오고 또 뒷받침한다. 사회적 출신과 관련된 차이들이 불문에 부쳐지는 만큼이나, 의견과 취향 속에 의도적으로 표현되는 차이들은 명백해지고 표면화된다. 분파들이 그렇게나 빨리, 또 그렇게나 복잡한 메커니즘에 따라 서로 충돌하고 구성되고 해체되는 사회는 [학생 사회 말고는] 별로 없다. 논쟁의 게임이 그만큼의 에너지를 동원하고 그만큼의 열정을 불러일으키는 집단도 [학생 집단 말고는] 거의 없다. 그래서 하위 집단 내 소수파는 그것과 불화 관계에 있는 다수파가 상위 집단에서는 소수파 위치에 있다 해도, 상위 집단의 다수파 위치에 합류하지 않으면서도 하위 집단의 다수파에 대립할 수 있다.[16]

15 Mme Amado Lévi-Valensi, "l'étudiant possède-t-il une affectivité d'adulte?" *Lille-U*, n.7, nov.-déc. 1963.

16 이것이 바로 학생 조합의 관료제 내부에서 가장 빈번히 나타나는 관계들의 단순화된 모델이다. 예를 들면, UNEF[프랑스 전국학생연합]의 지휘권에 대한 FGEL[인문계단체연맹]의 관계, 그리고 FGEL에 대한 파리 지부의 관계가 그렇다.

물론 학생 대다수는 이런 논쟁들에 아주 멀리에서만 참여할 따름이고, 자기 입장이 무엇인지 결정하는 데 자주 어려움을 겪는다. 그럼에도 불구하고 그들이 끝없는 토론 속에서 대립시키며 또 그것을 통해 서로 대립하는 정치적 이념이나 미학적 가치는 모두 동일한 논리에 따른다. 스스로 구별 짓고자 하는 의지는 정치적 층위, 철학적 층위, 또는 미학적 층위에서 각각, 그리고 동시에 잘 작동할 수 있다. 어떤 트로츠키주의는 그것이 마오주의에 대립하는 만큼이나, 하지만 방식은 달리해서 다른 트로츠키주의와 대립할 수 있다. [영화감독을 놓고 보면] 초기 안토니오니의 숭배자들은 중기 안토니오니의 팬들과 대립하고, 이들 분파는 모두 함께 베리만을 혹평하면서도 서로 다른 견지에서 그렇게 한다. 실상 차이의 추구는 차이의 게임이 이루어질 수 있는 범위의 한계에 관한, 그리고 이 한계 안에서 게임을 해야 할 필요성에 관한 합의를 전제한다. 하지만 합의의 경계를 넘어서지 않은 채 진정한 차이들을 발견하기는 어렵기에, 대립은 언제나 허구적이거나 형식적일 위험성이 크다. 또 본질적인 것에 대한 논쟁은 결코 이루어지지 않을 수 있는데, 논쟁하기 위해서는 본질적인 것이 무엇인지 동의해야만 하기 때문이다.

합의의 한계 내에서 일어나는 합의와 불화의 동맹은 파리에서 가장 명백히 나타난다. 소집단들의 활성화, 그리고 경쟁 노선들 간의 갈등이 다음과 같은 사실을 가려서는 안 된다. 즉 파리 인문대생들의 79%가 자신이 좌파라고 말한 데 반해, 지방대에서는 56%만이 그렇게 대답했고, 파리 인문대생들의 20%만이 학생 조합 활동 참여에 부정적이라고 말한 반면, 지방대생의 경우 그 비율이 35%에 달했다는 것이다. 학생들에게 요구되는 의견의 총체는 사상 분파에 따라 상이한 배음이 깔리기는 해도 대체로 동일하게 나타났다. 예컨대, 매우 다양한 행동과 언어 속에서 '참여'가 표명되는 데 반해, '참여' 더 정확하게 '구체적인 참여'를 해야 할 필요성에 대해서는 결코 의문에 부치지 않는 것이 게임의 규칙이다. 마찬가지로 학생들은 [정치] 토론을 어느 정도 진지하게 받아들이면서도, 토론의 유희적인 성격을 간파할 수 있다.

"과연 토론이 쓸모 있을까요, 없을까요? 시간은 많이 드는데, 그냥 일상의 일부가 되어 버린 느낌이에요."(상급 관리직의 아들, 파리)

"온갖 종류의 모임과 카페에서의 토론이 있는데, 그것들이 반드시 아주 바보짓은 아니에요. 게다가 그것들은 정치적이거나 사회적일 수 있죠. 어쨌든 토론이 뭔가 뾰족한 결론으로 이어지는 경우는 별

로 없어요. 시간은 상당히 잡아먹는데 말이죠." (자영업자의 아들, 파리)

"매일 카페에서 벌이는 토론은 여가 활동으로 볼 수도 있어요. 어쨌거나 일종의 쉬는 시간이죠. 학교에서 직접 논쟁하지 않는 문제들을 고민하는 방식이랄까요." (상급 관리직의 아들, 파리)

"전 친구들에게 일요일 오후 제 숙소에 토론하러 오게 해요. 말하자면, 저희 여가 활동이죠." (상급 관리직의 아들, 파리)

환경이 직접적으로 가하는 압력으로는 합의의 힘도, 합의의 한계 내에서 나타나는 형식적 대립에 대한 취향도 설명할 수 없다. 우리가 이미 보았듯이, 파리의 학생 사회는 다른 어느 곳에 비해서도 통합 정도가 약하기 때문이다. 확실히 이데올로기적 게임은 특권적 상황이 통상 허용하는 학업과 지적 삶에 대한 모든 태도의 한 가지 양상이다. 존재 조건conditions d'existence과 학업 여건conditions de travail을 명확하게 구분할 수 없기에, 우리는 파리 학생들의 존재 조건이 지방 학생들에 비해 훨씬 낫다는 점을 자주 잊어버린다. 파리는 상류층 출신 학생의 비율, 부모와 함께 거주하거나 그들에게 경제적 지원을 받는 학생 비율이 가장 높고, 자기 수입을 임금노동으로 충당하는 학생 비율은 가장 낮다. 부르주아 출신과 일반적으로 연계되는 문화적 혜택은 파리 거주에 힘입어 배가된다. 이 점을 염두에 둔다면, 우리는 다음과 같은 것들을 이해할 수 있다. 우선 온갖 특권을 겹겹이 누리는 파리의 부르주아 학생들이 다른 어떤 학생들에 비해서도 학업에 대해 경쾌함과 초연함을 드러낼 수 있다는 것이다. 그런 태도는 사람들에게 지적인 기량으로 받아들여진다. 또한 파리의 부르주아 학생들은 다른 학생들보다도 정치적 대담성을 발휘할 수 있다는 것이다. 이는 그들에게 지적인 합의에 대한 애착 — 이것은 단호할수록 한층 더 칭송받을 만한 것처럼 보이는데 — 이 자아내는 만족감을 안겨 준다.

하지만 적어도 심층적인 태도의 차원에서 파리와 지방 학생들 간의 가장 중요한 차이는 아마도 그들이 대학 기관, 교수 집단, 그리고 지식사회와 맺는 관계에 놓여 있을 것이다. 지적 가치들의 본거지에 훨씬 더 가까이 있는 파리 대학생들은 그것이 주는 매력을 한층 강하게 경험한다. 거기서 거기인 인문학 소집단들을 갈라놓는 미묘한 차이는 개인적으로 그런 집단들에 입문했거나 중간에 걸쳐 있는 이들, 혹은 태생상 자기 가족이나 친척 가운데 지식인이 있는 사람들만이 알아챌 수 있다. 이 모든 정보 자본capital d'informations은 세미나, 학술회의, 토론회 또는 모임 등에 자주 다니고, 유행하는 잡지들을 읽고, 혹은 소집단들에 참여함으로써만 얻어진다. 그런 소집단들에는 언제나 최신 뉴스를 열성적으로 실어 나르는 몇몇 정보통이 있게 마련인데, 이들은 거대한 이론적 논쟁에 양념 같은 뒷말을 더함으로써 신성화하는 동시에 탈신성화하는 친숙함이 생겨나게끔 한다. 이는 로마의 평민들이 원로원의 존중받을 만한 비밀에 대해 불손한 대화를 나눌 수 있게 해주는 친숙함에 비견할 만하다.

더욱이 대학의 후견에 대한 의존은 파리에서보다 지방에서 훨씬 강하게 나타난다. 파리의 대학생은 다양한 교수들에게서 교수 개개인의 (권위가 아니라면) 위광prestige을 상대화할 수단을 발견하고, 더 근본적으로는 지식인 사회의 다양성 속에서 교수직에 고유한 위광을 상대화할 수단을 발견한다. 이에 비해, 지방의 대학생은 대학에 붙잡혀 있으며, 자기 전공 분야에서 지배자로 군림하는 대학교수에서 벗어날 수 없다. 그는 가장 자유로운 이해 관심까지도 교육적 제약들에 얽매여 있어서 자신의 학창 생활을 지적인 자유로 체험하는 경향이 덜하다.

이 모든 것은 파리의 인문계 학생들이 인문학 도시 파리Paris littéraire의 게임에 들어가도록 만든다. 자신이 받은 교육으로 인해 수사학적 장비로 무장하고 관념에 대한 취향을 얻은 이 학생들은 당대의 여러 이데올로기적 논쟁 속에 개입할 정당성이 있다고 강하게 느낀다. 바로 그들이야말로 그런 논쟁이 승인을 구하기 위해 다투는 공중이라는 상황이 그들을 거기 객관적으로 끌어들이기 때문이다. 하지만 그런 논쟁에 개입할 때, 이 학생들은 자기들이 보편적인 양 겪고 생각하게끔 이끌리는 경험 — 그 이유는 그들이 보편적인 것universel에 대한 사유를 소명으로 지닌 소세계 속에서 살고 있기 때문이다 — 을 전체 세계univers 단위로 확장하면서, 거기에 자신들의 거대한 야심과 소소한 드라마를 집어넣는 경향을 보인다. 이는 오늘날 교육 위기를 둘러싼 논쟁에서도 마찬가지이다. 그리하여 문학이나 철학, 사회과학에서 현학적인 수다와 과학적인 토론 사이의 경계는 다른 영역에 비해 훨씬 불분명하고, 주워들은 소리로 얻어진 지식이 실체대로 간파될 확률은 적기 때문에 이 분야의 학생들은 초심자의 환상에 불과한 것을 교육에 관한 보편적 성찰의 원리인 양 만들 수 있다. 이데올로기적 게임은 학생 조건의 초조하고 불행한 경험을 극복하는 한 가지 방법일 수 있다. 모든 대가를 무릅쓰고 이루어지는 독창성의 추구는 의심의 여지 없이 파리 대학생에게 특별히 중요한 기능을 가진다. 그는 지극히 어려운 학업 여건에 놓여 있으며, 매 순간 익명의 경쟁자 무리와의 위협적인 접촉이 불러일으키는 불안감을 경험한다. 압도감이나 고립감처럼 좀 더 쉽게 자인되는 경험은 아마도 대학생의 근본적인 불안감을 '전치된' 형식으로 표현한다. 자신이 누구인지, 어떤 가치가 있는 사람인지 끊임없이 자문하지 않을 수 없는 상황에서, 학업적 성공 말고는 달리 선택받았다는 징표를 알지 못하는 대학생은 실패나 익명화에 의해 자신의 존재 자체가 공격받는다고 느낀다. 교수의 눈에 들려는('잘 보이려는') 노력이나 잔꾀라든지, 그 정반대 차원에서 이루어지는 냉소나 비방과 마찬가지로, 이데올로기 논쟁은 이 자포자기 비슷한 경험으로부터 도피하려는 방편들 가운데 하나이다.

자기 활동의 목적을 스스로 결정하겠다는 선민들의 소집단에 고유한 귀족주의적 유토피아로서 독학auto-éducation의 신화가 최근에 큰 성공을 거두었다면, 그것은 아마도 이런 이데올로기가 영속적인 축제 분위기의 정초를 통해 파리 부르주아 인문대생들이 스스로도 알지 못하는 가장 심층적인 기대를 충족하기 때문일 것이다. 어떤 집단은 축제 분위기 속에서 상징적 교환을 허구적으로 강화함으로써 내부의 통합을 확인할 수 있다. 즉 집단은 통합의 강화 외에 다른 목적이 없는 통합의 게임 속에서, 통합된 집단으로서 자기 이미지를 연출함으로써 통합이 가져다주는 만족감을 더 충분히 맛볼 수 있다.[17]

대학생들을 실제로 분리하거나 결집하는 요인을 인식

하기 어렵다면, 또 그들의 참여, 신념, 실천에서 유희적인 부분과 진지한 부분을 구분하기가 어렵다면, 그것은 아마도 다음과 같은 이유에서일 것이다. 즉, 문화에 대한 전통적인 관계가 촉발하는 이데올로기와 이미지로 인해, 교수든 학생이든 대학인의 실천은 수사학적 환상의 베일을 통해 간접적이고 상징적으로만 실재를 이해할 수 있다는 것이다. 따라서 (이데올로기를 행동의 객관적 의미에 연결하는 관계) 모델을 구축하기 위해서는 순수한 [극단적] 사례 속에 자리 잡아야 할 필요가 있다. 그런 사례에서는 인문 계열 전공들이 제고하고 영속화하는 문화에 대한 전통적 관계가 파리 거주 덕분에 용이해지는 지식 세계와의 긴밀한 접촉, 유복한 사회적 출신이 허용하는 위험 없는 자유와 결합한다. 이런 특징들을 모두 갖춘, 즉 극단적 사례에 속하는 대학생은 지식인 아버지를 둔 파리의 인문대 남학생으로서, 전통적인 대학생의 이념형으로 간주된다. 그가 자신의 조건에 대해 구축하는 표상은 [자신의 진정한 조건에 대한] 전도된 이미지

17 우리가 여기서 이 논쟁을 다룬다면, 그것은 사회학적 분석을 통해 과학[이공계] 관련 조직과 인문학[인문계] 관련 조직, 파리 조직과 지방 조직 간의 대립 내부에 순전히 정치적인 판단만으로 정당화 가능한 테제들의 충돌과는 다른, 그 이상의 무언가를 간파할 수 있기 때문이다. 이런 갈등은 갈등 상황의 집단들 간, 실제 대립적인 이해관계가 아니라면, 적어도 사회적 차이에 밀접히 연결된 에스프리의 차이를 표현하는 것이 분명해 보인다.

로 나타난다. [그런 이미지의] 체계적인 역전을 통해 이데올로기의 사회학은 표방된 차이들이 감추는 동일성과 표방된 동일성 아래 숨겨진 차이들을 폭로한다.[18]

정말로 사회적 출신이 태도의 주요 결정 요인이라면, 부르주아 출신 학생들이 여전히 다수를 점하고 있다면, 그들이 자기 환경에 빚진 가치들이 그들을 계속 짓누르고 있으며 그들을 통해 다른 계급 출신의 학생들까지 짓누르고 있다면, 우리는 학생 환경이 거기에서 숫자상으로나 지위 상으로 지배적인 집단에 여러 특징을 빚지고 있다고 정당하게 추론할 수 있다. 지성의 신참자들은 특히 부르주아 출신 학생들 가운데서 충원된다. 자유로운 지성의 게임은 공부가 직업적 성공이라는 테스트에 부쳐지는 학습으로서보다는, 게임의 법칙이 규정한 바 이외의 모든 다른 상벌은 배제하는 게임으로서 체험될 것을 전제하기 때문이다. 그러므로 새로운 가치의 담지자들로서 학생 상황에 대해 더 현실적인 경험을 할 수밖에 없는 민중 계급 출신 학생 비율이 증가함에 따라, 우리는 지배적인 [학생] 집단의 특징들을 전체 학생에 부여하는 이념형적 기술로부터는 멀어지게 된다. 그런데 이 속도는 그렇게 빠르지는 않다. 왜냐하면 부르주아 출신의 학생들이 더는 다수가 아니게 되더라도, 그들이

---

18 〈그림 5〉를 참고할 것.

〈그림 5〉

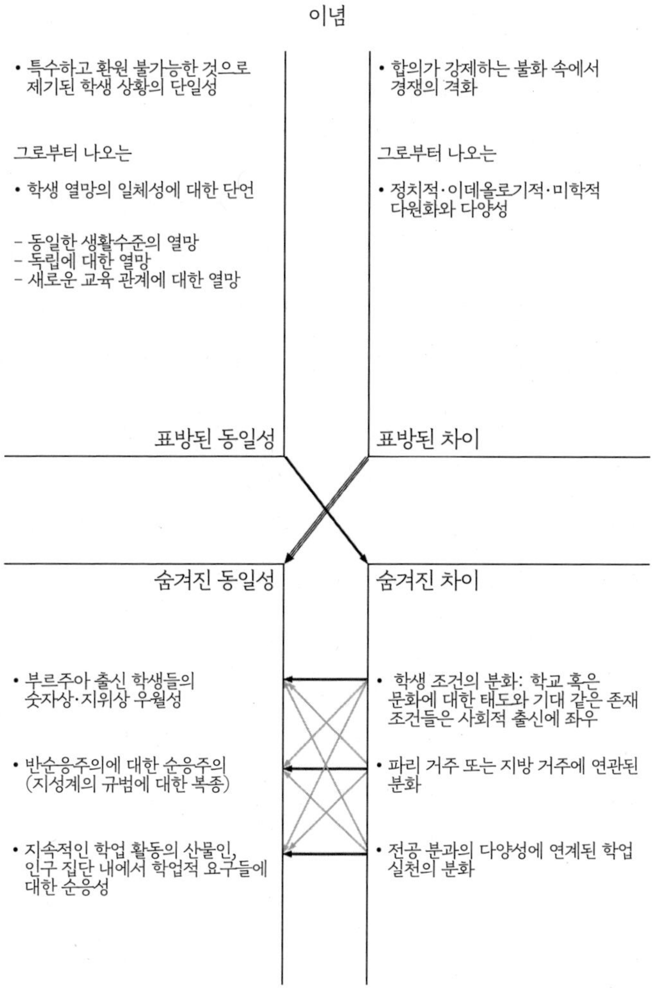

이념

- 특수하고 환원 불가능한 것으로 제기된 학생 상황의 단일성

그로부터 나오는

- 학생 열망의 일체성에 대한 단언

– 동일한 생활수준의 열망
– 독립에 대한 열망
– 새로운 교육 관계에 대한 열망

- 합의가 강제하는 불화 속에서 경쟁의 격화

그로부터 나오는

- 정치적·이데올로기적·미학적 다원화와 다양성

표방된 동일성 / 표방된 차이

숨겨진 동일성 / 숨겨진 차이

- 부르주아 출신 학생들의 숫자상·지위상 우월성

- 반순응주의에 대한 순응주의 (지성계의 규범에 대한 복종)

- 지속적인 학업 활동의 산물인, 인구 집단 내에서 학업적 요구들에 대한 순응성

- 학생 조건의 분화: 학교 혹은 문화에 대한 태도와 기대 같은 존재 조건들은 사회적 출신에 좌우

- 파리 거주 또는 지방 거주에 연관된 분화

- 전공 분과의 다양성에 연계된 학업 실천의 분화

사회학

학생 집단에 물려준 규범과 가치는 여전히 이 집단에 불가분한 것으로 간주될 것이기 때문이다. 심지어 고등교육에 새로 진입한 사회 범주들에 의해서도 말이다.

학생 상황이 모든 학생 범주들에 무차별하고 동일하게 비현실적이고 유희적인 경험을 강요하는 것은 아니다. 학생들은 특히 최근 몇 해 전부터 매우 진지하게 현재와 미래의 역할에 관한 질문들에 몰두하고 있다. 그들이 자기들 주장의 진지성을 명시적인 질문 대상으로 삼는다는 점도 의미심장하다. 하지만 학생들이 의식적으로 진지하고자 애쓴다는 미덕만으로 학생 조건의 비현실성이 사라지는 것은 아니다. 학생 조건의 심각성에 관한 진지한 질문들뿐만 아니라 현실적 문제들에 관한 비현실적 질문들이 생겨나는 것은 교육 경험의 비현실성에 대한 감각이 심화되었기 때문일 수도 있지 않을까?

사실 우리는 학생 조건이 실제 직업은 아니라는 점에 빚지고 있는 경험의 비현실성과 어느 정도 특권적인 존재 조건들로 인해 불균등하게 나타날 수 있는 비현실주의를 구분해야만 한다. 비현실주의적인 경향성은 반드시 상황이 내포한 비현실성에 따라 좌우되는 것만은 아니다. 그리하여 전통적인 부르주아 학생(자신이 법조인이 될 것으로 확신하는 법조인 자녀)이 자기 학업을 하찮고 시시하고 쓸데없는 것으로 경험한다면, 이는 학생 조건을 구성하는 비현실성과는 별로 관련이 없다. 반대로 오늘날 인문대생들은 과거 대학생들의 흥청망청 겉멋 든 경험에 대해서는 아예 무지할 수 있지만, 그럼에도 그들의 가시적인 행동이 준거로 삼으며 가장 강렬한 소망을 투영하는 미래의 비현실성은 느낄 수 있다. 프티부르주아나 노동계급 출신일 경우, 그들은 방법이나 때로 내용에 있어서도 거의 변화가 없는 교육의 비현실성을 느낄 수도 있다. 이는 교육이 그들의 출신 환경에서 생겨난 기대와 이해관계에 제대로 부합하지 못하기 때문이거나, 아니면 교육을 그들이 훨씬 현실주의적 관심을 기울이는 직업적 미래에 비추어 평가하기 때문이다. 그래도 현실에 대한 무관심이 너무 심해서 학생이 준비 중인 역할을 실제로 맡을 수 있는 객관적 기회에 맞추어 자기 행동과 태도를 의식적으로나 무의식적으로 조직하지 못할 정도에까지 이르는 것은 아니다. 이처럼 지적 게임과 그것이 함축하는 가치들에 대한 애착의 정도는 결코 사회적 출신과 무관하지 않다. 그러므로 '진지하다'는 표현 아래에는 학생 조건을 체험하는 두 가지 방식이 감춰져 있다. 하나는 부르주아 출신 학생들에 특징적인 것으로, 이들은 고등교육을 자기들이 거기 끌어들이는 문제들이 가장 진지한 것이 되는 경험으로 만든다. 또 다른 방식은 학교 문화로부터 아주 멀리 떨어져 있고 그것을 비현실적인 것으로 경험할 수밖에 없는 사회계층 출신 학생들이 고유하게 느끼는 미래에 대한

불안을 표현한다. 따라서 비현실성에 대한 비난이 모두 동
등한 정도로 진지한 것은 아니며, 비현실성에 대한 가장 진
지한 경험들이 반드시 현실주의의 경향으로 이끄는 것도
아니다.

수련생
혹은
마법사의 제자

chapter 3

교육을 받을 필요성은 스스로가 현재대로의 자신에게는 만족하지 않는다는 아이 스스로의 감정으로서 아이에게 내재하는 것이다. (……) 그러나 유희를 통한 교육법은 어른스럽지 못한 유치한 것마저도 이미 그 자체로 가치 있는 것인 양 받아들이도록 아이에게 그대로 내맡겨 버림으로써 진지하게 다루어져야만 할 교육 자체를 아이 스스로가 우스꽝스럽게 여길 정도의 유치한 형식으로 끌어내리고 만다. 결국 이런 교육 방법은 아이로 하여금 스스로 불완전하다고 생각하는 경우에마저도 완성된 인간처럼 여기게 하고 또한 불완전한 상태에서도 스스로 만족해하도록 부채질하는 셈이 된다. 그리하여 이 교육 방법은 아이가 타고난 참되고 고유한 자기 개선을 향한 욕구를 흐트러뜨리거나 불순하게 만듦으로써 한편으로는 정신세계의 실체적 관계에 대한 무관심, 무감각을 초래하고, 다른 한편으로는 인간 멸시의 생각을 키워 주는 것이 된다. 이것은 인간 자신이 그들 아이에게 스스로가 유치하고 경멸적인 존재라고 생각하게 만들면서도 이로써 자기 우월감에 빠져드는 허영과 자만심을 싹트게 한다.

헤겔, 『법철학』[1]

---

1 [옮긴이] 게오르크 W. F. 헤겔, 『법철학』, 임석진 옮김, 한길사, 2008, 341, 342쪽.

학생 상황이 어떤 점에서, 그리고 어떤 이유로 학업과 그것이 준비하는 미래에 대한 비현실적인 혹은 신비화된 관계의 객관적 가능성을 함축하는지 이해하기 위해서는, 적어도 발견술적 목적에 따라, 합리성에 완벽하게 부합하는 학생 행동의 이념형을 구축해야만 한다. 그것은 일의적으로 제기된 목적들에 적절한 것으로 여겨지는 수단들만을 이용하는 행동일 것이다. 이런 가상의 구성물은 현실로부터 가능한 한 떨어져 있다 하더라도, 순전히 하나의 이상un idéal 인 것은 아니다. 그것이 학생이 된다는 사실, 또는 학생 상황 안에 있다는 사실에 내포된 현실의 논리적 발전에 의해 얻어진 것이기 때문이다. 실제 행동의 의미는 이념형상으로 합리적인 행동 — 이는 모든 합리적 행동에 고유한 명증성을 지닌다 — 과 대질시킴으로써 더 잘 이해될 수 있다. 그뿐만 아니라, 학업의 합리적 수행이 함의하는 모든 것에 대한 완전한 명료화 작업은 상이한 학생 집단의 합리적 행동과 실제 행동 사이의 거리를 헤아릴 수 있게 해준다. 더 구체적으로 우리는 이 실제 행동들을 자의적으로 선정된 규범에 비추어서가 아니라, 학생 행동에 대한 구성된 모델에 비추어 헤아릴 수 있다. 그 모델은 학생 행동이 그 존재 자체로 제기하는 목적들에 준거해 완벽히 합리적이라면, 즉 어떤 이데올로기적 표현들에 완벽하게 부합한다면 학생 행동은 어떤 것일지를 드러내는 모델이다. 학생 상황에 객관적으로 새겨진 합리적 목적들과 일치한다는 가정 속에서 구성된 행동 모델이 학생들의 실제 행동과 비교할 때 유토피아적 형상을 띤다면, 또 어떤 학생 집단들의 천년왕국 이데올로기들이 유토피아적인 것으로 보이도록 만든다면, 그 모델이 행동과 이데올로기의 합리성 및 현실주의의 시금석으로서 그 기능을 완수했기 때문일 것이다.

다음과 같은 사실을 직시해야 한다. 대학생에게 창조란 자기 창조일 수 있을 뿐이다. 이런 학생 역할의 정의 그 자체의 구성을 망각하도록 이끄는 것은 수사학적인 격정뿐이다. 공부를 한다는 것은 창조하는 것이 아니라 자기를 창조하는 것이다. 그것은 문화를 창조하는 것이 아니고, 새로운 문화를 창조하는 것은 더더욱 아니며, 기껏해야 문화의 창조자로서 자기를 창조하는 것, 혹은 대개의 경우, 다른 이들이 창조한 문화에 정통한 이용자 또는 전달자로서, 그러니까 교육자나 전문가로서 스스로를 창조하는 것이다. 더 일반적으로 말하자면, 공부를 한다는 것은 생산하는 것이 아니라, 생산할 수 있도록 스스로를 생산한다는 것이다.

이로부터 주입과 창조 사이에 마치 다른 대안이 없는 것처럼 대학생에게는 수동적 역할만 주어져 있다고 결론지어야 할까? 지적인 작업에 대한 낭만적 이미지와 스스로에게 부과된 규율에 대한 참을성 부족으로 인해 어떤 학생들은 지적 수련생apprenti intelletuel의 특수한 활동, 즉 훈련과 연습에 의한 지적 활동의 학습을 어린애 취급이라며 [모욕적인 것으로] 거부하기도 한다. 하지만 연습이라는 이 가상의 '실천'을 조직함으로써 학교는 학생들이 자기 창조를 위해 해야만 하는 것을 하게 하면서, 미래의 실천을 준비시킨다.

달리 말하면, 학생은 학생으로서 자기 자신을 소멸시키기 위해 노력하는 일 말고는 다른 과업을 가질 수도, 가지고 있지도 않다.[2] 이는 그가 자신을 학생으로서, 그리고 한시적인 학생으로서 인정하는 것을 전제로 삼는다. 학생으로서 자신의 소멸을 위해 애쓴다는 것은 그러므로 교수가 교

---

2 우리가 여기서 교육, 특히 고등교육의 가능한 합리성들 가운데 단지 하나만을 정의하고 있다고 반대할 사람도 있을 것이다. 우리가 여기서 몇몇 양상을 스케치할, 학업에 대한 관계의 합리적 유형은 지적 수련의 이념형에 다를 바 없다. 학업을 그런 수련으로 환원하려는 시도는 여러 가지 그럴듯한 이유로 거부될 수 있다. 그러나 이런 최소한의 정의를 여기서 내놓은 이유는 학생과 교수가 구축하는 경향이 있는 학업에 대한 카리스마적 표상 속에서 가장 철저하게 거부되는 정의가 바로 그것이기 때문이다. 뒤에서 우리는 특히 문학이나 철학처럼 가장 전통적인 분과 학문들 내에서 카리스마적인 또는 전통적인 잔해들이 긍정적인 기능을 가질 수 있음을 보게 될 것이다(127, 128쪽 참조).

수로서 자신의 소멸을 위해 노력하는 것이 된다. 그가 교수일 수 있도록 해준 것을 전유함으로써, 또 교수로서 자신의 소멸을 준비하는 과제를 자임하는 교수에게 이 점에서 도움을 받아서 말이다. 이는 다음과 같은 사실을 충분히 보여 준다. 즉 신비화가 특히나 작동하는 지점은 바로 문화 창조에의 참여라는 유토피아에 의거해 학생이 교수를 교수로서 인식하지 않으면서 학생으로서의 자신을 마법적으로 부인하는 데 있다는 것이다. 그는 끈기 있게 부정의 작업travail de négation[직업인으로서의 미래를 위한 준비]을 수행하지 않으면서도, 단순히 학생이 되기를 거부함으로써 학생으로서 스스로를 소멸시키고 있다고 믿는다.

목적과 수단의 합리성이라는 가정 속에 구축된 교수 행동과 학생 행동의 모델들은, 우리가 보듯이, 둘 다 실제 현실로부터 동떨어져 있다. 그리하여 교수들과 학생들은 학생의 수동성에 대한 비난 속에서 서로 만난다. 그런 수동성이 그들에게 가져다주는 이익을 계속 취하면서 말이다. 특히 파리에서는 학생이 교육 관계에서 언제나 수동적인 항에 놓일 수밖에 없다는 것이 명약관화하다. 학생이 자기 주도성을 빼앗긴 타율적인 주체로 스스로를 느끼면서 마치 콩디야크의 조각상3처럼 순전한 수용성에로 환원되는 이유는 실상 그가 하는 일이 [강의의] 녹음밖에는 별달리 없기 때문이다. 그는 물질적으로나 정신적으로 지식을 축적한다. 창조로부터, 특히나 창조의 실습으로부터 면제되어 있는 그는 교수적 지식의 순수한 저장소이다. 그러나 이런 상태를 권위적인 교수들의 보수주의 탓으로만 돌리는 것은 그것이 학생들에게 주는 심층적인 만족감에 대한 분석을 내팽개치는 일이다. 그런 분석이 있어야 그것이 교수들에게 주는 만족감 또한 더 잘 이해할 수 있을 것이다. 어떤 교수도 결코 학생들이 그에게 보이는 정도의 수동성을 요구하지는 않는다. 적극적인 참여에 대한 교수의 초대는 체계에 의해 주조되고 체계의 논리에 복종하는 학생들을 수동성에서 벗어나게 하기에 충분하지 않다. 그런 초대의 효과는 창조가 수동성의 유일무이한 대립항이기라도 하다는 듯이, '창조하는 학생'이라는 신화의 미명 아래 교수의 억압을 거부하는 학생 스파르타쿠스단 운동sparakisme보다도 못할 것이다.

---

3 [옮긴이] 계몽주의 시대 철학자 에티엔 보노 드 콩디야크는 『감각론』(1754)에서 우리의 모든 인식의 원천을 감각으로 일원화할 수 있다고 주장했다. 이를 논증하기 위해 그는 우리와 같은 신체 기관들을 갖추었지만 아무런 관념은 지니고 있지 않은 조각상을 가정한다. 그는 이런 조각상이 후각이라는 하나의 감각으로부터 주의, 기억, 비교, 판단, 쾌락, 욕망, 상상 등을 어떻게 발전시킬 수 있는지 논의한다. 부르디외와 파스롱은 이처럼 감각을 통해 외부의 자극을 일방적으로 수용하면서 관념과 지식을 형성해 가는 가상의 조각상에 학생을 비유하고 있다.

학생은 공부하는 사람이라는 말로부터 누구나 같은 결론을 끌어내지 않더라도, 그런 정의 자체에는 동의한다. 마찬가지로 우리는 학생이 된다는 것은 공부를 바탕으로 직업적 미래를 준비하는 것이라는 말에 쉽게 수긍할 수 있다. 하지만 이런 정식에 담긴 함의들을 모두 뽑아내는 일 또한 필요하다. 그 함의들을 꼽아 보자면, 우선 공부하는 행위가 그 행위에 외재적인 목적에 봉사하는 수단이라는 것이다. 다음으로 현재의 행위는 미래에 준거해서만 그 의미를 제시하는데, 이때 그런 미래는 현재가 그 자체의 부정을 준비함으로써만 준비하는 것이기도 하다. 그에 따라, 한시적이고 과도기적이라고 정의되는 [학생] 조건은 그것이 준비하는 직업적 상황으로부터만 진지한 성격을 부여받는다. 달리 말하면, 여기서 현재는 위임과 예상에 의해서만 현실성을 갖는 것이다. 그러므로 논리를 끝까지 밀어붙인다면, 학생 노릇을 하는 가장 합리적인 방식은 현재의 모든 행동을 직업 생활의 요구에 준거해 조직하고, 이처럼 명시적으로 제기된 목적을 가급적 최소한의 시간을 들여 최대한 완전하게 달성하기 위해 모든 합리적 수단들을 활용하는 데 있을 것이다.[4]

　　현실은 아주 다르다. 학생들은 이해관계가 얽힌 교수들과의 공모에 힘입어, 그들의 현재를 미래와 분리하고, 수단을 그것이 봉사해야 할 목적과 분리함으로써 마치 자기들

일의 진실을 무의식적으로 스스로에게 감추려 애쓰는 듯이 모든 일이 진행된다. 만일 학생들이 하는 것, 즉 사람들이 그들에게 하도록 한 것이 자주 그들에게 '가장하기'faire-semblant, '흉내 내기'faire comme si처럼 여겨진다면, 이는 여기에서 일이 다른 곳에서처럼 직업적인 과제들에 즉각 딸려 오는 진지하고 분명한 만족감을 수반하지 않기 때문이다. 현재와 너무 많은 매개를 거쳐 연결된 미래는 언제나 허구적인 것처럼, 또한 상상적으로 경험될 개연성이 크다. 본질상 잠정적이고 과도기적인 상태를 자율화함으로써 학생은 자신

---

4 여기에서 합리적 학습의 이념형적인 기술을 통해 암묵적으로 제시된 '합리적' 교육의 정의를 누군가는 다음과 같은 이유로 반대할 수도 있을 것이다. 오늘날 경제 체계의 요구는 더 이상 협소한 전문화의 측면에서 정식화되지 않으며, 오히려 강조점은 다양한 업무에 대한 적응 능력에 주어진다고 말이다. 하지만 이는 단지 공허한 말싸움에 지나지 않을 뿐이다. 근본적으로는 경제 체계의 전환이 추동하는 새로운 유형의 전문가가 문제이기 때문이다. 다른 한편 우리 의도는 엄격하게 전문화된 교육을 예찬하고 권장하는 데 있지 않다. 그렇게 되면[즉 학교에서 전문화된 교육만 이루어진다면] 가정환경이 고급문화의 유일한 전달체가 되기에 문화적 불평등이 공식적으로 비준되는 결과를 낳을 것이다. 박물관 관람에서부터 경제적 관념과 기술 다루기, 혹은 정치의식에 이르기까지 온갖 형태의 문화를 최대 다수의 인구에게 전달하는 문제에서 학교를 대체할 수 있는 기관은 아무것도 없다. 그런 만큼 학교교육이 지니는 모호성은 한층 치명적인 것이 된다. 일반적으로 예술과 문학이 (바로 그런 문화의 사회적 기능 때문에) 다른 분야에 비해서도 훨씬 빈번히 전통적인 방법에 의해 교육된다는 사실 때문에 이 영역에서 다른 분야에서와 같은 합리적 페다고지가 있을 수 없다고 결론지어서는 안 된다.

의 미래를 망각하면서 학생으로서의 자기 상태를 망각할 수 있다. 이런 목적에 맞추어 대학 전통은 학생들에게 겉보기에는 상충하지만 동등하게 승인받은 두 가지 주요 모델을 제시한다. '(시험)공부 벌레'bête à concours와 '딜레탕트'가 그것이다.5 학업적 성공의 열망에 사로잡힌 공부 벌레는 시험이 보장하는 것으로 여겨지는 자질을 비롯한 그 이상의 모든 것을 마음에 두지 않고 잊기 위해 시험을 이용한다. 겉으로는 학기 마감의 좁은 지평에만 '몰두하는' 학생이 있고, 그에 대립하는 쪽에는 무한히 연기되는 지적 모험의 지평만을 아는 '딜레탕트'가 있는 것처럼 보인다. 목적 그 자체로서의 공부라는 환상은 영원한 수련생이라는 지식인의 조건에 대한 열망을 구현한다. 한데 이는 단지 마법적인 방식으로만 그러할 따름이다. 왜냐하면 그 열망은 공부가 실제로 봉사하는 목적들 — 즉 지적인 직업이든 뭐든 어쨌거나 취직하기 — 을 부인해야만 하기 때문이다. 두 경우['공부 벌레'와 '딜레탕트']는 모두 객관적으로 그 자체의 소멸을 부르는 현재를 영원한 것으로 혹은 자율적인 것으로 만들면서 허구적으로 고정하려 애쓴다는 점에서는 마찬가지이다.

학생으로서의 삶을 살지 않으면서 살아가는 이 두 가

---

5 이런 덕목들이 과잉에 달하면 교수나 학생 모두 조롱거리로 삼는다. 즉 '강박적인 책벌레'와 '허풍쟁이'가 되는 것이다.

지 방식은 학생들 사이에서 행복하게 공존할 뿐만 아니라, 심지어 한 명의 동일한 학생 안에서도 그럴 수 있다. 그런 생활 방식들이 대학 체제 전체에 의해 생산되고 장려되기 때문이며, [학생들의] 적대자이자 공모자인 교수들에게 그들이 원하는 식으로 교수직을 살아갈 수 있는 명분과 수단을 제공하기 때문이다. 만일 학생이 자기 조건에 대해 합리적이고 현실적인 이미지를 형성한다면, 그것만으로도 교수는 자신을 그저 교육 보조인의 역할에 몰아넣는 요구들에 직면하게 된다. 그렇다면 교수의 직업적 임무는 그가 더는 장악하지 못하고 그 온전한 의미를 파악하지도 못하는 직업적 프로젝트의 한 단면에 지나지 않게 된다. 어떤 학생들이 마법적으로 스스로를 학생이 아닌 양 부인하거나 또 결국 마찬가지이지만 교수를 교수로서 인식하지 않는 것처럼, 많은 교수가 자신이 가진 카리스마를 최대한 동원해 그들이 스승으로서 부정당할 가능성을 부인하고 이런 도구적인 역할을 절대적으로 거부할 것이다.

학생 조건에 대한 신비화된 경험은 직업적 기능에 대한 마법적인 경험의 기반으로 작용한다. 교습자와 수련생의 기술적으로 조율된 관계 대신에 선택된 자들 간의 선택적 만남이 존재한다. 이 쌍방적이고 상보적인 호의의 게임은 교수들이 개인적 재능으로 총체적인 교양을 전수하는 스승으로서 자임할 수 있도록 해준다. 그리하여 이 게임은 현재 형태의 프랑스 학교 체계가 그렇듯, 합리적이기보다는 전통적인 목적에 봉사하고 객관적으로 직업인보다는 교양인의 양성을 위해 애쓰는 어떤 체계의 논리에 따르게 된다.[6] 교수의 대형 강의[7]는 그 자체로 또 다른 [상징적] 교환인 셈인데, 대가의 업적은 암묵적으로 그것을 수용하고 감식할 만한 주체들에게 발화되는 것이기 때문이다. 대학에서 이루어지는 교환은 재능의 교환으로, 거기서 [교수와 학생] 양측은 서로가 서로에게 기대하고 있는 것, 즉 각자의 고유한 재능에 대한 인정을 부여한다.[8]

[6] 이는 특히 인문계 교육에서 두드러지는 진실이지만, 그렇다고 다른 분야에서 완전히 거짓인 것은 아니다. 이공계 교육 역시 수고스러운 절차와 평범한 실험을 최소화해 주는 탁월한 해결책의 기교와 같은 카리스마에 자리를 내줄 수 있다.

[7] [옮긴이] 'cours magistral'은 문자 그대로 풀자면, 대학에서 '(교수가 직접 하는) 위엄 있는 강의'를 뜻한다. 이런 강의가 대개 대형 강의실amphithéâtre에서 많은 수의 학생을 대상으로 이루어진다는 점에서 여기서는 '대형 강의'로 옮겼다. 이는 전문가 또는 대가로서 권위를 지니는 교수가 일방적이고 체계적으로 지식을 전달하는 페다고지에 바탕을 둔다. 즉 교수가 학생들의 참여나 개입 없이 강의 내용과 형식을 전적으로 결정하고, 학생들은 수동적으로 지식을 주입받는 대상에 머무르는 것이다. 『상속자들』과 『재생산』을 통해 부르디외와 파스롱은 대형 강의에서 교수와 학생 간에 행사되는 상징폭력을 통렬히 비판한다. 프랑스 대학의 기본적인 강의 유형에는 대형 강의CM 외에 과제 지도travaux dirigés, TD가 있다. 적은 수의 학생을 대상으로 하는 과제 지도에서는 작문, 개인 연구, 조별 과제 수행과 발표 등이 이루어진다.

그런데 모든 학생이 자신의 현재 조건에 대해 동등한 정도로 변조된 관계를 맺는 것은 아니다. 그들 모두에게 미래가 아주 균등하게 비현실적이고 불확정적이거나 환멸적인 것은 아니기 때문이다. 합리적 기획projet으로부터의 거리는 학생들이 가장 간절하게 기대하는 미래를 실현할 수 있는 객관적 기회들의 함수이다. 그런데 이 기회들은 학생이 선망하는 직업적 미래의 성격에 따라서, 그리고 학생 범주 각각의 현재 상황에 따라서 상당히 달라진다. 직업 이미지는 언제나 의대생이나 국립행정학교 학생보다는 인문대생에게서 훨씬 더 막연할 가능성이 크다. 인문대 내에서도 사회학처럼 그 미래 경로가 불명확한 전공들이 직업적 소명이 가장 불확실한 학생들을 유인하며, 동시에 직업적 소명과 관련된 불확실성을 조장한다. 직업적 미래가 분명하고 확실한 방식으로 학업의 현재와 연결될 때, 대학에서의 수련은 즉각 직업적 과제에 종속되며, 후자는 전자에 의미와 존재 이유를 제공한다. 반대로 불확실하고 막연하기에 염려스러운 미래의 불안감에 사로잡힌 인문대생은 자신의 과업

---

8 쌍방의 은밀한 공모 아래 일어나는 영예로운 이미지의 교환과 그에 수반해 이루어지는 언어적 오해에 대한 용인으로서 교육학적 관계에 대한 더 체계적인 분석을 위해서는 다음 문헌을 참고할 수 있다. *Rapport pédagogique et communication*, Cahiers du Centre de sociologie européenne, N, 2, pp. 11-36.

수행이 지니는 의미를 확보하기 위해 학업적 수련과 지적인 모험을 동일시하지 않을 수 없다. 철학과 학생은 미래의 철학 교수로 자임하지 않고 그럴 수도 없다. [철학 교수라는] 목적지에 도달하기 위해서는 그것을 잊을 필요가 있기 때문이다. 여기서 신비화된 경험은 실천 자체에 연루된 가치들에 대한 애착의 조건들 가운데 하나이다. 그러므로 학업에 대한 가장 비논리적인 이미지들조차 인문학에서는 언제나 논리를 완전히 결여하고 있는 것이 아니다. 수단을 합리화하려는 의도는 인문학에서는 늘 합리적이기보다 전통적인 목적들의 성격과 양립 불가능한 것으로 나타나기 쉽다. 또는 적어도 공부, 그리고 학생들이 준비 중인 지적 경력 양쪽에서 — 종종 다른 만족감이 없기에 도드라지는 — 온갖 매력을 앗아 가버릴 위험이 있다.

　여학생들은 직업 세계에 진입할 개연성이 매우 낮다. 그렇기에 그들은 자신의 현재가 지닐 만한 모든 의미를 앗아 갈지 모르는 미래, 또는 자신이 찾고자 하는 것과는 정반대의 분위기를 현재에 부여할지 모르는 미래를 스스로에게 감추기 위해 애쓰지 않을 수 없다. 하지만 그들에게 객관적 미래는 너무도 분명하게 부과되는 것이다 보니, 신비화 역시 결코 완전히 성공할 수 없다. 그러므로 그들 행동의 상당수를 설명하는 열쇠는 그들 상황의 객관적 진실 속에서 찾을 수밖에 없다. 성별 간의 차이는 자기 이미지나 미래에 대한 예기anticipation와 관련되는 의견이나 행동 속에서 가장 적나라하게 나타난다. 비록 생활 조건과 노동조건에서 여학생들이 언제나 남학생들과 근접하는 면이 훨씬 많고, 다른 여성 집단들에 비해서도 사회 내 전통적인 여성 조건에 대한 거부를 강하게 설파하는 면이 있지만, 그렇다고 해서 모든 여학생이 모든 영역에서 모든 전통적 모델로부터 동등한 정도로 떨어져 있다고 결론짓는 일은 경계해야만 한다. 거부되는 역할에 아주 분명하게 결부되는 너무 뻔한 모델은 저항이나 반발을 야기할 가능성이 매우 많지만, 그 못지않게 전통적이어도 명확하게 지각되지 않는 모델은 객관적이고 집합적인 미래를 계속해서 결정하기 때문에 줄곧 은밀하게 작용할 수 있다.

여학생들, 특히 부르주아지 출신의 여학생들은 미래를 혼란 속에서 이해한다.

> "대학생이 되어서 정말 기쁘죠. 인생에서 가장 행복하고, 자기에게 즐거운 일을 하는 시기잖아요. (……) 모든 것을 할 수 있고, 자신을 성장시키는 때이기도 하지요." (여학생, 파리, 20세, 출판인의 딸)

> "대학생이 되어서 좋아요. 아주 자유로우니까요." (여학생, 파리, 20세, 의사의 딸)

"대학생은 무언가를 향해서 가죠. 기대로 충만한 시기예요. 중요한 것은 스스로 생산적이라고 느끼는 거죠."(여학생, 파리, 20세, 대사의 딸)

"대학생이 된다는 것은 어디로 가야 할지 결정하는 때가 되었다는 거죠. 우리는 평생 동안 학생일 수 있어요. 그건 다른 것들과 별 차이 없는 일종의 일이죠. 우리는 하는 일에 책임을 지면서, 지적인 성장을 추구합니다."(여학생, 파리, 21세, 대학교수의 딸)

"학생들은 배우는 것에 대해서 그렇게 행복감을 갖지는 않아요. (……) 전 현재 제가 쓸모 있는 사람이라는 느낌이 없어요. (……) 지금과 같은 사회에서 프랑스 여성으로서 제가 배운 것을 언젠가 써먹을 수 있을까요? 엄밀히 직업적인 차원에서야 어떻게든 헤쳐 나갈 수 있겠죠. 하지만 더 넓은 관점에서 보면, 잘 모르겠네요."(여학생, 파리, 21세, 상급 관리직의 딸)

이 집단이 객관적 미래를 준거로 삼는 것은 아주 이르게 일어나는 일로 보인다. 14, 15세인 고등학생 때부터 이미 일어나기 때문이다. 그것은 이른바 '여성적인' 직업 — 교사, 학생 상담사, 인테리어 전문가 — 의 선택을 통해서뿐만 아니라, 그들이 종종 명시적으로 언급하는 걱정, 즉 시간제 노동만을 하면서 주로 가사 관리에 전념해야 할지도 모른다는 걱정을 통해 이루어진다.

사회적 출신이 동일한 남학생과 여학생은 고등교육에 접근할 수 있는 객관적 기회 면에서보다는 전공 선택 유형 면에서 더 차이를 보인다. 이는 부모와 딸 스스로가 전통적인 성별 노동 분업의 모델에 의해 여전히 지배받는 여성적인 '자질'이나 '재능'의 이미지에 계속해서 매달려 있기 때문이다.[9] 이와 마찬가지로, 우리는 다음과 같이 가정해 볼 수 있다. 남학생과 여학생 사이에 존재 조건(예컨대, 주거)의 수준에서 나타나는 차이는 어느 정도 부모와 여학생 자신이 남자와 여자에 적합한 정도의 자유에 대해 지니는 이미지를 반영하고 있지 않은지 하고 말이다. 더 일반적으로 말해서, 성별 차이는 가장 의식적이지 않은 자기 이미지와 연관되는 의견이나 행동 속에서 제일 두드러지게 나타난다. 여학생은 남학생보다 교직을 지망하는 경우가 더 많은데, 이런 선호는 여성의 전통적인 과업을 내버리지 않으려는 고심을 표현한다.[10] 이 고심은 파리보다는 지방에서 더 강하게

---

9 〈부표 1-5〉참조.

드러난다. 여학생은 [지적으로] 같은 수준의 남학생에 비해 자신의 학업 실력을 더 낮춰 평가하며, 지적 노동의 기술에 대해 훨씬 더 겸손한 태도를 보인다. 여학생은 남학생과 매주 비슷한 정도의 시간을 학업에 쏟는 데 반해, 철학이나 사회학책은 덜 읽는다. 이는 여학생이 공부를 지적인 소명으로 경험하는 데 있어서 남학생에 비해 한층 더 큰 어려움을 겪는다는 점을 알려 주는 또 다른 지표라 할 수 있다.[11] 학업과 관련성이 덜한 문화 활동들의 비현실성을 훨씬 예민하게 감지하면서 여학생은 유순하게 학교 공부에만 열중함으로써 그것이 과연 어떤 미래를 예비하고 있는지에 관한 질문은 회피하려 애쓰는 것처럼 모든 일이 일어난다. 우리가 정치 활동이나 조합 활동 수준에서 확인하는 [성별] 차이들도 같은 논리에 따라 설명될 수 있다. 학생 사회에서 정치는 암묵적으로 남학생들의 전유물로 남아 있다. 학생 조합 지도자들은 종종 조합에 대한 학생 일반의 무관심이 [학생 가운데] 여학생 비율이 너무 높기 때문이라고 주장하며, 중요한 임

10   지난 수년에 걸쳐 다양한 분과 학문에서 여학생들의 수가 증가했지만, 그 양상은 전통적인 성별 노동 분업의 모델이 여전히 여학생들의 직업적 선택, 그리고 그들 조건에 대한 경험을 강력하게 지배하고 있음을 보여 준다. 오늘날 여학생 비중이 가장 크고(절반 이상) 여성화가 가장 빨리 진행된 곳은 인문대(여기선 여학생이 아주 일찍부터 많아졌다)와 약대이다. 〈부표 1-5〉 참조.

11   〈부표 2-31〉에서 〈부표 2-34〉까지 참조.

무를 여학생에게 맡기기를 꺼린다. 여학생 집단은 남학생 집단에 비해 덜 정치화되어 있고, 좌파의 비율이 낮으며, 학생 조합에서 책임 있는 위치에 있는 경우도 적다. 여학생 들은 남학생들보다 신문을 적게 읽으며, 정론지政論紙 또한 덜 읽는다.[12]

여학생들이 학생 사회의 지배적 가치와 맺는 관계의 특수성, 그리고 그들의 역할에 대한 통일된 이미지를 재구성하고자 할 때 부딪히는 어려움은 [정치적] '참여'engagement 에 관한 언급 방식에서 가장 뚜렷하게 밝혀질 수 있다. 그들은 학생 사회에 고유한 이데올로기적 합의에 폭넓게 참여하면서, 3분의 2는 스스로 '참여한다'고 느끼고, 참여하지 않는다고 생각하는 사람들은 그 점에 대해 미안하다고 느낀다. 그런데 그들의 언급 전체는 여성의 과업에 대한 전통적인 정의에 그들이 얼마나 충실한지 보여 준다. 거기에서 '타인에 대한 봉사'와 관련해 합리적이거나 공리주의적인 정당화는 매우 드물게만 나타나는 대신, 전통적인 윤리의 흔적인 헌신의 이상을 찬양하는 은유들은 넘쳐 난다. 접촉과 관계 같은 용어가 타자에 대한 개방성, 성숙, 인격적 발전, 혹은 현존의 의무 같은 도덕적 용어와 번갈아 가며 등장한다. '성숙한 인간관계를 갖기', '학생들, 외국인들과 많이

---

12 〈부표 2-35〉와 〈부표 2-36〉 참조.

접촉하고 교류하기', '인간적인 접촉', '타자의 의미', '타자와의 협력', '많은 접촉과 대화 기회', '다른 사람에게 기꺼이 헌신하기', '타자의 발견', '인격적 발전, 타자에 대한 개방성', '타자에게 열려 있으려는 노력', '다른 이들에게 도움 주기, 개인적인 성숙', '주변 사람들과 조화롭게 지내기, 인격적 발전', '인간성의 고양, 접촉', '성숙과 만남', '타자에게 열려 있도록 도와줌', '타자에 대한 더 나은 이해와 나 자신의 계발', '나 자신과 다른 이들을 성숙시키기', '발견할 것과 기여할 것', '개인적인 성숙', '헌신의 수단', '희생을 통한 개인적 발전', '자기 확인, 자기실현, 내 생각의 실천, 추상적인 이상에 실질을 부여하기', '도덕적 성숙', '내가 돌보는 이들의 성숙과 나 자신의 개인적인 성숙', '삶의 중요한 일부', '내 삶의 무게중심', '내 일의 지렛대이자 중심축', '진지하고도 필수 불가결한 것', '인간적 초월성의 실천에 참여하기 위해 필수적인 수단들 가운데 하나', '책임을 실행하는 구체적인 수단', '내 위치는 타인들에 대한 봉사', '다른 사람들에 대한 책임', '인간성이 향하는 목표', '정의, 평화, 덕성, 자유, 사랑'.

한마디로, 여학생들의 현재는 그것을 배반하거나 문제시할 미래라는 이미지에 지배받고 있기에 지식인의 가치에 무조건적인 애착을 가질 수 없다. 또한 여학생들은 자신들의 미래를 비현실적인 것으로 만들면서 현재의 비현실성을 스스로에게 숨기는 짓을 남학생들만큼이나 완전하게 하지 못한다. 만일 그들에게 유순한 학업 태도가 미래에 성공하기 위해 그나마 덜 나쁜 수단으로 여겨진다면, 이는 아마 그것이 여성의 종속성이라는 전통적인 모델의 적절한 재해석을 구성하기 때문일 것이다. 이 경우, 그 재해석은 전통적인 정신(그리고 교수진)을 여전히 간직하고 있는 고등교육의 기대에 완벽하게 부응한다.

남학생으로 말하자면, 합리성에 대한 그의 거리와 지적인 소명의 매력에 대한 그의 태도는 주로 사회적 출신에 따라 달라진다. 여러 특성으로 미루어 보건대, 미래에 대한 관계라는 면에서 여학생 대 남학생은 하층계급 출신 학생 대 특권계층 출신 학생과 같은 듯하다. 직업, 특히 지적인 직업을 가질 수 있는 객관적 확률이 훨씬 미약하다는 사실(이는 행동 속에서 언제나 고려되는데, 심지어 이데올로기상으로 거부될 때조차 그렇다)은 여학생이 모든 열성을 다해 지적인 게임에 투신하지 못하게 막는다. 그런 열성은 빤히 내다보이는 미래를 위험부담 없이 망각할 수 있을 때만 허용되는 것이기 때문이다. 훨씬 현실적인 직업 기획에 내몰리는 하층계급 출신 학생은 딜레탕티슴에 결코 온전히 투신할 수 없으며, 공부의 간헐적인 매력에 빠져들 수도 없다. 공부가 그에게는 무엇보다도 사회적 위계 구조 안에서 [계급] 상승을 위해 붙

잡아야 하는 하나의 기회로 남아 있지만 말이다. 필요성이 곧 법이 되어 버린다. 그는 자신이 직업을 준비하고 있다는 것, 그리고 스스로 준비하고 있는 직업이 무엇인지 알고 있으며 순순히 인정한다. 학생이 자기 미래, 즉 자기 공부와 맺는 관계는 그가 속한 계급의 개인들이 고등교육에 접근할 객관적 확률의 직접적인 함수이다. 그렇기에 상층계급 학생들은 막연한 기획에도 만족할 수 있다. 그들은 자신이 하는 것, 즉 자기 가족과 계급에서는 아주 평범한 것을 구태여 하겠다고 진정으로 선택할 필요가 없다. 반면 하층계급 학생들은 자신이 하는 것에 관해 자문하지 않을 수 없다. 그것을 하지 않을 수도 있었다는 사실을 잊을 수 있는 확률이 낮기 때문이다.

이처럼 학생 조건의 진지함은 그것이 준비하는 직업적 미래, 아니 더 정확히는 이런 준비를 학생이 진지하게 받아들이는 태도로부터 생겨날 수 있을 따름이다. 또 학생 일반, 특히 그 가운데서도 특권층 출신 학생들은 대개 이런저런 상이한 이유로, 매우 다양한 수단을 통해 그들 조건의 객관적 진실을 자기 자신에게 감춘다. 이 모든 것이 진실이라면, 다음과 같은 점 또한 이해할 만하다. 즉 학생들은 자신이 수행해야만 하는 직업적 과제를 준거로 삼아 자신의 실천을 합리적으로 조직하려는 경향이 드물다는 것이다. 자신의 [학생으로서의] 노동에 대해 자주 신비화된 관계를 맺고 있기에, 그들은 분명하고 확실하게 제시된 합리적 목표에 따라 공부를 체계적으로 조직할 수 있게 해줄 기법이나 비결의 습득에는 별다른 흥미도 가치도 부여하지 않는다. 예를 들어, 교사나 교사 지망생들은 일반적으로 페다고지[13]에 대한 경멸을 드러낸다. 그들이 현재 하고 있거나 나중에 해야 할 것과 제일 구체적으로 관련되는 지식 가운데 하나인데 말이다. 마찬가지로, 고등교육에 '교과서적인' 전공을 재도입하려는 시도는 학생과 교수 집단에게 즉각 학생의 존엄성에 대한 공격으로, 혹은 교수의 기량에 대한 모독으로 받아들여진다.

여기에서도 학생들과 교수들은 상호 교감 속에서 영예로운 이미지를 교환한다. 지적 노동의 물질적 기술 — 예컨대, 독서 카드 작성법이나 참고문헌 정리법 — 을 가르치려고 드는 교수는 '대가'로서 그가 지닌 권위를 내려놓아야 할 것이다. 그는 학생들의 자기 이미지에 손상을 입히는데, 학

---

13 [옮긴이] '아이들의 지도나 교육'을 가리키는 희랍어원
(παιδαγωγία, paidagôgía)에서 유래한 프랑스어 'pédagogie'는
교수법, 교육 기술, 교육 방법, 교육학 등을 뜻한다. 즉 이 용어는
개인이나 집단에게 지식, 역량, 태도를 전수하는 데 요구되는 기법과
실천, 그리고 이와 관련된 지식을 모두 의미하며, 교육자가 학생에
대해 행하는 실천의 총체 또한 함축한다. 이 다양한 의미의 결을 고려해
여기에서는 원어를 그대로 음차한 '페다고지'로 옮겼고, 그것이
형용사형으로 쓰였을 때는 '교육학적'으로 번역했다.

생들의 눈에는 그가 고등교육 안에서 길을 잃고 헤매는 초등학교 선생님처럼 비칠 것이다. 모든 대학생의 가슴속에는 [인류학자] 마르셀 모스를 '파일 분류함'이라고 불렀던 [시인이자 사상가] 샤를 페기가 있다. 개념의 정의 능력이라든지 수사학과 논리학의 기초 원리 같은 지적 기술들이 있다는 사실을 알아차리는 순간, 학생들은 그것들을 자유롭고 영감에 찬 창조로서의 지적 작업이라는 낭만적 이미지에 위배되는, 참을 수 없는 제약 내지 보잘것없는 부속물처럼 여긴다. 개연성 있는 미래에 대한 모든 합리적 관계가 끊기면서, 현재는 몽상의 장소가 되고 효율적 기술들과 기술의 효율성이라는 관념 자체를 배제해 버린다.

그러므로 학생 사회에서 가장 빈번히 관찰되는 직업적 '기술들'이 거의 언제나 마법을 따른다는 것은 우연이 아니다. 확실히 학교 체계의 논리는 수동성과 종속성을 부추기면서, 학생을 순전히 합리적인 수단만으로는 완전하게 장악될 수 없는 상황 안에 위치시키는 경향이 있다. 예를 들면, 카리스마에 싸인 대가들은 성공을 위한 지침의 역할을 평가 절하하고, 때때로 그들 위광의 기초(종종 유일한 기초)가 되는 물질적·지적 기술들을 교묘하게 위장하며, 그들 판단 기준에 대한 명확한 진술을 생략하거나 회피한다. 그럼으로써 이 대가들은 학생들의 무력감, 자의성에 대한 감각, 예정된 실패의 감정을 강화할 따름이다. 학생들로서는 열심히 노력해서 기술들에 숙달하는 것보다는 카리스마를 믿는 편이 더 마음 편하고 덜 힘든 일이다. 그리하여 그들은 부득이 학업적 성공에는 재능이 없다면 오로지 마법만이 작용할 수 있다는 이미지를 품게 될 수밖에 없다.

그리고 사실 인류학적 조사는 학생들이 시험에 대한 공포에 맞서기 위해 일련의 '요령'을 활용한다는 점을 알려 준다. 기술적인 동시에 마법적인 이 요령들은 일부는 전통에서 계승한 것이고 일부는 각자 재발명한 것인데, 동일한 위험들을 통제, 아니 차라리 축출하기 위한 것이다. 이런 맥락에서 겉보기엔 합리적 절차들이 실은 마법적 형식주의를 맹목적으로 따르는 일이 된다. 시험 전날의 벼락치기 공부는 대개의 경우, 일종의 속죄 의례에 지나지 않는다. 다시 읽지도 않을 노트 작성은 합리적인 [지식] 축적의 기술이라기보다는 정신적인 안식의 기술일 따름이다.

> "[강의 내용을] 다 긁적이고 나면, 질려 버려요. 강의 노트를 다시 들춰 보지 않지요. 게다가 어차피 알아 볼 수도 없어요."(인문학 전공 여학생, 22세, 파리, 상급 관리직의 딸)

학생들은 자기 답안지를 잘 알려진 열등생의 답안지 바로 다음에 놓는다든지, 구술시험을 치를 때 유리한 순번을 잡는다든지 하는 확실한 비결을 서로 전수한다. 자연의 변덕에 복종해야만 하는 전통적인 농민들에게서나 아니면 도박의 세계에서 찾아볼 수 있을 법한 각종 미신이 대학 생활의 험난한 순간을 둘러싸고 만연한다. 시험문제나 학점을 예측하는 예언 의례, 속죄 혹은 은총을 위해 성당에 바치는 봉납물, 시험 날 지참하는 부적이나 행운의 물건 등이 시험운을 높이기 위해 가장 널리 퍼져 있는 수단이다. 우리는 "성모마리아여, 제 시험에 자비를 베푸소서"라든지 "성모마리아여, 한 시간 뒤에 시험을 보는 저를 위해 기도해 주소서" 같은 문구들을 대학 도시인 푸아티에의 대성당에서 볼 수 있다. 이는 대리석 판에 새겨져 있거나, 다른 봉헌물들에 손 글씨로 씌어 있기도 하다. 비일상적인 의례를 통해 우연을 지배하고자 하는 사람들이 한편에 있다면, 다른 한편에는 마법적인 반복의 원리에 따르면서 이미 성공한 적 있는 행동이라든지 지난번 시험에서의 복장이나 넥타이처럼 그런 성공의 요체를 담고 있는 사물에 충실한 사람들이 있다. 분별 있는 '도박'의 기술이 시험 이야기에서 그렇게 중요한 자리를 차지한다면, 이는 그것이 학교교육의 가장 선명한 마나mana,**14** 즉 학업에 아무것도 기대할 필요가 없을 만큼 자기

---

14 [옮긴이] 멜라네시아, 폴리네시아 등지의 종교에서 상정하는 초자연적인 힘을 가리킨다.

확신에 찬 폭넓은 재능을 증명하는 성공을 예시하기 때문이다.

대학생은 자기 미래와 모순적인 관계를 맺으면서, 그 관계를 통제할 수 있게 해줄 합리적 수단들에 대한 공공연한 경멸, 그리고 위험을 축출해 줄, 기술적이기보다는 마법적인 요령과 비결에 대한 민망한 애착을 통합할 수 있다.

이처럼 합리성에 부합하는 학생 또는 교수의 행동 모델과 그들의 실제 행동 사이의 거리는 한참이나 멀다. 아마도 학생과 교수 들은 현행 교육체계가 그들에게 제공하는 숨겨진 이익을 계속 보존하는 동시에, 현행 체계와 그 자체로 양립할 수 없는 정반대 체계가 그들에게 보장할 명시적인 이익을 누리려는 은밀한 의도를 공유한다. 교수들은 학생들의 수동성이 비대칭적인 교습 관계에서 교수들이 누리는 안전성의 반대급부라는 점을 보지 못한 채, 그 수동성을 개탄한다. 마찬가지로 어떤 학생들은 자신들이 사로잡혀 있는 수동성을 순전히 교수의 권위주의 탓으로 돌린다. 그것이 대형 강의실의 익명성이 보장해 주는 모든 자유와 보호막의 대가라는 점을 보지 못한 채 말이다. 교수와 학생은 교육 합리화의 장애물들에 대한 맹렬한 규탄 속에서 서로 만난다. 그들은 체계 전체를 있는 그대로 파악하지 못하기에, 다음과 같은 사실을 볼 수도 없고, 보려고 하지도 않는다. 그러니까 교육체계가 그들에게 주는 만족감, 모순적이지만 동시에 혹은 번갈아 얻을 수 있는 만족감이 그들이 탄식해 마지않는 결함들과 불가피하게 연계되어 있다는 것 말이다.

현행 교육체계의 비용에 대한 완전한 평가는 그다지 쉽지도, 솔깃하지도 않은 일이다. 교육적 수단들의 선택을 하나의 단일한 목적, 즉 전문가(비록 일반적인 것의 전문가라 하더라도) 양성에 종속시키는 순수한 체계 모델은 일종의 유토피아에 지나지 않는다. 실제의 교육체계는 사회의 것들과 다름없는 가치들을 준거로 삼는 가치들의 생산을 사회를 위해 담당하면서, 언제나 다수의 복잡하고 측정할 수 없는 기능들을 부여받는다. 그래서 우리는 한 사회, 아니 더 낫게는 그것을 구성하는 집단들이 문화에 대한 표상 속에 관여시키는 궁극적 가치들을 끌어들이지 않고서는 이런저런 기능에 우월성을 부여할 수 없다. 그럼에도 목적들 가운데 실질적으로 어느 한쪽에 우위를 두는가 하는 문제, 예컨대, 교양인 엘리트의 영속인가 또는 최대 다수의 직무 능력을 위한 다양한 준비인가 하는 것은 차이를 만든다. '합리적' 교육의 이념형은 추상적인 허구로서, 지적 학습의 기술적 조건들을 완전히 명시적으로 드러내고 실현할 어떤 체계의 특성들을 비현실적인 한계에까지 밀어붙이고 일방적으로 강조하려는 방법론적 결정의 산물이다. 그런 이념형은 [현실과의] 비교를 통해 다음과 같은 점을 볼 수 있게 해준다. 즉 교육체계는 다양한 목적에 봉사할 수 있지만, 그런 목적은 상이한 집단이 명시적이거나 암묵적으로 교육에 부여하는 목적과 [집단에 따라] 들쭉날쭉하게 가깝거나 먼 거리에 있고, 그 결과 각 집단의 상이한 이해관계에 불균등하게 조응한다는 것이다.

여기서 교육체계가 수행하는 기능과 그러기 위해 이용하는 수단을 구분하는 것이 특히 중요하다. 실상 우리가 아주 전통적인 가치들과 숙련maîtrise의 교육학적 전통 사이에서 발견하는 연관성은 다음과 같은 점을 잊게 만든다. 그러니까 엄격하게 정의된 직업적 업무의 학습이 끌어들이는 목적들과는 가장 거리가 먼 목적들에 합리적 수단들이 봉사할 수 있다는 것이다. 예를 들어, 인문학이나 예술 교육에서 문화의 가치에 대한 애착을 전수하는 기술의 합리화는 필경 막스 베버가 말한 의미에서의 종교 생활의 합리화만큼이나 상상할 만하다. 어쨌거나 우리가 박탈당한 계급의 이해관계에 가장 잘 봉사하는 교육 목표들을 두고 논쟁할 수 있다면, 교육체계의 현 상태와 그것을 방향 짓는 목표들 안에서 페다고지 기구와 수단들을 합리화하는 일은 가장 열악한 계급 출신 학생들의 이해관계에 언제나 직접적으로 부합한다.

결론

conclusion

신사 여러분, 요하네스 크리소스토무스가 안티오키아에 있는 수사학자 리바니우스의 학교 입학에 관해서 남긴 이 멋진 이야기를 떠올려 보아 주십시오. 리바니우스는 자기 학교에 입학한 신입생에게 그의 과거, 그의 부모, 그의 나라에 관해 질문하는 버릇이 있었다지요.

르낭, 『지적·도덕적 개혁』

사회적 불평등을 보지 못하면 모든 불평등, 특히 학업적 성공에서 나타나는 불평등을 자연적인 불평등, 재능의 불평등으로 설명하는 것이 불가피해지고 또 용인 가능해진다.[1] 유사한 태도가 교육체계의 논리 안에 있다. 교육체계는 그 기능 작용의 조건이기도 한, 모든 피교육자의 형식적 평등이라는 원리 위에 성립해 있기에, 개인적 재능에서 나오는 것 말고는 어떤 다른 불평등도 인정할 수 없다. 좁은

---

[1] 재능의 불평등이라는 관념의 동원이 어떤 조건들 속에서 수행하는 이데올로기적 기능을 강조한다고 해서, 우리 의도가 인간적 자질의 자연적인 불평등을 아예 반박하려는 데 있는 것은 아니다. 물론 우리는 유전의 무작위적 우연성이 이 불평등한 재능을 상이한 사회 계급들에 왜 균등하게 배분하지 않는지 그 이유가 궁금하지만 말이다. 그럼에도 이런 자명성은 추상적이다. 사회학적 연구는 외견상의 자연적 불평등 아래 사회적으로 조건 지어진 문화적 불평등을 의심하고 체계적으로 간파해야 하는 의무를 지닌다. 그것은 모든 다른 원인 설명이 실패하는 경우에만 '타고난 것'에 귀결할 수 있다. 따라서 주어진 사회적 상황에 있는 사람들 사이에서 확인되는 불평등의 자연적인 성격에 확신을 가져야 할 아무런 근거가 없다. 교육과 관련해서도 불평등을 낳는 사회적 요인들의 온갖 작동 경로를 탐색하고, 그것들의 효과를 상쇄할 수 있는 모든 교육학적 수단을 소진하기 전까지는 너무 조금 의심하기보다 너무 많이 의심하는 편이 낫다.

의미의 교육에 있어서든 아니면 선발에 있어서든, 교수는 피교육자들을 권리와 의무에서 평등한 존재로서만 인식한다. 만일 학기 중에 교수가 자신의 페다고지를 어떤 학생들에게 맞춰 조정하기로 결정한다면, 그는 사회적 출신이 열악한 학생들이 아니라, '재능이 모자란 학생들'에게 말을 걸 뿐이다. 마찬가지로 그가 시험 날 어떤 후보자의 사회적 상황을 고려한다면, 이는 그 후보자를 열악한 사회적 범주의 구성원으로 지각해서가 아니라, 하나의 '사회적 사례'로서 예외적인 관심을 부여하기 때문이다. 대학생의 교양과 사회적 출신 간의 연관성이 거친 공백의 형태 아래 부과될 때, 그런 연관성이라는 관념 자체를 축출하는 구술의 퇴마 의식이 이루어질 수 있다. "학생들이 이제 책을 읽지 않는다"거나 "학생들 수준이 해가 갈수록 낮아진다"고 체념하며 개탄조로 말하는 것은 사실 왜 그렇게 되는지 자문하고, 그로부터 교육학적 결과들을 끌어내려는 노력을 회피하는 일이다.

이 교육체계는 콩쿠르[2] 속에서 그 완성형을 발견한다. 콩쿠르는 지원자들의 형식적 평등을 완벽하게 보장하지만,

---

2 [옮긴이] 콩쿠르는 전국 단위의 경쟁이 이루어지는 시험을 통칭하는 말이다. 그랑제콜 입학시험이나 아그레가시옹은 대표적인 콩쿠르라고 할 수 있다.

문화 앞에서의 실질적인 불평등에 대한 고려는 익명성을 통해 배제한다. 아그레가시옹의 옹호자들은 신분과 출생의 특성에 기초한 선발 체계와 정반대로, 콩쿠르는 모든 이에게 평등한 기회를 제공한다고 정당하게 주장할 수 있다. 그런데 이는 콩쿠르가 보장하는 형식적 평등이 특권을 실력3

---

3 [옮긴이] 여기서 '실력'으로 옮긴 'mérite'는 가치, 장점, 미덕, 공적, 탁월성 등을 함축하는 개념으로, 우리말로 번역하기에 매우 까다로운 용어이다. 이 단어가 흔히 '능력주의'로 옮겨지는 영국 사회학자 마이클 영의 조어 'meritocracy'의 주요 어근이기에, '능력'으로 번역할 수도 있을 것이다. 그런데 이 책의 문맥에서는 '능력'보다 '실력'이 더 나은 것으로 여겨졌다. 부르디외와 파스롱이 이 개념을 주로 칸트의 윤리적 관점과 관련지어 논의하고 있는데, 그 내용상 현실 세계에서의 결과로까지 나타나는 '실제로 갖춘 능력'을 다룬다는 점, 그리고 칸트 철학에서 '능력'으로 번역되는 다른 개념(Fähigkeit)이 있다는 점 때문이었다. 'mérite'는 주체의 내적 특성과 그로부터 생겨나는 산출물을 모두 가리킬 수 있지만, 일반적인 논의에서는 전자에 주로 초점이 맞춰진다. 그런데 부르디외와 파스롱이 끌어들이는 칸트의 논의는 두 가지를 동시에 고려하기에, '실력'이라는 번역어가 좀 더 적절해 보인다. 『상속자들』에는 두 저자가 참조한 칸트의 저작에 대한 언급이 전혀 없지만, 그것은 3대 비판서 이전에 쓰인 『음의 크기라는 개념을 철학에 도입하기 위한 시론』(1763)으로 추정된다. 부르디외에 따르면, 이 잘 알려지지 않은 텍스트에서 "칸트는 10도度만큼 인색한 남자가 이웃사랑에서 12도의 노력을 기울이는 경우와 3도만큼 인색한 남자가 7도의 노력을 기울여 4도의 관대한 행동을 하는 경우를 비교한다. 칸트의 결론은, 결과만 놓고 보면 한쪽은 2도, 다른 쪽은 4도로, 전자가 후자보다 열등하지만, 도덕적으로는 전자가 후자보다 이론의 여지 없이 우월하다는 것이다"(피에르 부르디외, 『언어와 상징권력』, 김현경 옮김, 나남, 2014, 19쪽). 이처럼 부르디외는 칸트를 빌려, 우리가 비현실적인

으로 변환했을 따름이라는 사실을 망각하는 것이다. 콩쿠르는 사회적 출신이 더 은밀한 여러 경로를 통해 계속해서 작용하도록 해주기 때문이다.

그런데 일이 다른 식으로 이루어질 수 있을까? 교육체계는 여러 다른 기능 가운데서도 선별되고 위계적으로 서열화된 — 그 효과는 평생에 걸쳐 결정적인 것으로 나타난다 — 주체들을 생산하도록 요구받는다. 이런 논리 속에서 사회적인 특권이나 불이익을 고려하고 주체들을 구체적인 실력, 즉 [그들 앞에 놓인] 장애물의 극복 정도에 따라 서열화하려 시도하는 것은 다음과 같은 결과로 이어진다. 논리를 끝까지, 그러니까 부조리한 수준까지 밀어붙인다면, (복싱에서 체급을 나누듯이) 사회 범주별 경쟁을 해야 하거나, 칸트 윤리학에서 실력을 추정할 때처럼, 각 개인의 출발점 — 사회적으로 조건 지어진 자질 — 과 종착점 — 핸디캡 등급에 따라 [달리] 측정된 학업적 성공 — 간의 차이를 수학적으로 평가해야 한다. 칸트는 내생적으로는 등가인 두 가지 행동이라도 [주체의] '기질'tempéraments이 어떤 행동으로 치우쳐 있느냐에 따라 실력상의 불평등으로 나타난다고 보았다. 이와 마

기회의 평등을 가정한 채 획일적 기준에 따라 개인의 실력을 평가해서는 안 되고, 사회적 불평등을 고려하며 상대적인 성취 정도를 평가할 때 더 공정하고 윤리적일 수 있다고 주장한다.

찬가지로, 여기에서는 자연적 경향성에 대한 고려를 사회적으로 조건 지어진 자질에 대한 고려로 대체하고, 어느 주어진 지점에서 포착된 성취의 수준이 아니라, 높거나 낮게 위치한 출발점과의 관계, 즉 점이 아니라 곡선의 기울기를 검토해야만 한다.[4] 이런 논리 안에서 열악한 계급 출신 주체들의 불이익을 추정하고 그들이 극복한 핸디캡의 정도에 비례해 실력의 수준을 측정한다면 — 만일 이런 작업이 가능하다면 —, 상이한 성과performances를 낸 주체들을 동등하게 간주할 수도 있고, 동일한 성과를 낸 주체들을 차등 지을 수도 있을 것이다. 이는 학교식 평가 범주에 따라 구축된 위계 서열을 상대화하고, 혜택받지 못했기에 인위적으로 혜택받는 주체들이 위계 서열의 [칸트 윤리학적인 상대화가 아니라] 민중 선동적인 상대화로부터 얻을 수 있는 이익을 없애 버린다. 이런 가정이 순전히 유토피아적인 것은 아니다. 인민민주주의의 교육 정책은 노동자와 농민의 자녀가 대학에 입학하고 시험에 성공할 수 있도록 체계적으로 독려할 수 있었다. 하지만 교육학적 실천을 통해 불평등이 실질적으로 철폐되지 않는 한, 그런 평등화의 노력은 형식적인 차원에만

---

4 칸트식의 실력 윤리는 태생이 고귀한 사람들의 전유물인, 타고난 미덕이라는 고대의 도덕에 대립한다. 그런 논리를 우리가 자연적 재능이라는 이데올로기를 반박하고자 할 때 만나는 것은 우연이 아니다.

머무르게 된다. 그리하여 폴란드에서 노동자, 농민 출신 대학생 비율은 1957년까지 증가했다가 행정적 압력이 느슨해지자 곧 감소하기 시작했다.[5]

사회적 핸디캡에 대한 고려라는 발상이 선발 업무를 담당하는 사람들에게는 물론, 선발 대상이 되는 사람들에게도 낯설게 여겨질 수 있다. 만일 그렇다면, 이는 아마도 경합하는 [대안적] 원리들의 도입이 선발 원리를 상대화하기 때문일 것이다. 한데, 대학 교육체계가 선발할 만한, 그리고 실제로 선발되는 주체들을 생산하려면 그들에게서 하나의 선발 원리에 대한 확고한 애착을 끌어내야 하고, 달리 말하면 애착을 생산해야만 한다. [그러니 선발 원리의 유일성과 절대성에 대한 학생들의 믿음을 뒤흔드는 조치가 그들에게 불편하게 여겨질 수 있는 것이다.] 대학은 게임에 들어오는 자들이 오직 학교교육의 범주만 중요하게 작용하는 경쟁의 규칙들을 수용하도록 요구한다. 그리고 이는 특히 프랑스에서 성공을 거둔 것처럼 보인다. 절대적인 것으로 여겨지는 대학의 위계구조에서 최대한 높은 위치에 자리 잡고자 하는 열망이 가장 지속적이고도 효과적으로 학구열을 자극하기 때문이다. 성과의 교육적 위계 서열 안에 연루된 가치들에 대한 애착이 아주 강한 나머지, 우리는 주체들이 개인적 열망이나 자

5 〈부표 2-39〉 참조.

질과 무관하게 학교 체계에 의해 최고의 가치를 부여받는 경력이나 시험으로 향하는 것을 볼 수 있다. 이는 아그레가시옹이나 그랑제콜, 혹은 더 일반적으로는 커다란 영예가 따라붙는 추상적 공부가 행사하는 매력의 요인들 가운데 하나로, 다른 식으로는 종종 설명 불가능한 것이다. 아마도 프랑스의 대학인들, 더 일반적으로는 지식인들이 이론적 야심이 아주 명확히 드러나는 저작에 최상의 가치를 부여하도록 이끄는 것도 동일한 원리일 것이다. 이렇게 해서 교육적 성공의 위계 구조를 상대화하고 최하층 학생들이 자기변호 논리를 발견하거나 타인들의 성공을 평가 절하할 수 있게 해주는 병립적 위계 구조라는 관념은 (적어도 대학인들의 눈에는) 배제되는 것으로 나타난다.

한마디로, 다른 모든 조건이 같을 때 학교교육의 평가 범주에 따른 성과만을 고려하는 선발 절차는 비교 가능한 피선발 주체들을 생산하는 기능을 지니는 체계에 유일하게 부합하는 것이다. 비록 그것이 근본적으로 불평등한 주체들을 동일한 시험과 동일한 평가 기준에 종속시킴으로써 실질적인 정의와는 상충하더라도 말이다. 하지만 체계의 논리 내에 있는 그 어떤 것도 우리가 엄밀한 의미의 교육 enseignement 안에서 실제적인 불평등을 고려하지 못하도록 가로막는 것은 아니다.

특권계급은 ('천재성'grâce이나 '재능'에 높은 가치를 부여하기에) 카리스마 이데올로기라고 부를 만한 것 속에서 자신들의 문화적 특권에 대한 정당화를 발견한다. 그리하여 문화적 특권은 사회적 유산에서 개인적인 재능이나 인격적인 실력으로 변환된다. 이처럼 가면을 쓴 '계급 인종주의'는 결코 그 본래 모습을 드러내지 않은 채, 스스로를 과시할 수 있다. 이런 연금술의 효과는 민중 계급이 상류계급의 본질주의에 교육적 성공의 대안적 상을 맞세우기는커녕, 그 본질주의를 되받으면서 자계급이 받는 불이익을 개인적인 운명으로 경험할 때 한층 확실해진다. 사람들은 일반적으로 조숙성에서 두 배의 재능을 알아채지 않는가? 우리가 15세의 바칼로레아 합격자라든지 '아그레가시옹 최연소 합격자', 또는 '프랑스의 가장 젊은 국립이공과학교 학생'에게 베풀어주는 경탄은 사소한 일처럼 보이지만, 많은 윤리적 함의를 담고 있다. 게다가 엘리트 코스cursus honorum의 수많은 단계는 어떤 개인에게는 영원한 신동의 기적을 실행할 수 있게 해준다. 아직 아카데미 프랑세즈(프랑스 학술원Académie française)의 최연소 회원이 되는 일도 남아 있기 때문이다. 전통적으로 가장 열악한 계급에서 자질의 사회적 유전이라는 관념이 뚜렷하게 감지되는데 — 장인의 손재주라든지 장사꾼의 사업 감각 같은 —, 사실 우리는 그런 관념에서 종종 카리스마 이데올로기의 가장 역설적인 표현을 발견한다. 어떤 성공도 거두지 못한 경우에는 개인적 재능의 잠재성을 구원하기 위해 학교 공부의 중단이 드물지 않게 소환된다.6 이는 상층계급이 성공을 자기들 재능의 실현이라고 인증하는 것과 마찬가지 논리이다.

학생들은 청소년이자 수련생으로서 언제나 자기가 누구인지 탐색하고 있고, 그런 만큼 자기가 하는 것이 자신의 전 존재에 깊이 관여하는 것으로 보이기 때문에 본질주의에 더욱 취약하다. 한편 교수들은 교육적 성공을 체현하는 존재이자 타인의 자질에 관해 끊임없이 판단해야만 하는 존재이다. 교수들의 도덕 및 직업윤리는 자기들이 공들여 획득한 자질을 개인적 재능으로 간주하고, 타인의 획득된 자질과 자질을 획득할 수 있는 자질을 인간 존재의 본성 문제로 환원하는 데에 기대어 있다. 이는 교육체계에 교수들 스스로 인간으로서나 교양 계급의 일원으로서 자신을 의문에 부칠 수 있게 해줄 자의식적 성찰의 온갖 회피 수단이 있는 만큼 더더욱 그렇다. 교수들은 중간계급 출신이거나 교육자 집안 출신인 경우가 많고, 그만큼 문화적 특권의 자의성을 정당화하기에 좋은 카리스마 이데올로기에 강한 애착

---

6 [옮긴이] 즉 어떤 개인이 재능은 충분히 있는데, 다만 여러 사정으로 학교에 가지 못해 성공을 못 했다는 식의 논리를 가리킨다. 여기에서도 재능 이데올로기는 중요하게 남아 있다.

을 드러낸다. 그들이 그나마 지식계급의 일원으로서 부르주아의 특권에 부분적으로라도 참여할 수 있기에 그렇다. 아그레가시옹을 그토록 호전적으로 옹호하는 사람들이 생겨나는 이유도 그 시험이 순전히 개인적 실력에만 관련되고 (형식적으로는) 최대한 민주적인 절차에 의해 보장되는 것처럼 나타나는 특권들 가운데 하나이기 때문일 것이다.

따라서 어떤 것도 대학과 대학식 성공의 암묵적 이데올로기를 반박하려 들지 않는다. 그 이데올로기는 칸트적 실력 윤리의 순수한 대립물이다. 모든 가치는 신동 안에 구현된다. 짧은 수학 과정은 재능이 얼마나 큰지 증명한다. 신동이 나타나면, 성공에 대한 학교교육의 위계 구조를 상대화하려는 기획은 역설적으로 노력에 대한 평가 절하로 무장한다. '공부 벌레', '샌님', '시험 귀신' 같은 조롱 섞인 별명들은 카리스마 이데올로기에 준거를 두는데, 그것은 그저 천재성의 이름 아래 [후천적인] 공력oeuvres을 평가 절하하기 위해 공력과 천재성을 대립시킨다.

사회적 차이와 그것으로부터 생겨나는 교육 불평등을 단순히 기술하는 일이라고 해서 그저 판에 박힌 작업이 아니며, 그 자체로 현 체계가 기초해 있는 원리를 의문에 부치는 도전이라는 점이 이제 좀 더 분명해진다. 문화적 특권의 폭로는 교육체계의 주요 이용층인 특권계급이 자신의 성공을 개인적·자연적 재능의 소산으로 확인하게 해주는 변호 이데올로기를 파괴한다. 재능 이데올로기가 무엇보다도 학교와 문화 앞에서 나타나는 사회적 불평등에 대한 맹목에 바탕을 두고 있기에, 대학에서의 학업적 성공과 사회적 출신 간의 관계에 대한 단순한 기술도 비판적인 힘을 지닌다. 모든 상황상 하층계급 출신 학생들조차 자신들이 낸 결과를 카리스마 이데올로기를 준거로 판단하게 된다. 이들은 자신들의 행동과 성과가 단지 자신들의 존재가 빚어낸 산물이라고 간주한다. 사회적 운명에 대한 그들의 불확실한 예감은 자기 충족적 예언의 논리에 따라 실패 확률을 강화한다. 따라서 카리스마 이데올로기 안에 내재적으로 함축된 본질주의는 사회적 결정론의 작용을 한층 배가한다. 학업적 실패는 자연스럽게 재능의 결핍 탓으로 전가된다. 그것이 예컨대, 가정의 지적 분위기, 거기서 구사되는 언어 구조, 혹은 학교와 그것이 장려하는 교양에 대한 태도 같은 모종의 사회적 상황과의 관련 속에서 지각되지 않기 때문이다. 하층계급 출신 학생들은 본질주의적 정의들의 지정된, 그리고 합의된 희생자이다. 어설픈 (그리고 우리가 보았듯, 자신의 판단을 사회학적으로 상대화하기를 선뜻 내켜 하지 않는) 교사들은 그런 정의들 안에 개인을 가두어 놓는다. 어떤 학생의 어머니가 자기 자녀에 관해, 게다가 그 앞에서 자주, "그 애는 프랑스어를 잘 못해"라고 말한다면, 세 가지 층위의 해로운 영향력에 공모하는 셈이다. 첫째, 자기 자녀의 성적이 가정의 문화적 분위기의 직접적인 함수라는 점을 간과하면서 어머니는 교육의 산물에 불과하며 교육학적 실천을 통해 아직까지는 적어도 부분적으로 교정될 수 있는 상태를 개인적 숙명으로 변환한다. 둘째, 학교교육에 관한 정보가 부족하고 종종 교사의 권위에 맞설 그 무엇도 가지고 있지 못한 어머니는 단순한 시험 성적에서 때 이른 단정적 결론을 끌어낸다. [셋째,] 마침내 이런 유형의 평가를 승인하면서 어머니는 아이가 스스로 이런저런 존재[예컨대, 언어에 소질이 없는 사람]라고 느끼는 감각을 강화한다. 이렇게 해서 학교 체계에 내재하는 정당화하는 권위는 사회적 불평등을 증폭할 수 있다. 최하층계급은 자기들 운명에 대해서는 지나치게 의식하고 있는 반면, 그것이 실현되는 경로들에 대해서는 너무나도 인식하지 못하고 있다는 바로 그 사실로 말미암아 그 운명의 실현에 [스스로] 이바지한다.

학교 앞에서의 불평등에 대한 지각은 언제나 부분적이고 불투명한 것으로 남아 있다. 이로 인해 학생들은 산만한 주장들을 내놓는데, 이는 교수들 궤변의 뒤집힌 반영물일 따름이다. 교수들이 [구술]시험 때에 첫 번째 학생은 기숙사 총무이고 두 번째는 고아 출신이고 세 번째는 소아마비라는 사실을 평가에 고려하게 되는 궤변 말이다.[7] 체계에 대한 위반은 여기에서 체계의 논리에 봉사하고, 비참주의는 온정주의에 호응한다. 학습 기간 중에는 (그러니까 아직 뭔가 [사회적 핸디캡의 영향을 교정]할 수 있는 기간에는) 사회적 핸디캡을 간과하기에, 교사들은 시험 날에 그들을 (단지 '[특수한] 사례'의 형식으로서만) 발견할 준비가 되어 있다. 그들에게는 관용 말고는 다른 치료법이 필요 없기 때문이다. 한마디로, 교수들이나 학생들 모두 사회적 핸디캡을 소환해 일종의 알리바이나 변명으로, 즉 교육체계의 형식적 요구를 포기할 충분한 이유로 써먹고자 하는 일차적인 유혹을 느낀다. 동일한 포기의 또 다른 형태는 민중주의적 환상이다. 이는 한층 더 위험한데, 논리의 외양으로 무장하고 사회학적 상대주의의 기색으로 치장하고 있기 때문이다. 민중주의적 환상은 최하층계급이 지니는 대등한 문화들에 학교에서 가르치는 문화의 지위를 부여하라고 요구하도록 이끌 수 있다. 하지만 학교 문화culture scolaire가 계급 문화라는 점을 확인하는 것만으로는 충분하지 않다. 학교 문화가 단지 계급 문화에 지나지 않는다는 듯이 대응하는 것은 학교 문화가 계속 계급 문화로 남아 있도록 만드는 것이다.

유창한 말솜씨와 능란한 글솜씨, 그리고 자질 자체의 다양성처럼 학교가 요구하는 자질들이 학자적 소양을 정의

7　[옮긴이] 학교에서 불평등을 지각할 때, 학생들의 외적·개인적·명시적 특성만을 고려한다는 의미이다.

하고 있으며 앞으로도 언제나 그럴 것임은 논란의 여지가 없다. 인문학 교수는 학생에게 언어적·수사학적 기교를 기대할 수 있다. 그가 보기에 그런 기교는 자신이 전달한 교양의 내용 자체와 결부되어 있으며, 그런 인식이 아예 부당한 것도 아니다. 하지만 어쨌든 그런 기교에 대한 그의 기대가 정당할 수 있으려면, 그는 이 능력을 있는 그대로, 그러니까 훈련을 통해 습득 가능한 자질로 보아야 하고, 모든 학생에게 그런 자질을 획득할 수 있는 수단을 제공하는 책임을 떠맡아야 한다.

사회와 교육적 전통의 현 상태에서 학교가 요구하는 사유 기술과 습성의 전수는 일차적으로 가정환경에 귀착한다. 따라서 모든 실질적 민주화는 다음과 같은 것들을 전제한다. 가장 박탈당한 상태에 있는 계급이 사유 기술과 습성을 습득할 수 있도록 그럴 수 있는 곳, 즉 학교에서 그것들을 가르치는 것이다. 또 개인적 재능의 우연성 ― 실상 사회적 특권의 논리 ― 에 단호하게 내맡겨진 것 대신, 체계적인 학습을 통해 합리적이고 기술적으로 획득될 수 있는 것의 영역을 확대하는 것이다. 나아가 카리스마 이데올로기가 상정하는 견고하고 총체적인 재능이 체계적인 교육과 학습 형식 아래서 차근차근 만들어지도록 하는 것이다. 최하층계급 출신 학생들의 교육학적 이해관계는 오늘날 반半의식적이거나 무의식적이거나 혹은 수치심 어린 행동의 언어 안에서만 표현될 뿐이다. 하지만 그것의 요체는 선생이 모방 불가능한 모범적 위업을 [학생들 앞에서] 상연하거나, 몇몇 공식을 전수함으로써 페다고지와 관련한 한 해의 의무를 단번에 다 해치웠다고 상상하는 대신, 학생들에게 '비밀을 누설하도록' 요구하는 데 있을 것이다. 전자의 쇼는 이른바 천부적 재능이 성실한 노력으로 얻어진 결과이거나 사회적 인 유산에 불과하다는 점을 (잊어버리면서) 잊게 만드는 효 과가 있다. 또한 후자의 공식(예컨대 그 유명한 논문 작성 요령) 은 당장의 쓸모에만 초점이 맞춰져 있기에, 또는 진정한 효 용으로 이어지지 않는 거창한 예시들과 더불어 전수되는 아 이러니를 동반하기에 평가 절하되거나 신용을 잃는다. 기법 들의 전수를 교수가 갖는 카리스마의 장엄한 의례로 변환하 는 이런 자기기만의 다른 사례들을 제시하기란 아주 쉬운 일이다. 어마어마한 환상적 참고문헌이라든지 읽기, 쓰기, 연구에 대한 엉터리 같은 설교, 또는 형식적이고 허구적으 로 평등한 학생들 전체를 대상으로 할 수밖에 없기에 온갖 교육학적 가식들을 끌어모아 놓기 십상인 대형 강의 등등. 합리적 페다고지는 발명해야 하는 것으로 남아 있다. 우리 가 아는 현행의 페다고지들은 실상 심리학적 토대만을 가 지면서 사회적 차이를 간과하고, 또 계속 그러길 원하는 체 계에 봉사한다. 합리적 페다고지는 그것들과 조금도 혼동될 수 없을 것이다. 그러므로 이른바 과학적 페다고지에 호소하는 것만큼이나 우리 구상과 거리가 먼 것은 없다. 외관상으로 교육의 (형식적) 합리성을 증진하는 과학적 페다고지는 실질적 불평등이 그 어느 때보다도 많은 변명을 두르고서 그 어느 때보다도 강력하게 영향력을 행사하도록 허용할 것이다. 실제로 합리적인 페다고지는 상이한 교육 형태(강의, 실습, 세미나, 조별 학습)와 교수의 다양한 교육적 실천 유형(단순한 기술적 조언에서부터 학생 작업에 대한 실질적인 방향 제시에 이르기까지)의 상대적 비용 분석에 기초해야 할 것이다. 그것은 교육의 내용, 그리고 훈련의 직업적 목표들을 고려해야 할 것이다. 합리적 페다고지는 교육학적 관계의 상이한 유형들을 감안하면서, 그 유형들의 효율성 정도가 학생의 사회적 출신에 따라 달라진다는 점을 잊지 말아야 할 것이다. 어떤 경우에든, 합리적 페다고지는 사회적으로 조건 지어진 문화적 불평등에 대한 우리의 지식과 그 불평등을 감소하려는 결단에 달려 있다.

예를 들면, 교수들이 수행해야 할 모든 의무 가운데 가장 일반적으로 망각되는 것은 지적인 작업의 물질적이고 지적인 기술들을 가능한 한 빠르고 완전하게 습득하려는 활동으로서 실습exercice을 지속적으로 조직하는 일임에 틀림없다. 어떤 교수들은 매력도 영예도 없는 이 부가 노동에 거의 관심을 기울이지 않고, 어떤 학생들은 실습이 그들이 매여 있다고 느끼는 노예 상태를 강화한다고 보기에 그것을 잊어버린다. 암묵적인 공모 관계 속에서 교수들과 학생들은 종종 교육자와 피교육자에게 기대되는 과제들을 최소한의 노력만 요구하는 것으로 한정하는 데 합의를 이룬다. 교수는 학생의 자유를 인정하면서 1년 내내 그를 독립적인 노동자, 정확하게는 자율적인 노동자로 간주하는 척한다. 그러니까 학생을 자신에게 규율을 부과하고 자기 작업을 조직하며 지속적이고 체계적인 노력을 스스로 기울일 수 있는 존재로 보는 척하는 것이다. 이는 교수가 이렇게 정의된 학생으로부터 어떤 이미지를 되돌려받기 위해 치러야 하는 대가이다. 교수가 대학의 현학가나 교습자가 아닌, 사상의 대가maître à penser로서, 수준 높은 피교육자를 위한 수준 높은 교육자로서 스스로 갖고자 하고 학생에게 주고 싶어 하는 이미지 말이다. 수업의 출석이나 과제의 정시 제출을 강제하는 것은 교수와 학생 모두 스스로에 대해 또 서로에 대해 보는 방식과 원하는 방식을 파괴하는 것이다.

모든 학습(즉 규칙적 작업 또는 규율에 따른 실습)의 여러 요구를 감지하지 않을 수 없기에, 학생들은 '재취학'풍의 빡빡하고 틀 잡힌 학교생활에 대한 열망과 모든 통제와 규율에서 해방된 고상하고 자유로운 작업의 이상적이고 영예로운 이미지 사이에서 동요한다. 우리는 교수들의 기대 속에서도 마찬가지 동요와 양가성을 발견할 수 있다. 그리하여 1년 내내 고도의 기량과 솜씨를 내세운 교수가 자기 학생들의 작업을 평가할 때는 교육과정 중에 시사한 것과는 완전히 다른 범주들을 끌어온다. 이로써 자신의 작업과 학생의 작업을 동일한 척도로 평가할 수 없음을 보여 주면서 말이다. 더 일반적으로는 평가 원칙에 대한 체계적인 해명이나 시험제도에 대한 학문적 관심이 부재한 상태에서 교수들의 판단은 교수 개개인에 따라 달라지는 특수한 범주들에 영감을 받는다. 그것은 '카디 재판'justice de cadi[8]에서처럼, 특수한 사례에 직접 연관된 것으로 남아 있다. 착각할 확률이 높긴 해도, 학생들이 통상 전조를 해독하고 신[교수]들의 비밀을 꿰뚫어 보려 할 수밖에 없는 상황을 이해할 만하다. 시험을 합리화하고 그럼으로써 비합리성의 특별 보호구역인 시험에 대한 태도를 합리화하기 위해 지원자들의 사회적 핸디캡을 명시적으로 고려할 필요가 전혀 없음을 알 수 있다. 교양 계급 출신의 학생들은 요구 사항들이 막연하고 암묵적인 체계에 적응할 준비가 가장 잘(혹은 제일 덜 나쁘게) 되어 있다. 그들이 그것들을 충족할 수단을 은연중에 확보하고 있기 때문이다. 예를 들면, 학교 문화와 교양 계급 문화

---

8 [옮긴이] 카디는 이슬람 종교법인 샤리아 법정의 재판관을 의미한다. 카디는 샤리아나 법학 이론, 수많은 판례 등을 고려해 무슬림의 생활에 실제적인 방향성을 제시하는 종교적인 역할을 담당한다. 또 카디 재판은 형식적·합리적 객관성보다는 개별 사례에서의 실질적인 정의를 중시한다.

사이의 명백한 친화성 덕분에 이 계급 출신 학생들은 구술 시험 같은 대인 만남에서 헤아릴 수 없는 모종의 특성들을 드러낼 수 있다. 이 특성들은 교수가 눈치채지 못한 상태에서 그의 평가 속으로 스며든다. 사회적 출신에 대한 의식적이고 명시적인 지각이 뭔가 파렴치한 것으로 여겨지는 만큼 더더욱 계급에 대한 다양한 '미시 지각'은 은밀하게 이루어진다.

이처럼 실질적인 합리성을 향한 진전은, 그것이 교육자와 피교육자의 상호 요구 사항들의 명시화이든, 혹은 최하층계급 학생이 스스로의 불이익을 극복할 수 있게 해주는 최적의 학습 조직화이든 간에, 매번 공정성을 향한 진전이 될 것이다. 하층계급 출신 학생들은 [교육체계의] 온갖 전통적·카리스마적 잔존물로 인해 제일 많이 괴로움을 겪는 한편, 다른 누구보다도 교육에 모든 것을 기대하고 또 요구하는 경향이 있다. 이들이야말로 문화적 특권의 실상을 구성하는 사회적 '증여'dons의 총체를 모든 이에게 제공하려는 노력으로부터 일차적으로 혜택을 받는 집단이 될 것이다.

진정 민주적인 교육은 최대 다수의 개인이 가급적 최소한의 시간 내에 최대한 완벽하고도 완전하게 특정한 시기에 학교 문화를 구성하는 자질들의 최대 다수를 전유할 수 있게 해주는 것을 무조건적인 목적으로 설정한다는 데

동의한다면, 우리는 그것이 전통적인 교육은 물론 기술 관료제적 교육에도 대립한다는 것을 알 수 있다. 전자는 출신 성분이 좋은 엘리트의 선발과 양성을 지향하고, 후자는 맞춤형 전문 인력의 대량 생산에 초점을 맞춘다. 그런데 교육의 실질적 민주화를 목표로 설정하는 것만으로 충분하지 않다. 유치원에서 대학에 이르기까지 문화적 불평등의 사회적 요인들의 작용을 체계적이고 지속적으로 중화하기 위해 요구되는 합리적 페다고지가 부재한다면, 모든 사람에게 평등한 교육 기회를 제공하려는 정치적 의지는 제도적·경제적 수단들로 무장한다 해도 실제적인 불평등으로 귀결할 수 있다. 역으로 문화적 불평등의 사회학에 기초한 진정 합리적인 페다고지는 틀림없이 학교와 문화 앞에서의 불평등을 줄이는 데 이바지할 것이다. 다만 그것은 우선 합리적 페다고지의 정초를 비롯해, 교사와 학생 충원에서의 실질적 민주화의 모든 조건이 주어졌을 때만 현실로 다가올 수 있을 것이다.

1964년 9월

I. 프랑스의 대학생
― 통계자료 1960~63년*

* 이 참고 자료는 INSEE와 BUS가 보유한 데이터를 바탕으로 유럽사회학연구소에서 구축한 것이다.

〈부표 1-1〉 각 대학별 학생 수의 진화

연도	엑스마르세유	브장송	보르도	캉	클레르몽	디종	그르노블	릴
1900~01년	950	252	2,119	803	299	669	566	1,209
1910~11년	1,264	239	2,620	794	278	1,043	1,272	1,89
1915~16년	482	80	948	291	135	240	587	6
1920~21년	1,596	266	2,640	1,055	467	744	2,737	1,47
1925~26년	1,971	458	3,000	1,180	621	1,015	2,931	2,42
1930~31년	2,988	571	4,254	1,828	1,077	1,397	3,197	3,74
1935~36년	3,169	451	3,932	1,317	1,025	1,047	2,180	3,22
1940~41년	5,550	388	3,657	1,832	2,014	864	3,560	2,47
1945~46년	5,496	745	6,242	2,624	2,007	1,172	3,954	6,22
1950~51년	7,556	933	8,147	3,083	2,108	1,820	4,199	6,38
1955~56년	9,679	1,157	9,511	3,826	2,758	2,426	4,685	7,40
1960~61년[1]	15,486	2,217	12,267	6,357	4,731	3,706	10,007	11,50
1961~62년	19,020	2,889	13,805	7,395	5,556	4,578	10,471	13,10
1962~63년[2]	22,160	3,361	16,440	8,478	6,028	5,254	12,951	14,61
1901~63년 대학생 증가 배수	23	13	8	11	20	8	23	12

주: * [옮긴이] 이하 표에서 수치나 총계가 맞지 않는 경우, 오기로 추정되는 부분에 예상 원 수치를 대괄호로 묶어 병기했

　　1) 1960~61년부터, 표의 수치는 대학의 모든 학생들, 그러니까 특정한 단과대에 등록한 학생들에 더해,
　　　등록은 하지 않았지만 대학이나 단과대 부설 연구소들에 소속된 학생들을 모두 포함한다.

　　2) 1962~63년 수치는 잠정적인 것으로, 최종 집계 결과는 약간 더 높을 수 있다.

　　3) 1961~62년과 1962~63년에 총계는 낭트 대학, 오를레앙 대학, 랭스 대학의 학생들 또한 포함하며,
　　　그리하여 [추가된 인원은 각각] 1961~62년은 7147[7077]명, 1962~63년은 8417[8487]명이다.

〈부표 1-2〉 파리와 지방에서 여자 대학생 수의 증가

대학 학년도	파리			지방
	전체	여학생	여학생 비율(%)	전체
1905~06년	14,734	1,231	8.3	18,582
1910~11년	17,326	2,121	12.2	23,864
1915~16년	5,522	1,447	26.2	7,044
1920~21년	21,232	3,200	15.1	28,195
1925~26년	25,123	5,445	21.7	33,119
1930~31년	31,886	8,487	26.6	46,438
1935~36년	32,577	9,251	28.4	41,201
1940~41년	23,352	9,020	38.6	49,963
1945~46년	53,427	18,357	34.3	67,488[64,488]
1950~51년	58,958	20,227	35.3[34.3]	75,135
1955~56년	64,151	23,638	36.8	88,095
1960~61년	72,449	31,028	42.8	130,926
1961~62년	76,707	32,882	42.9	155,903

리옹	몽펠리에	낭시	파리	프와티에	렌느	스트라스부르그	툴루즈	전체
2,458	1,610	1,027	12,381	1,028	1,609	–	2,040	29,020
3,091	2,028	1,886	17,326	1,314	1,995	–	2,864	39,907
881	654	356	5,522	428	651	–	825	12,144
3,409	2,615	2,002	21,232	1,238	1,946	–	2,680	48,517 [46,102]
3,575	2,428	2,554	25,123	1,578	1,929	2,889	3,171	56,843
4,965	3,810	4,287	31,886	2,107	2,850	3,255	4,370	76,590
4,998	3,126	3,105	32,577	1,969	2,647	2,760	4,016	71,250 [71,540]
6,695	4,900	1,158	23,352	2,626	4,207	2,543	6,894	72,715
6,958	5,091	3,894	53,427	3,118	5,032	4,520	7,665	118,170
7,865	5,685	4,602	58,958	4,127	6,343	5,069	7,531	134,408
9,258	7,054	5,231	64,151	4,546	7,161	5,343	8,054	152,246
13,315	10,509	8,294	77,796	6,843	11,092	8,479	12,070	214,672
15,351	13,361	8,682	81,617	6,310	9,323	11,686	14,592	244,814[3]
17,230	15,802	9,830	90,354	7,412	9,253	12,444	16,752	276,848[3]
7	10	9	7	7	6	–	8	9

지방		전체		
여학생	여학생 비율(%)	전체	여학생	여학생 비율(%)
657	3.5	33,316	1,988[1,888]	9.6[5.6]
1,833	7.7	41,190	3,954	14.7[9.6]
1,761	25.0	12,566	3,208	25.8[25.5]
4,100	14.5	49,727[49,427]	7,300	6.0[14.8]
6,787	20.5	58,242	12,232	25.5[21.0]
11,701	25.2	78,324	20,188	21.0[25.8]
11,030	26.8	73,778	20,281	27.5
15,811	32.0	72,715[73,315]	24,831	34.1[33.9]
20,268	31.4[30]	117,915	38,625	32.7
25,384	33.8	134,093	43,611[45,611]	34.0
31,752	36.5[36]	152,246	55,390	36.4
52,540	40.1	203,375	83,568	41.1
63,932	41.0	232,610	96,814	41.6

〈그림 1-1〉 1906~62년 사이 파리와 지방에서 여자 대학생 비율의 변화(단위: %)

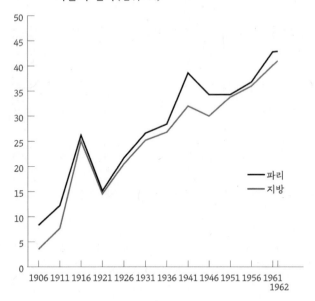

전체 대학 인구에서 여학생 비중은 1906년의 6%에서 1962년 41.6%에 달했다. 양차 대전에 기인한 돌출부를 제외한다면, 이런 증가세는 안정적인 것이었다.

1906년 여학생 비율은 지방에 비해 파리에서 두 배 더 많았다. 이런 편차는 1916년부터 미미해졌고, 그 이래로 예외적인 경우가 약간 있었는데, 가장 중요한 것은 1939~45년 전쟁과 일치한다. 대체로 대학의 여성화는 파리와 지방에서 같은 양상으로 진행되었다. 파리의 여학생 비율이 (이

기간 내내 일정하게) 약간 더 높은데, 이는 전통적 모델의 포기에 대한 저항이 지방에서 더 강하다는 점을 가리킬 수 있다. 이런 현상은 여학생의 대학 교육에 대한 접근이 이루어지는 초창기, 즉 1911년 이전에 특히 눈에 띈다. 1962년에 여학생은 파리 전체 학생 인구의 43%, 지방 전체 학생 인구의 41%를 구성한다.

파리의 대학생 수 증가(학교 시설은 거의 똑같은 채로 남아 있는데)가 주는 인상과는 반대로, 전체 학생 인구에서 파리의 비중은 1900~01년 42.7%에서 1950~51년 43.9%로, (전쟁과 독일 점령 기간에 나타난 급격한 하락을 제외한다면) 1900년에서 1955년 사이에 거의 변화하지 않았다. 이런 경향은 이후 지속적인 감소세로 접어들면서 1955~56년 42.1%에서 1962~63년 32.5%를 나타낸다(1957~58년 39.2%, 1958~59년 37.9%, 1959~60년 35.9%, 1960~61년 35.6%, 1961~62년 33.0%).

1900~01년 2만 9759명에서 1962~63년 26만 6556명으로 9배 증가한 전체 학생 수는 다양한 단과대에 불균등한 영향을 미쳤다. 약대의 학생 수는 1901년 3347명에서 1962~63년 1만 174명으로 3배 증가했다. 같은 기간에 법대 학생 수는 1만 152명에서 4만 5511명으로 4배 증가해, 의대(8627명에서 3만 7633명으로 증가)와 동일한 양상을 드러냈다. 하지만 법대 학생 수의 증가가 의대 학생 수의 증

〈부표 1-3〉 각 전공별 여자 대학생 수의 변화

연도	법학		자연과학		인문학	
	전체	여성	전체	여성	전체	여성
1900~01년	10,152	16	3,910	98	3,723	243
1905~06년	14,312	86	5,592	305	4,893	1,088
1910~11년	17,292	150	6,096	453	6,237	2,149
1915~16년	3,503	130	2,727	735	2,417	1,412
1920~21년	17,376	861	10,918	1,326	7,892	3,182
1925~26년	17,415	1,507	12,596	1,638	12,244	5,750
1930~31년	20,871	2,576	15,495	3,110	18,386	9,106
1935~36년	21,568	3,131	11,329	2,578	17,221	8,247
1940~41년[1]	21,541	4,385	15,158	4,308	19,702	10,650
1945~46년	40,553	9,318	21,947	5,853	27,778	15,021
1950~51년	36,888	9,669	26,156	6,489	35,156	19,232
1955~56년	35,486	10,113	38,290	10,525	41,785	23,877
1960~61년	33,634	9,792	68,062	21,928	63,395	38,962
1961~62년	38,469	11,275	75,282	24,196	73,376	46,490
1962~63년	45,511	12,939	88,175	*	85,063	*

주: * 결측치.
1) 1940~41년까지의 수치는 알제리 대학교의 학생들이 포함됐다.

가에 비해 더 불규칙적이었다. 자연과학대와 인문대 역시 다소 불규칙하긴 하지만, 나란히 확장세를 보였다. 사실 이 두 분야는 1901년에서 1963년 사이에 23배 증가했는데, 자연과학대의 경우 3910명에서 8만 8175명, 인문대의 경우 3723명에서 8만 5063명으로 늘어났다. 1956년 이래 두 곡선은 심지어 서로 합치하는 경향을 보인다. 법대와 의대의 느린 성장은 취업 자리의 제한적인 팽창으로 쉽게 설명되는 데 반해, 인문대가 자연과학대만큼이나 지속적인 성장세를 보인 점은 부분적으로 문화적 관성inertie culturelle에서 비롯했음에 틀림없다.

172

의학		약학		모든 전공	
전체	여성	전체	여성	전체	여성
8,627	508	3,347	77	29,759	942
6,545	454	1,974	55	33,316	1,988
9,933	1,148	1,632	54	41,190	3,954
3,263	765	656	166	12,566	3,208
11,366	1,417	2,197	511	49,727[49,749]	7,297
12,286	2,158	3,701	1,179	58,242	12,232
18,086	3,387	5,486	2,009	78,324	20,188
17,699	3,829	5,654	2,490	73,471	20,275
13,691	3,230	6,293	3,324	76,385	25,897
19,586	4,172	8,051	4,261	117,915	38,625
29,083	6,508	6,810	3,713	134,093	45,611
29,091	6,660	7,594	4,199	152,246	55,374
30,587	7,724	8,697	5,162	203,375[204,375]	83,568
36,203	9,289	9,300	5,564	232,610[232,630]	96,814
37,633	10,194	10,174	6,081	266,556	*

1945년까지 수치는 상이한 단과대에서 매우 유사하고 상당히 안정적인 것으로 나타난다(특히 1921년에서 1941년 사이). 그 이후로는 전체적인 성장세가 단과대들 간에 매우 불균등하게 분포된다. 1946년 이래 학생 인구의 성장률은 안정적으로 증가했고, 숫자는 이 기간 동안 3배 늘어났다. 레몽 아롱이 지적했듯이,[2] 서유럽 전역에서 교육에 대한 사회적 수요의 증가가 경제성장률을 앞섰던 것이다. 경제성

2 Raymond Aron, "Sur quelques problèmes des universités françaises," in *Archives européennes de sociologie*, n. 1, 1962.

〈그림 1-2〉 전공별 학생 수의 변화(단위: 1000명)

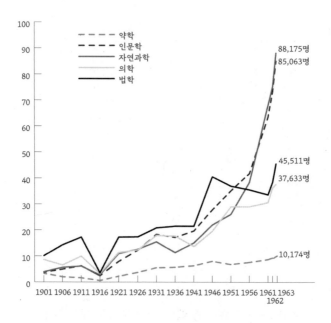

장률은 1950년 이전까지는 생활수준에 별다른 반향을 가져오지 못했다(〈그림 1-2〉 참조).

단과대별 상대적 비중을 보여 주는 〈부표 1-4〉는 (모든 전공 분야에서 증가한) 절대적인 숫자상으로는 명확히 드러나지 않는 역전 현상을 부각한다. 인문대와 자연과학대 학생들은 20세기 초 25%에 불과했으나, 오늘날에는 전체 학생 인구의 65%를 대표한다. 같은 시기 동안, 법대와 의대는 [증가와 감소가] 서로 역대칭의 방식으로 진화했다. 약대의

〈부표 1-4〉 전공별 대학생 분포의 변화(상댓값)

| | 대학생 100명당 분포 | | | | | |
	법학	자연과학	인문학	의학	약학	총계
1900~01년	33.9	13.2	12.6	28.9	11.4	100
1905~06년	42.9	16.8	14.7	19.6	6	100
1910~11년	41.8	14.8	15.2	24.1	4.1	100
1915~16년	27.9	21.7	19.2	26	5.2	100
1920~21년	34.9	21.9	15.9	22.8	4.5	100
1925~26년	29.9	21.6	21	21.1	6.4	100
1930~31년	26.6	19.8	23.5	23.1	7	100
1935~36년	29.4	15.4	23.4	24.1	7.7	100
1940~41년	28.2	19.9	25.8	17.9	8.2	100
1945~46년	34.4	18.6	23.6	16.6	6.8	100
1950~51년	27.5	19.5	26.2	21.7	5.1	100
1955~56년	23.3	25.2	27.5	19.2	5	100
1960~61년	16.5	33.5	30.7	15	4.3	100
1961~62년	16.5	32.4	31.5	15.6	4	100
1962~63년	17.1	33.1	31.9	14.1	3.8	100

비중은 약간 감소했다(〈그림 1-3〉 참조).

〈그림 1-4〉가 보여 주듯이, 학생 환경의 구조는 단기적인 변동을 넘어서 지난 반세기 동안 근본적으로 변화했다. 〈부표 1-5〉의 수치들은 반세기 만에 여학생 비율이 3%에서 41%에 이른, 진정한 문화적 변동의 단계들을 다시 추적한다.[3] 하지만 이런 여학생 비율의 성장은 전공 분야에 따라 달라진다.

3 주목할 점은 1914~18년의 전쟁이 여러 단과대에서 여학생 비율의 급등을 초래한 하나의 계기였다는 것이다. 그런 증가세의 강도는 학문 분야에 따라 상이했으며, 전쟁 이후에는 약대만 제외하고 다시 수그러들었다.

〈그림 1-3〉 전공별 학생 분포의 변화

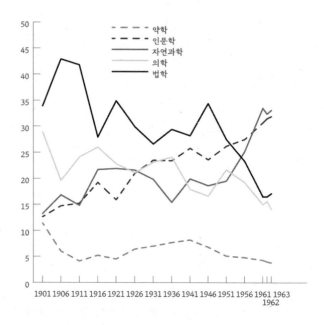

모든 전공 분야에서 여성화가 똑같이 이르게, 빠르게, 안정적으로 이루어진 것은 아니다. 여학생들은 먼저 인문대로 진입했다. 거기서 여학생 비율은 1911년에 이미 34%였는데, 다른 곳에서는 15% 미만으로 남아 있었다. 여학생들의 출현이 가장 늦었던 분야는 법학이다. 거기서는 1931년까지도 여학생 비율이 12%에 지나지 않았다. 인문학이나 약학과 달리, 자연과학은 법학이나 의학보다 높은 일정한 성장세를 드러냈다.

〈그림 1-4〉

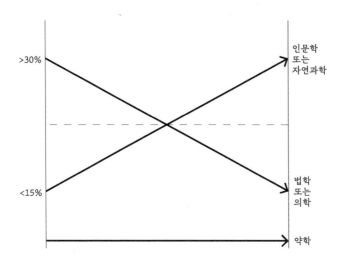

의학과 약학은 여타 전공 분야들과 분리해 별도로 검토되어야 한다. 1911년부터 여성화되기 시작한 약학은 아주 빠른 속도로 여학생 수가 증가하면서, 1941년에는 인문학 수준에 다다른다(두 전공 모두 전체 학생 가운데 여학생이 절반 이상을 차지). 오늘날 가장 여성화 수준이 낮은 의학의 경우 1901년에서 1911년 사이에는 자연과학이나 법학, 약학보다 여학생 비율이 더 높았다. 하지만 이후의 시기에는 성장률이 미약한 상태로 유지되었다.

증가세의 시작이 다소간 이르다면, 또 증가 속도가 빠

〈부표 1-5〉 전공별 여학생 비율의 변화(단위: %)

	법학	자연과학	인문학	의학	약학	모든 전공
1900~01년	0.1	2.5	6.5	5.9	2.3	3.2
1905~06년	0.6	5.4	22.2	6.9	2.8	6.0
1910~11년	0.9	7.4	34.4	11.5	3.3	9.6
1915~16년	3.7	26.9	58.4	23.4	25.3	25.5
1920~21년	4.9	12.1	40.3	12.5	23.2	14.7
1925~26년	8.6	13.0	47.0	17.6	31.8	21.0
1930~31년	12.3	20.0	49.5	18.7	36.6	25.8
1935~36년	14.5	22.7	47.9	21.6	44.0	27.6
1940~41년	20.3	28.4	54.0	23.6	52.8	33.9
1945~46년	22.3	26.7	54.1	21.3	53.0	32.7
1950~51년	26.2	24.8	54.7	22.4	54.5	34.0
1955~56년	28.5	27.5	57.1	22.9	55.3	36.4
1960~61년	29.1	32.2	62.4	25.2	59.3	41.1
1961~62년	29.3	32.1	63.3	25.6	59.8	41.6

르고 일정한 편이라면, 이른 시작과 빠른 성장 사이에는 대체적인 조응 구조가 있는데,[4] 이는 아마도 다음과 같은 사실에 의해 설명될 수 있다. 그러니까 상이한 학업과 그것이 예비하는 상이한 직업은 여성적 활동에 부합하는 이미지를 정의하는 모델 및 규범들과 관련해 제각기 다르게 규정된다는 것이다. 우리는 각 전공 분야를 두 유형의 관계 아래 고

4 우리가 특정한 전공 분야에서 여학생 비율이 결정적으로 20%를 넘어서는 시점을 지표상의 문턱으로 잡는다면(전쟁 중에 일어난 일시적인 여학생 비율 증가를 제외하고), 문턱 넘어서기는 인문학, 약학, 자연과학, 의학, 그리고 법학 순으로 이루어졌다. 이런 순서는 다양한 전공 분야에서 여학생 비율의 성장률을 고려할 때, 우리가 얻게 되는 순서와 엇비슷하다. 즉 인문학과 약학, 그다음에 자연과학, 마지막에 법학과 의학이 온다.

〈그림 1-5〉 전공별 여학생 비율의 변화(단위: %)

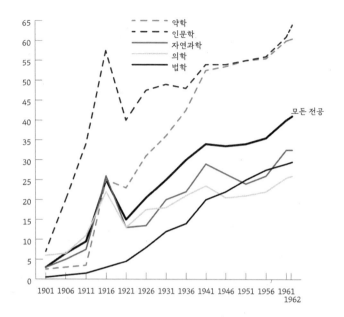

려할 수 있다. 하나는 인문학자litteraires와 과학자의 대립 관계이고, 다른 하나는 특정한 분야가 예비하는 직업에 대한 관계이다. 인문학에는 모든 이점이 합쳐져 있다. 그것이 교사처럼 여성에게 가장 일반적으로 양보되는 직업을 예비하기 때문이고, 여성의 '자연적인' 재능이라는 고정관념에 부응하기 때문이다.

전통적으로 부르주아지의 전유물이었던 직업 가운데 약학만이 뚜렷하게 여성화되었다. 의학은 1911년까지는

<부표 1-6> 고등교육 진학률의 변화[5]

	프랑스인 인구(19~24세)	학생 인구(19~24세)	취학률(%)	
1911년	3,707,000	*25,940	0.7	
1936년	3,285,000	*46,488	1.4	반세기 대비
1946년	3,760,000	*76,810	2.0	
1954년	3,770,462	92,341	2.4	
1957년	3,650,000	104,330	2.8	
1958년	3,613,144	118,295	3.3	
1959년	3,591,047	126,021	3.5	
1960년	3,509,000	*126,596	3.6	6년 대비
1961년	3,409,171	129,535	3.8	
1962년	3,383,600	*148,699	4.4	
1963년	3,420,700	*172,611	5.0	

다른 전공 분야에 비해 여학생의 비율이 높았으나, 이런 추세는 지속되지 못했다. 여기에는 아마도 두 가지 이유가 있을 것이다. 한편으로는 부르주아 출신 여학생들이 약학 쪽으로 전환했다는 것이다(사회 계급별 분포에 따르면, 의학과 약학이 가장 부르주아적인 단과대학이다). 또 한편으로는 합리적인 또는 윤리적인 저항들로 말미암아, 다른 분야에서보다 이 분야에서, 여타 사회 계급 출신의 할당 정원 내 여학생 비율을 감축함으로써 여성화에 제동이 걸렸다는 것이다.

  1911년에서 1962년까지 고등교육을 받는 학생 수는 6배 증가했고, 진학률은 7배 증가했다.[6] 1963년 현재 진학률

---

5 이는 19~24세의 학생 인구를 같은 연령대의 전체 인구 총수와 비교함으로써 얻어진 대체적인 추정치이다. 1911년, 1936년,

의 증가는 학생 수 증가의 유일한 원인이다. 1945년 이후(출생률이 다시 상승하는 시기) 태어난 아이들은 아직 고등교육을 받을 나이에 다다르지 못했으며,[7] 1964년 이후에야 고등교육에 진입할 것이다.

프랑스 대학생들의 사회적 출신

우리는 학생들의 사회적 출신과 관련해 세 가지 유형의 통계자료를 활용했다. 이런 활용으로 인해 어느 정도 중복이 빚어지는데, 동일한 현상에 대한 [세 가지 자료군의] 상이한 접근들은 학교 앞에서의 불평등이 지니는 다양한 양상을

1946년의 경우엔 연령별 학생 인구의 분포를 제공하는 통계가 존재하지 않는다. 1950~62년 사이에 19~24세 연령 집단은 평균적으로 학생 인구의 65%를 차지했다. 이 사실에 기초해 우리는 그 이전 연도들과 1960년, [1962년과] 1963년(연령별 분포의 통계가 없는 해들)에도 동일한 비율을 가정했다. 이렇게 얻어진 진학률은 약간 과소평가된 수치라 할 수 있다. 몇몇 그랑제콜의 학생들, 단과대나 대학 부설 연구소 소속 학생들, 그리고 동일한 범주[예컨대, 그랑제콜 입시 준비반]의 중등교육 학생들을 포함하지 않았기 때문이다.

6 프랑스 인구에서 19~24세 연령 집단은 1911년 370만 7000명에서 1963년 342만 700명으로 약간 감소했다.

7 17세와 그 미만 학생들의 비중은 고등교육 학생 숫자의 3% 미만에 머문다.

〈부표 1-7〉 프랑스 대학생들의 사회적 출신(전공별 절댓값 수치, 1961~62학년도)

사회적-직업적 범주	법학			자연과학			인문학		
	남성	여성	전체	남성	여성	전체	남성	여성	전체
농업 노동자	107	39	146	314	140	454	232	313	545
농민	1,234	608	1,842	3,112	1,395	4,507	1,586	2,229	3,815
가사 노동자	183	77	260	581	230	811	231	331	562
산업 노동자	1,125	540	1,665	4,353	1,743	6,096	1,939	2,765	4,704
고용직	2,216	1,044	3,260	4,419	2,079	6,498	1,414	2,566	3,980
상공인	3,904	1,908	5,812	8,172	3,787	11,959	4,233 [4,223]	8,141	12,364
(그중 기업가)	(965)	(458)	(1,423)	(1,245)	(537)	(1,782)	(1,102)	(2,352)	(3,454)
중간관리직	3,926	1,657	5,583	7,638	4,257	11,895	5,053	10,027	15,080
자유 전문직 및 상급 관리직	6,291	3,041	9,332	12,290	7,189	19,479	4,971	11,420	16,391
금리생활자, 무직자	2,464	984	3,448	3,860	1,681	5,541	1,641	2,348	3,989
기타 범주	2,157	1,017	3,174	2,383	1,187	3,570	1,660	2,364	4,024
학생 총 인원수	23,607	10,915	34,522	47,122	23,688	70,810	22,950	42,504	65,454

〈부표 1-8〉 프랑스 대학생들의 사회적 출신(전공에 따른 성별 분포, 1961~62학년도)

사회적-직업적 범주	법학			자연과학			인문학		
	남성	여성	전체	남성	여성	전체	남성	여성	전체
농업 노동자	0.45	0.35	0.4	0.7	0.6	0.6	1.0	0.7	0.8
농민	5.2	5.6	5.3	6.6	5.9	6.3	6.9	5.2	5.9
가사 노동자	0.8	0.7	0.8	1.2	1	1.1	1.0	0.8	0.9
산업 노동자	4.8	4.9	4.8	9.2	7.3	8.6	8.4	6.5	7.2
고용직	9.4	9.5	9.4	9.4	8.8	9.1	6.2	6.0	6.0
상공인	16.5	17.5	16.8	17.3	16	16.9	18.4	19.2	18.9
(그중 기업가)	(4.1)	(4.2)	(4.1)	(2.6)	(2.3)	(2.5)	(4.8)	(5.5)	(5.3)
중간관리직	16.65	15.2	16.2	16.2	18	16.9	22.0	23.6	23.0
자유 전문직 및 상급 관리직	26.65	27.85	27.1	26.1	30.3	27.6	21.7	26.9	25.1
금리생활자, 무직자	10.4	9.1	10.0	8.2	7.1	7.8	7.2	5.5	6.1
기타 범주	9.15	9.3	9.2	5.1	5.0	5.1	7.2	5.6	6.1
전체 백분율	100	100	100	100	100	100	100	100	100
학생 총 인원수	23,607	10,915	34,522	47,122	23,688	70,810	22,950	42,504	65,454

의학			약학			전체		학생 총 인원수
남성	여성	전체	남성	여성	전체	남성	여성	
39	12	51	5	7	12	697	511	1,208
941	251	1,192	162	273	435	7,035	4,756	11,791
136	67	203	9	9	18	1,140	714	1,854
750	258	1,008	63	125	188	8,230	5,431	13,661
1,728	757	2,485	176	270	446	9,953	6,716	16,669
3,962	1,469	5,431	776	1,193	1,969	21,037	16,498	37,535
(871)	(442)	(1,313)	(171)	(277)	(448)	(4,354)	(4,066)	(8,420)
3,008	1,151	4,159	463	741	1,204	20,088	17,833	37,921
8,042	3,239	11,281	1,481	2,410	3,891	33,075	27,229 [27,299]	60,374
1,075	348	1,423	164	204	368	9,204	5,565	14,769
3,701	1,378	5,079	114	136	250	10,015	6,082	16,097
23,382	8,930	32,312	3,413	5,368	8,781	120,474	91,405	211,879

의학			약학			모든 전공		
남성	여성	전체	남성	여성	전체	남성	여성	전체
0.2	0.1	0.2	0.1	0.1	0.1	0.6	0.6	0.6
4.0	2.8	3.7	4.8	5.1	5.0	5.8	5.2	5.6
0.6	0.7	0.6	0.3	0.2	0.2	1.0	0.8	0.9
3.2	2.9	3.1	1.8	2.35	2.2	6.8	5.9	6.4
7.4	8.5	7.7	5.2	5.0	5.0	8.3	7.3	7.9
16.9	16.5	16.8	22.7	22.25	22.5	17.4	18.0	17.7
(3.7)	(4.9)	(4.1)	(5.0)	(5.2)	(5.1)	(3.6)	(4.4)	(4.0)
12.9	12.9	12.9	13.6	13.8	13.7	16.7	19.5	17.8
34.3	36.3	34.9	43.4	44.9	44.2	27.5	29.9	28.5
4.6	3.9	4.4	4.8	3.8	4.2	7.6	6.1	7.0
15.8	15.4	15.7	3.3	2.5	2.9	8.3	6.7	7.6
100	100	100	100	100	100	100	100	100
23,382	8,930	32,312	3,413	5,368	8,781	120,474	91,405	211,879

〈부표 1-9〉 사회적-직업적 범주별 활동인구 1000명당 대학생 수

사회적-직업적 범주	학생 분포 (1961~62년)		활동인구 (1962년 인구조사)		출신 범주 활동인구 1000명당 학생 수
	인원수	퍼밀(‰)	인원수	퍼밀(‰)	
농업 노동자	1,208	6	829,600	43	1.4
농민	11,791	56	3,011,600	157	1.4[3.9]
가사 노동자	1,834	9	1,042,020	54	1.7
산업 노동자	13,661	64	7,024,040	367	1.9
고용직	16,669	79	2,416,300	126	6.8
상공인	37,535	177	1,996,560	104	18.0
기업가	8,420	40	78,780	4	106.8
장인	1,376[8,376]	39	611,000	32	13.7
상인	20,739	98	1,287,340	66[67]	16.1
선주	–	–	19,440	7[1]	
중간관리직	37,921	178	1,490,500	78	25.4
자유 전문직과 상급 관리직	60,374	91[285]	761,040	40	79.3
자유 전문직	20,900	168[99]	124,340	6	168.0
교사	11,464	285[54]	126,040	7	91.0
상급 행정관리직	28,010	55[132]	510,660	27	55.0
무직, 금리생활자	14,769	70			
기타 범주	16,097	76	592,800	31	
총계	211,879 [211,859]	1,000	19,164,460	1,000	11.0

끌어내기 위해 필수적인 것이었다.

첫 번째 유형의 통계(〈부표 1-7〉과 〈부표 1-8〉)는 전체 학생 인구와 각 전공 분야에서 다양한 사회 계급별 출신 학생의 비율을 보여 준다. 이 통계치는 우리가 프랑스 사회의 여러 계층 간 불평등한 고등교육 진학을 기술하기 위해 가장 흔하게 이용되는 것이다. 아버지가 상급 관리직이거나 자유 전문직 구성원인 학생들이 28.5%인데, 여기에 기업가의 자식들 4%를 더하면, 우리는 1962년 대학생들의 30% 이상이 이른바 문화적 특권 집단 출신이라는 사실을 알 수 있다.

하지만 이 수치들은 교육적 특권에 대한 아주 불완전한 관념만을 제공할 따름이다. 고등교육에서 가장 적게 대표되는 사회적 범주들은 동시에 [경제]활동인구에서 가장 많이 대표되기 때문이다. 대학 진학의 통계적 확률은 주어진 사회적-직업적 범주 출신 학생 숫자 대 같은 범주 내의 경제활동인구 수에 대한 비율로 종종 산출되었다. 우리는 여기서 이 두 번째 유형의 통계를 제시한다. 비록 그것이 객관적 기회에 대한 상당히 거친 추정치에 불과하지만 말이다(〈부표 1-9〉). 그러나 이 통계는 기업가의 자녀들과 자유 전문직 구성원 자녀들을 별도로 분리해 계산함으로써 이들 집단에서 고등교육에의 접근 기회가 가장 높다는 점을 보여준다.

교육 기회에 대한 더 정확한 추정을 목표로 하는 세 번째 유형의 통계는 앞서 본문에 제시했다(13쪽의 〈표 1〉). 그에 대한 방법론적 정당화를 아래에서 찾을 수 있다.

교육 기회

14~16쪽의 그림은 두 종류의 확률을 제시한다. 〈그림 1〉은 아버지가 특정한 직업을 가진 특정한 성별의 아이가 고등교육에 정상적으로 진입할 수 있는 객관적 확률을 제

공한다. 그것은 다음과 같은 비율로 나타난다.

특정한 사회적 범주 출신으로 대학에 처음 등록한 학생들
동일한 사회적 범주 출신 아이들의 코호트

〈그림 2〉는 특정한 사회적 범주 출신으로 대학에 처음 등록한 (남 또는 여)학생이 특정한 종류의 공부를 할 확률을 가리킨다. 따라서 이는 고등교육에의 진입을 전제하는 조건부확률이다. 그것은 다음과 같은 비율로 나타난다.

특정한 사회적-직업적 범주 출신으로 특정한 전공 분야에 등록한 학생들
동일한 사회적-직업적 범주 출신으로 대학에 처음 등록한 학생들

최장 연한의 학업(예컨대, 의학)에 과도한(이 경우엔 의미 없는) 비중을 부여하지 않기 위해 우리는 이 확률 계산에서 각 전공 분야에의 입학 인원을 기준으로 삼는 편을 택했다.

방법론적 노트[8]

BUS에서 1961~62학년도 기준으로 제공한 수치(사회

---

8 INSEE의 행정관 알랭 다르벨 작성.

적-직업적 범주에 따른 단과대별 등록 학생들의 분포)에 기반해, 우리는 한 아이(즉 출생 시)가, 아버지의 직업 정보가 있는 경우, 정상적으로 고등교육에 진입할 객관적 확률을 결정해 보고자 한다.

1961년 대학 입학자가 상당수에 달하는 연령 집단들의 출생 기록은, 약간 신중하게 다뤄진다면, 제기된 문제에 대한 답을 제공할 수 있을 것이다. 그 자료는 아이의 출생 당시 아버지의 직업을 알려 주며, 따라서 사회적-직업적 범주별 정상 출산 아이들의 분포를 보여 주기 때문이다.

일반적으로 직업에 대한 진술에는 언제나 모호한 부분이 있고, 그로 인해 어려움이 생겨나지만, 훨씬 더 심각한 것은 미화된 명칭의 추구로 발생하는 체계적인 편향이다. 현재 교육부가 진행 중인 연구에 따르면, 아버지 직업에 대한 리세 학생들의 언명은 최대한 [의심의 시선으로] 신중하게 다뤄지지 않으면 안 된다.

사회구조가 정태적이고 행동 유형이 오랜 시간에 걸쳐 상당히 안정적인 사회에서는 우리가 찾는 객관적 확률이 아래 규정된 비율 A에 상응할 것이다.

$$A = \frac{\text{한 코호트}^9 \text{ 출신 신입생들}}{\text{특정한 사회적-직업적 범주 출신 아이들의 코호트}}$$

이는 비율 B와는 다르다.

$$B = \frac{\text{특정한 사회적-직업적 범주 출신 신입생들}}{\text{동일한 사회적-직업적 범주 출신 (동일한 연령) 아이들의 코호트}}$$

비율 B는 대학 등록을 가리키며, 비율 A는 출생을 가리킨다.

만약 사회적 행동이 시간의 흐름 속에서 안정적이라면, 해당 개인에게서 작동 비율rapport opérationnel은 A와 B 사이에 놓일 가능성이 크다.

비율 B^1은 다음과 같이 쓸 수 있다.

$$B^1 = B_1^1 + B_2^1 + \ldots\ldots + B_k^1$$

B^1은 사회적-직업적 범주 k에서 연원하는 비율이다. 그러므로 출생 시에 사회적 범주 k에 속하는 학생들의 수는 다음과 같다.

$$N^1 B_k^1 + N^2 B_k^2 + \ldots\ldots + N^k B_k^k$$

---

9 인구학적 의미에서의 코호트를 뜻한다. [코호트는 특정한 사건이나 경험(예컨대 출생, 결혼)을 공유하는 사람들의 집합체를 말한다.]

(*N*은 코호트의 상응하는 수치들을 나타낸다.)

M^k(출생 시 코호트들의 수치들)로 나누면

$$A^k = \frac{N^i}{M^k} B_k^1 + \cdots\cdots + \frac{N^k}{M^k} B_k^k$$

여기서 N^i/M^k는 아버지가 될 수 있는 나이에 범주 k에 속하는 한 남성이 k에서 i로 이동할 수학적 기대치이다.

그 나이 이후 사회적 범주에서 더는 변화가 일어날 수 없는 한, 우리는 물론 다음의 식을 얻게 된다.

$$\frac{M^k}{N^k} = 1 \, \frac{N^i}{N^k} (i \neq k) = 0$$

그리고

$$A^k = B_k^k = B^k \,(\text{또는 } A = B)$$

대략적으로, 이는 진입이 다음과 같은 조건에 달린 범주들에 해당한다.

• 재산의 소유(기업가, 상인)

• 대학 학위의 소유(상급 관리직)

하지만 동일한 진입 제한이 없는 범주들의 경우, 상황은 상이하며, A와 B는 같지 않다. 문제는 규모grandeur의 층위만을 평가하는 것이기에, 두 개념은 등가적인 것으로 간주될 수 있다.

사실 우리는 B^k를 알고 있고, 기껏해야 N^i/M^k의 추정치를 구할 수 있다. 어떤 경우에도 A의 체계는 일반적으로 완전히 해결될 수 없다(미지의 n^2들을 가진 n 방정식들의 체계).

비율 B들은 비율 A보다 더 우월한 조작적 가치를 지닌 것으로 보일 수 있다. 그것들은 우리가 살아가는 시대에서 경험하는 주관적 기대(즉 행위자들이 일상적으로 인식하는 대로의 고등교육 진학의 개연성)를 규정하기에 모자람이 없다.

그러므로 B의 추정만이 가능하며, 그것도 매우 불완전하게만 가능할 따름이다.

1. 1941~43년 사이의 평균적인 한 해 동안(1961~62학년도 신입생들은 대부분 이 시기에 출생했다) 부모의 사회적 범주에 따른 정상 출산의 분포를 추산하기 위해, 우리는 다음을 이용한다.

   • 각 사회적 범주에 속하는 가임기 기혼 여성 수의 추정치

   • 사회적 범주별 차등적 출산 지표. 풀어 말하면, 차등적 출산 지표에 의해 수정된, 50세 미만 기혼 남성 활동인구(이 가운데 일정한 비율은 사회적 범주와 무관하게 45세 미만의 배우자를 가진다)의 분포. 달리 말하면, 우리는 다음과 같은 식으로 결과를 계산할 것이

다 : $H^{50} \times f$.

H^{50}: 50세 미만 기혼 남성 활동인구 수

f: 가족당 평균 아이 수

$HfM/\sum Hf$: 해당 사회적 범주 출신 아이들 코호트 내의 수

- 필수 자료의 부족으로, 우리는 차등적인 사망률을 고려할 수 없으며, 그 결과 B 대신에 약간 더 낮은 비율을 갖게 된다. 이는 시차 분석analyse différentielle 에서 약간의 왜곡을 빚어낼 수 있다. 더 정확한 계산 에서라면 우리는 조건을 이렇게 계산할 것이다.

$$\frac{HfS_0^{19}M}{\sum Hf}$$

여기서 S_0^{19}은 19세에서의 평균 생존율이다.

2. BUS의 자료로는 근사치의 계산만을 할 수 있을 뿐이 다. 사실상

- 사회적 출신 범주는 1학년 학생들에 한해서만이 아 니라, 학생 인구 전체에 대해 주어져 있어서 아주 장 기간의 학업(예컨대, 의학)을 수행하는 학생들이 상 대적으로 과잉 대표되는 것으로 나타난다. 우리는 사회적 출신별 신입생의 분포가 학생 인구 전체의

분포와 동일하다고 가정해야만 했다.

• 성별 분포는 학생 전체 수준에서만 주어졌다. 여기에서도 우리는 각 전공 분야 내에서 이런 분포가 신입생들과 전체 학생들에게 동일하다고 가정했다. 이런 가정은 현실에 상당히 근접한 것이다. BUS가 제공한 추정치(1963~64년 처음 등록한 학생들의 성별 분포)는 첫해에 후속 연도들보다 일정한 비율로 여학생들이 조금 더 많다는 점을 보여 주는데, 이 차이는 미미한 것으로 남아 있다.

• 상대적으로 큰 비중을 지니는 두 가지 범주 '금리생활자'와 '기타'는 특별한 난점들을 제기한다.

II. 몇 가지 자료와 조사 결과*

---

* 이 부록에 실린 조사 결과들의 전문은 다음의 보고서에 나와 있다. P. Bourdieu & J-C. Passeron, *Les étudiants et leurs études*, Mouton, Paris, 1964. 〈부표 2-1〉에서 〈부표 2-10〉, 그리고 〈부표 2-21〉에서 〈부표 2-38〉까지 굵은 글씨체로 표시된 부분은 각 열에서 가장 두드러진 한 가지 혹은 두 가지 경향을 나타낸다.

사회적 출신과 학생 생활(〈부표 2-1〉~〈부표 2-5〉)

〈부표 2-1〉 수입원: 철학과 학생(단위: %)

아버지의 사회적-직업적 범주	장학금	가족 지원	아르바이트	장학금+ 가족 지원	아르바이트+ 가족 지원	총계	학생 수 (명)
농민, 산업 노동자, 고용직, 하급 관리직	27	14.5	21	21	16.5	100	48
장인, 상인	22	22	11	6	39	100	18
중간관리직	12.5	37.5	12.5	15	22.5	100	40
상급 관리직, 자유 전문직	11.5	58	1.5	11	18	100	71
학생 수(명)	(30)	(67)	(18)	(25)	(37)		177

〈부표 2-2〉 수입원: 사회학과 학생(단위: %)

아버지의 사회적-직업적 범주	장학금	가족 지원	아르바이트	장학금+ 가족 지원	아르바이트+ 가족 지원	총계	학생 수 (명)
농민, 산업 노동자, 고용직, 하급 관리직	23	10	43.5	13.5	10	100	30
장인, 상인	15	45	20	7.5	12.5	100	40
중간관리직	15	39	22	15	9	100	46
상급 관리직, 자유 전문직	13.5	50	10	7	19.5	100	98
학생 수(명)	(33)	(88)	(41)	(21)	(31)		214

〈부표 2-1〉과 〈부표 2-2〉에는 (가족의 도움으로 생활하는 학생들과 대조적으로) 장학금이나 아르바이트에서 수입을 얻는 학생들의 비율이 사회적 출신에 따라 달라진다는 사실이 나타나 있다. 그런데 그런 연관성은 '사회학 전공생들'보다 '철학 전공생들'에게서 훨씬 뚜렷한 것처럼 보인다.

〈부표 2-3〉 주거: 철학과 학생과 사회학과 학생(단위: %)

아버지의 사회적-직업적 범주	부모 집	대학 기숙사	독립 주거	총계	학생 수(명)
농민, 산업 노동자, 고용직, 하급 관리직	29.5	56	14.5	100	95
장인, 상인	34	57	9	100	65
중간관리직	35	53	12	100	91
상급 관리직, 자유 전문직	**50**	37	13	100	189
학생 수(명)	(177)	(208)	(55)		440

〈부표 2-3〉은 학생의 사회적 출신이 상위에 속할수록 부모 집에서 거주할 가능성이 높다는 점을 드러낸다. 부모와 동거하는 학생은 일상생활과 학업에서 [부모와 따로 사는 학생과 다른] 고유한 경험을 하게 된다. 가족과 함께 살면서 부모에 대한 종속을 온전히 수용하는, 혹은 더 강렬하게 경험하는 학생은 매우 특수한 행동, 태도, 의견을 나타낸다.

학업과 아르바이트를 병행해야 하는 학생들의 비율은 사회적 출신이 상위에 속할수록 전공 분야와 관계없이 일정하게 감소한다. 하지만 사회학 전공생과 철학 전공생을 비교하면 드러나듯이, 이 비율은 전공 분야가 '전통적'일수록 사회적 출신과 관계없이 한층 미약한 것으로 보인다.

<부표 2-4> 학업 이외의 아르바이트: 철학과 학생(단위: %)

아버지의 사회적-직업적 범주	아르바이트 병행	아르바이트 미병행	총계
농민, 산업 노동자, 고용직, 하급 관리직	**36**	64	100
장인, 상인	25	75	100
중간관리직	25	75	100
상급 관리직, 자유 전문직	11	**89**	100

<부표 2-5> 학업 이외의 아르바이트: 사회학과 학생(단위: %)

아버지의 사회적-직업적 범주	아르바이트 병행	아르바이트 미병행	총계
농민, 산업 노동자, 고용직, 하급 관리직	**53.5**	46.5	100
장인, 상인	28	72	100
중간관리직	24.5	**75.5**	100
상급 관리직, 자유 전문직	25.5	**74.5**	100

사회적 출신과 학업적 행동 및 태도(〈부표 2-6〉~〈부표 2-13〉)[1]

보충이라는 명목 아래 상당히 다양한 학업 프로그램에 들어갈 수 있는 사회학 같은 전공 분야는 학문적 '딜레탕티슴'이 유독 상류층 학생들에 특징적이라는 점을 보여 준다.

[1] 아래에 포착된 사회적 출신의 영향 지표는 논란의 여지가 있거나 엉뚱한 것으로 비칠 수도 있다. 제한된 선택지들의 문제인 데다가, 그 입증력으로 말하자면 그것들이 언제나 동일한 방향성을 지니는 변량 체계를 지시한다는 사실과 관련되기 때문이다.

〈부표 2-6〉학업적 선택(1차 바칼로레아의 교과 부문): 철학과
학생과 사회학과 학생(단위: %)

아버지의 사회적-직업적 범주	중등교육					총계
	면제	라틴어-그리스어	라틴어-외국어	라틴어-자연과학	현대 또는 기술	
농민, 산업 노동자	6.8	20.5	16	4.2	**52**	100
고용직, 하급 관리직		20	33	6	41	100
장인, 상인	1.5	12.5	**48.5**	7.8	29.5	100
중간관리직		24	35	13	28	100
상급 관리직, 자유 전문직		**26**	41	**17**	17	100

〈부표 2-7〉수강 과목의 다양성: 사회학과 학생(단위: %)

아버지의 사회적-직업적 범주	아니다	그렇다	총계
농민, 산업 노동자, 고용직, 하급 관리직	**56**	44	100
장인, 상인	45	55	100
중간관리직	42	58	100
상급 관리직, 자유 전문직	32	**68**	100

사회학 전공생 집단에서는 사회적 출신이 상위일수록 한 해
동안 여러 전공과목을 수강하는 학생 비율이 상승한다.[2]

　　사회학 전공생들에게 자기 사회의 연구 아니면 제3세
계 연구나 민족학 가운데 어느 편을 선호하는지 질문하자,

---

[2]　전공 조합의 어떤 경우는 고전적이고(법학과 사회학), 어떤 경우는
좀 더 예상 밖이다(언어학 또는 문학과 사회학). 최상위 계층 출신
학생들은 두 개 이상의 전공, 그리고 여러 단과대나 기관의 수업을
동시에 수강하는 식으로 조합을 구성하는 경우도 자주 있다.

〈부표 2-8〉 학업의 이미지: 사회학과 학생(단위: %)

아버지의 사회적- 직업적 범주	유럽	저개발국 또는 민족학	총계
농민, 산업 노동자, 고용직, 하급 관리직	44	5	100
장인, 상인, 중간관리직	42	58	100
상급 관리직, 자유 전문직	26.5	73.5	100

〈부표 2-9〉 학생 조합 참여: 여학생 표본 한정(단위: %)

아버지의 사회적- 직업적 범주	가입	무관심 혹은 적대적	총계
농민, 산업 노동자	70.7	29.3	100
하급 관리직, 장인, 상인	60.8	39.2	100
중간관리직	60.6	39.4	100
상급 관리직, 자유 전문직	53.1	46.9	100

〈부표 2-10〉 학생 조합 참여: 사회학과 학생(단위: %)

아버지의 사회적- 직업적 범주	임원	단순 가입자	무관심 혹은 적대적	총계
농민, 산업 노동자, 고용직, 하급 관리직	18	71	11	100
장인, 상인, 중간관리직, 상급 관리직, 자유 전문직	16	50	34	100

사회적 출신이 상위에 속할수록 더 '이국적인' 선택을 한 답
변이 증가했다.

사회학과 학생 집단과 여학생 집단에서는 양쪽 다 마찬
가지로, 하층계급 출신 학생들의 조합 참여 수준이 분명히
훨씬 높게 나타난다. 하지만 조합 요직에 대한 참여에서는

그런 차이가 사라지는 것처럼 보인다. 여기서 상층계급과 중간계급 출신 학생들은 상대적으로 낮은 조합 참여도에 상응하지 않는 존재감을 지닌다.

〈그림 2-1〉의 그래프는 대학 진학 이후에서부터 상이한 사회 계급 출신 학생들의 연령 분포를 나타낸다. 그것은 제일 특권적인 범주들에서(그 사회 계급 출신 전체 학생 집단에 대비해) 최빈값 학업 연령에 해당하는 학생들의 비율이 높다는 것을 보여 준다. 또는 같은 이야기이지만, 사회적 출신이 상위일수록 정규분포에 더 가깝게 나타난다는 것을 드러낸다(사회적 출신에 따른 1, 2년차 연령 분포의 최빈값, 중앙값, 평균, 분산을 나타내는 〈부표 2-11〉 참조). 하층계급 학생들의 연령 분포는 다소간 [최빈값이 두 개인] 쌍봉bimodale 분포를 보인다. [학년이 올라가고] 학업 과정이 진행될수록, 하층계급에서는 최소 연령이 더 일찍 나타나기를 그치면서, 분포들은 점점 상이한 양상을 띤다. 최종 연차에는 하층계급 출신 학생들의 상대적 비율이 상승하는 경향이 있다. 이는 이 학생들이 겪는 또 다른 불이익을 드러낸다. 교육과정에서의 지체[유급과 재수강]가 그것인데, 이로 인해 하층계급 출신 학생들은 대학에 더 오래 머물면서 사회적 출신 관련 전체 통계에서 상대적으로 더 큰 비중을 차지하게 되고, 이는 그들을 피해자로 만드는 제거 현상을 부분적으로 위장한다. 상층계급 학생들에 특징적인 지체의 유형(이 학생들의 최빈

〈그림 2-1〉

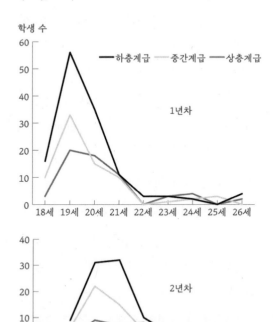

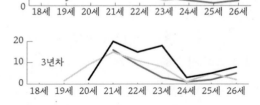

〈부표 2-11〉 학업 연령과 사회적 출신

아버지의 사회적-직업적 범주	최빈값		중앙값		평균		표준편차	
	1년차	2년차	1년차	2년차	1년차	2년차	1년차	2년차
하층계급	19	20	20	21	20-5*	21-8	1.88	2.1
중간계급	19	20	19	21	19-10	21-1	1.72	1.69
상층계급	19	21	19	20	19-7	20-10	1.48	1.58
전체	19	20	19	21	20	21-2	1.72	1.74

주: * 20-5는 20세 5개월을 가리킨다.

연령의 분산 증가)을 이해하기 위해서는 '망명용' 전공 분야들에서의 학생 대표성에 대한 것과 동일한 추론을 여기 적용해야 한다(20, 21쪽 참조).

학생들이 서로 알고 지내는 동료 학생의 평균 숫자는 사회적 출신이 상위일수록 일정하게 증가한다(〈부표 2-12〉 참조). 사회적 출신에 따른 쌍방적 지인 관계의 증가는 그것이 더 긴밀한 유형인 경우, 훨씬 두드러진다. 경로야 어떻든 그저 아는 사람의 수가 14~19명을 헤아린다면, 대화를 통해 아는 사람은 6~9명, 공동 활동(긴밀한 지인 관계의 범주)을 통해 아는 사람은 2~4명을 헤아린다.

어떤 유형의 지인 관계가 되었든 간에, 서로 알고 지내는 동료 학생들의 평균 숫자는 대형 강의실의 앞자리에서 뒷자리로 갈수록 체계적으로 감소했다(〈부표 2-13〉 참조). 학생이 교육체계 내에서 느끼는 편안함, 또는 자신감을 강의실에서 어디에 자리 잡는지를 기준으로 대략grosso modo

〈부표 2-12〉 쌍방적 지인 관계의 정도(각 사회적 범주 내 학생당 서로 알고 지내는 동료 학생들의 평균 숫자)

아버지의 사회적-직업적 범주	지인 관계의 정도		
	A*	A 또는 C*	A 또는 C 혹은 N 또는 V*
농민, 산업 노동자	2.2	6.5	14.4
고용직	2.8	8.5	18
중간관리직	3	7.1	15
상공인	4	9.1	21
상급 관리직, 자유 전문직	4.3	9.6	19
전체	3.2	8.4	19

주: * A: 지속적 공동 활동을 통한 관계.
　　C: 최소한 한 번 이상의 대화.
　　N: 이름만 아는 관계.
　　V: 얼굴만 아는 관계.

〈부표 2-13〉 대형 강의실에서의 자리별 쌍방적 지인 관계의 정도
(학생당 서로 알고 지내는 동료 학생들의 평균 숫자)

자리	지인 관계의 정도		
	A*	A 또는 C*	A 또는 C 혹은 N 또는 V*
첫 번째 줄	5.1	9.7	23
두 번째 줄	3.4	8.6	17
세 번째 줄	2.3	7.1	15
전체	3.2	8.4	19

주: * A: 지속적 공동 활동을 통한 관계.
　　C: 최소한 한 번 이상의 대화.
　　N: 이름만 아는 관계.
　　V: 얼굴만 아는 관계.

가늠할 수 있다면, 그런 감정은 교양 계급에 고유한 사회성의 기술들과도 무관하지 않다.

사회적 출신과 연극에 대한 지식(〈부표 2-14〉~〈부표 2-18〉)

〈부표 2-14〉에서 중앙값들의 단순 비교는 하층계급에서 중간계급, 상층계급으로 나아갈수록 극장 공연으로 본 연극의 편 수가 증가한다는 점을 보여 준다. 모든 경우에서 최빈값은 4~8편에 위치하지만, 상급 관리직 자녀의 일부 (25%)는 그 범주의 최빈값은 물론, 전체 조사 집단의 최빈값보다 훨씬 높은 점수를 나타낸다. 라디오와 텔레비전을 통한 연극 감상에는 별달리 의미 있는 차이가 드러나지 않는다. 모든 사회 범주를 통틀어 [희곡의] 독서는 가장 빈번한 연극 감상 수단이었다.

극장 공연을 통한 지식의 경우에는 그 결과가 사회적 출신에 따른 위계 구조에 조응한다. 연극 작품의 직접적인 감상의 경우(〈부표 2-15〉 참조), 상급 관리직 자녀들과 다른 학생들 사이의 간극이 분명하기에 우리는 이 두 개 범주로 학생들을 재분류했고, 관람 편 수의 차이는 통계적으로 매우 유의미했다(X^2=31.27, 유의확률 P.01).

응답자들의 사회적 출신과 무관하게, (특히 학교에 의해) 가장 공인된 예술 유형들에 대한 지식이 가장 많이 재현되었다(〈부표 2-16〉 참조). 하지만 다양한 장르에 대한 지식의 구조는 사회적 출신에 따라 달라진다. 하층계급(농민과 노동자의 자녀)에게서는 교육적으로 가장 공인된 예술 유형(고전

〈부표 2-14〉 아버지의 사회적-직업적 범주에 따른 연극 관련 지식과
　　　　　작품에 대한 접근 유형: 리상스 학생

아버지의 사회적-직업적 범주	극장 관람						중앙값	라디오, 텔레비전		
	0	1~3	4~8	9~14	15~18	총계		0	1~3	4
농민, 산업 노동자	5	8	11			24	1~3	9	10	
고용직, 하급 관리직	9	21	24	2		56	1~3	14	22	1
장인, 상인	4	16	17	4		41	4~8	12	18	
중간 관리직	7	21	23	7		58	4~8	13	22	
상급 관리직	9	21	58	25	3	116	4~8	40	38	
총계	34	87	133	38	3	295	4~8	88	110	
무응답	1	8	7	3		19	4~8	6	8	
전체 총계	35	95	140	41	3	314	4~8	94	118	8

〈부표 2-15〉 아버지의 사회적-직업적 범주에 따른 연극 관련 지식과
　　　　　작품에 대한 접근 유형: 전체 표본(단위: %)

아버지의 사회적-직업적 범주	극장 관람		총 인원수(명)	라디오, 텔레비전
	3인 이하의 작가	4인 이상의 작가		3인 이하의 작가
농민	66	34	42	78
산업 노동자	82	18	29	41
고용직, 하급 관리직	66	34	144	55
장인, 상인	62	38	98	63
중간관리직	58	42	117	56
상급 관리직	39	61	251	59
총계(명)	374	307	681	404

작품과 공인된 현대 작품)에 대한 취향과 학교에 덜 연계된 예
술적 흥미 사이에 뚜렷한 차이가 나타난다. 사회적 출신이
상위로 갈수록 이런 불균형은 줄어들고, 상급 관리직 자녀
에게서 최소점에 다다른다.

　　지식의 전체 형상 속에서 나타나는 이 같은 변이의 의미
는 명확하다. 하층계급과 중간계급 학생들[의 작품 감상]은

| 라디오, 텔레비전 | | | | 독서 | | | | | | |
9~14	15~18	총계	중앙값	0	1~3	4~8	9~14	15~18	총계	중앙값
		24	1~3	1	2	7	13	1	24	9~14
	8	56	1~3	2	1	28	22	3	56	4~8
	2	41	1~3		5	19	14	3	41	4~8
	3	58	1~3	1	3	23	29	2	58	9~14
	5	116	1~3	3	6	48	54	5	116	9~14
	18	295	1~3	7	17	125	132	14	295	4~8
		19	1~3			11	8		19	
	18	314	1~3	7	17	136	140	14	314	4~8

| …디오, 텔레비전 | | 독서 | | |
이상의 작가	총 인원수(명)	9인 이하의 작가	10인 이상의 작가	총 인원수(명)
22	42	54	46	42
59	29	68	32	29
45	144	59	41	144
37	98	61	39	98
44	117	50	50	117
41	251	52	48	251
277	681	378	303	681

주로 학교에서 조직하는 간접적 접근(독서)에 한정되기에 그들의 선택이 가장 교과서적인 작품들에 머무는 것도 당연 하다. 이런 경향은 학교에 대한 태도, 그리고 그들이 자기 환 경에 빚지고 있는 문화에 대한 태도에 의해 한층 강화될 수 있을 따름이다.

　사회적 출신별 불균형은 아방가르드 연극의 경우에서

〈부표 2-16〉 사회적 출신별 다양한 연극 장르에 대한 지식:
리상스 학생

아버지의 사회적-직업적 범주	장르								총 인원
	A*		B		C		D		
	인원	최고점(%)	인원	최고점(%)	인원	최고점(%)	인원	최고점(%)	
농민, 노동자	22	92	20	83	8	30	13	54	24
고용직, 하급 관리직, 장인, 상인, 중간관리직	148	94	137	88	88	57	89	57	155
상급 관리직	111	96	106	91	84	72	78	67	116

주: * A: 고전(위고, 마리보, 셰익스피어, 소포클레스).
 B: 현대의 정전(카뮈, 클로델, 입센, 몽테를랑, 사르트르).
 C: 아방가르드(베케트, 브레히트, 이오네스코, 피란델로).
 D: 대중극(아샤르, 에메, 페이도, 루생).

가장 크게 드러난다. 여기서 하층계급, 중간계급, 상층계급
간 차이는 통계적으로 매우 유의미하게 나타났다($X^2=15$,
유의확률 P.01).

우리는 여기에서 사회적 출신이 학생의 문화적 행동에
얼마나 강력한 영향을 미치는지 간파할 수 있다(〈부표 2-17〉
참조).

극장 관람 연극 작품의 평균 편 수는 아버지나 할아버
지 어느 한쪽(굵은 화살표), 또는 양쪽 모두(표의 대각선 방향)
의 사회적 범주가 상승할수록, 계속 더 많아지는 식으로 위
계화된다. 그뿐만 아니라 이 변인들 각각의 고정값에 대해
서도 다른 변인이 단독으로 편 수의 서열화를 초래하는 경
향이 있다. 달리 말하자면, 할아버지를 등가로 놓았을 때도,
아버지의 지위가 상승할수록 편 수가 더 높아지는 경향이

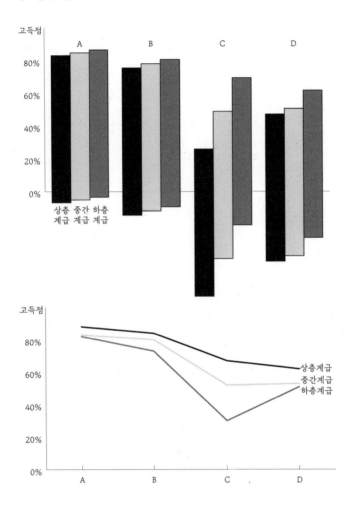

〈그림 2-2〉

〈부표 2-17〉 아버지와 할아버지의 사회적–직업적 범주별 극장 관람 연극 작품의 평균 편 수

		아버지의 사회적–직업적 범주			할아버지의 범주별 평균
		농민, 노동자	고용직, 장인, 상인, 중간관리직	상급 관리직	
할아버지의 사회적–직업적 범주	농민, 노동자	3.00	3	4.37	3.16
	[인원수]	45*	70	16	131
	고용직, 장인, 상인, 중간관리직	1.75	3.57	4.43	3.73
	[인원수]	10	127	51	188
	상급 관리직		5.00	4.86	4.68
	[인원수]	0	30	97	127
아버지의 범주별 평균		2.74	3.58	4.68	
[총 인원수]		55	227	164	446

주: * 범주별 인원수.

〈부표 2-18〉 아버지와 할아버지의 사회적–직업적 범주별 책으로 접한 연극의 평균 편 수

		아버지의 사회적–직업적 범주			할아버지의 범주별 평균
		농민, 노동자	고용직, 장인, 상인, 중간관리직	상급 관리직	
할아버지의 사회적–직업적 범주	농민, 노동자	7.93	7.75	9.12	7.98
	[인원수]	45*	70	16	131
	고용직, 장인, 상인, 중간관리직	8.87	8.21	8.37	8.28
	[인원수]	10	127	51	188
	상급 관리직		9.23	8.55	8.83
	[인원수]	0	30	97	127
아버지의 범주별 평균		8.38	8.20	8.55	
[총 인원수]		55	227	164	446

주: * 범주별 인원수.

있고, 아버지를 등가로 놓았을 때도, (열에 따라 표를 읽으면) 할아버지의 지위가 결과 점수를 서열화하는 경향이 있다.

연극을 직접 관람할 수 없을 때 보충의 역할을 할 수 있는 [희곡 작품] 독서의 경우에도 마찬가지 경향들이 관찰되지만, 훨씬 덜 분명하게 나타난다.

사회적 출신과 음악 지식(〈부표 2-19〉, 〈부표 2-20〉)

〈부표 2-19〉에서 중앙값들의 단순 비교는 하층계급에서 중간계급, 상급 관리직으로 나아갈수록 음악회에서 감상한 작품 수가 많아진다는 사실을 보여 준다. 중앙값들의 비교는 음악회를 통한 작품의 직접 향유가 음반을 통한 간접 향유에 비해 훨씬 드물다는 점을 알려 준다. 다른 한편 상급 관리직 자녀들 사이에서 음악회를 통한 감상은 뚜렷하게 쌍봉 분포를 나타낸다. '0회' 항목과 '4~10회' 항목(이 사회적 범주에 속하는 개인들의 3분의 1은 가장 높은 최빈값과 동등하거나 우월한 점수를 가진다)으로 양분되어 있는 것이다. 여기서 우리는 상급 관리직 자녀 범주에 특징적인 경향을 발견한다. 이 범주의 상당한 분파(3분의 1 혹은 4분의 1)는 높은 점수로 인해 전체 학생 인구는 물론 같은 범주의 나머지 학생들과도 다르다. 이는 상층계급 출신에 연계된 문화

<부표 2-19> 아버지의 사회적-직업적 범주에 따른 음악 관련 지식과
작품에 대한 접근 유형: 리상스 및 예비 과정 학생

아버지의 사회적-직업적 범주	음악회				라디오, 텔레비전	
	0	1~3	4~10	중앙값	0	1~3
농민 산업 노동자	45	12	14	0	9	13
고용직, 하급 관리직	73	40	31	0	22	21
장인, 상인, 중간관리직	98	66	51	1~3	35	46
상급 관리직	103	63	85	1~3	37	46
응답자 합계	319	181	181	1~3	103	126
무응답	35	16	7	0	10	8
전체 총계	354	197	188	1~3	113	134

<부표 2-20> 아버지의 사회적-직업적 범주에 따른 작곡가에 대한
지식의 차이: 사회적-직업적 범주에 따른 작곡가[*] 언급 횟수

아버지 직업	작곡가										계층별 총원
	모차르트	베토벤	바흐	브람스	드뷔시	스트라빈스키	샤브리에	팔레스트리나	베버	불레즈	
농민, 노동자	62	66	60	54	38	29	21	7	8	1	71
고용직, 하급 관리직	127	129	122	105	91	78	57	20	13	1	142
장인, 상인	91	88	86	74	62	56	31	21	9	2	97
중간관리직	107	111	104	100	85	80	38	14	19	3	118
상급 관리직	240	232	221	205	191	167	83	42	33	9	245
총계	627	626	593	538	467	410	230	104	82	16	673

주: * 음반 혹은 음악회를 통해 아는 경우.

적 특권이 모든 경우에 작용하지 않는다는 것을 시사하는
듯 보인다.

전체적으로 고전음악가들이 현대음악가들에 비해 월등
한 양상을 드러냈다. 응답자들 간 진정한 합의를 이끌어 낸

라디오, 텔레비전			음반				
4~10[7]	8~10	중앙값	0	1~3	4~7	8~10	중앙값
40	9	4~7	4	14	44	9	4~7
77	24	4~7	12	15	99	18	4~7
100	34	4~7	10	26	157	22	4~7
122	46	4~7	5	21	195	30	4~7
339	113	4~7	31	76	495	79	4~7
32	8	4~7	7	13	28	10	4~7
371	121	4~7	38	89	523	89	4~7

음악가들(500회 이상 언급)은 모차르트(627회), 베토벤(626회), 바흐(593회), 브람스(538회)였다(〈부표 2-20〉 참조). 어떤 이름들은 계급의 문화적 습성에 상당히 연관된 것으로 보이는데, 사회적 출신에 따라 언급 횟수가 유의미한 차이를 나타냈기 때문이다. 스트라빈스키(X^2=17.2), 드뷔시(X^2=17.7)의 사례가 그러하다.

연령의 영향(〈부표 2-21〉~〈부표 2-28〉)

　　많은 사례에서 우리는 연령에 따른 변이가 사회학 전공
생과 철학 전공생 사이에서 반대 방향으로 작동하는 것을
본다. 어린 학생에서 더 나이 든 학생으로 갈수록 철학 전공
생들의 경우에는 종교적 소속이 증가하는 반면, 사회학 전
공생들의 경우에는 감소한다. 또 역으로 철학 전공생들의
경우, 나이가 들수록 극좌의 정치적 견해가 감소하는 데 반
해, 사회학 전공생들의 경우엔 증가한다. 겉보기에는 기묘
한 이 현상을 설명하려면, 다음과 같은 사실들을 염두에 두
어야 한다. 첫째, 철학 학위는 교원 자격증이기도 하지만,
사회학은 상대적으로 미래의 직업 경로가 불확실한 전공
분야이고, 그래서 종종 고전적인 전공 분야에서 온 학생들
의 망명지 역할을 한다는 것이다. 둘째, 평균 이상의 학생 연
령이 실패, 혹은 대학에서의 적응 부족의 지표라는 점을 우
리가 기억한다면, 이 집단에서의 고연령은 그 실제적인 경
향성, 단적으로는 그 병리성을 표상한다는 것이다. 마지막
으로 사회학 전공생들이 다른 전공생들에 비해 인텔리겐치
아의 가치에 훨씬 더 강한 애착을 지닌다는 점을 알려 주는
여러 지표로 미루어 볼 때, 사회학 전공생들 가운데 가장 나
이 많은 부류가 '지식인'의 가장 두드러진 유형을 제시한다
는 사실이 놀라운 것은 아니다.

〈부표 2-21〉 정치적 스펙트럼: 철학(단위: %)

나이	극좌, 좌파	중도	우파, 극우
21세 미만	**68.5**	22.5	9
21~25세	**69**	15.5	15.5
26세 이상	44	50	6

〈부표 2-22〉 정치적 스펙트럼: 사회학(단위: %)

나이	극좌, 좌파	중도	우파, 극우
21세 미만	51	29	20
21~25세	60	24.5	15.5
26세 이상	**76**	22	2

〈부표 2-23〉 종교적 소속: 철학(단위: %)

나이	가톨릭	가톨릭 아님
21세 미만	68.5	**31.5**
21~25세	81.5	18.5
26세 이상	**91**	9

〈부표 2-24〉 종교적 소속: 사회학(단위: %)

나이	가톨릭	가톨릭 아님
21세 미만	**84**	16
21~25세	80	20
26세 이상	67.5	**32.5**

〈부표 2-25〉 주거 형태(단위: %)

나이	부모 집	독립 주거	대학 기숙사	총 인원수(명)
21세 미만	**57**	30	13	214
21~25세	30	58	12	171
26세 이상	10	**78**	12	66

부록 II. 몇 가지 자료와 조사 결과   213

〈부표 2-26〉학업 이외의 아르바이트(단위: %)

나이	아르바이트 병행	아르바이트 미병행
21세 미만	18	**82**
21~25세	32.5	67.5
26세 이상	**62**	38

〈부표 2-27〉정치 활동 참여 수준(단위: %)

나이	활동가, 단순 가입자	동조자	냉담자
21세 미만	15	58	**27**
21~25세	**27**	49	**24**
26세 이상	**21**	69	10

〈부표 2-28〉학생 조합 활동 참여 수준(단위: %)

나이	임원	단순 가입자	냉담자 혹은 적대자
21세 미만	12.5	57	**30.5**
21~25세	**16**	53	**31**
26세 이상	**27**	62	11

남학생과 여학생(〈부표 2-29〉~〈부표 2-38〉)

우리는 정치 활동이나 학생 조합 활동에서 모두 단순한 가입 수준에서는 매우 약하게만 나타나는 남학생과 여학생 간 차이가 책임 있는 위치에의 참여 수준에서는 증가함을 알 수 있다.

〈부표 2-29〉 주거 형태(단위: %)

성별	부모 집	독립 거주	대학 기숙사	총 인원수(명)
남학생	34	52	14	232
여학생	46	43	11	223

〈부표 2-30〉 학업 이외의 아르바이트(단위: %)

성별	아르바이트 병행	아르바이트 미병행
남학생	31	69
여학생	22	78

〈부표 2-31〉 직업 계획(단위: %)

성별	연구	교육	대학과 무관한 직업
남학생	20.9	61.5	17.6
여학생	13	80.5	6.5

〈부표 2-32〉 자신의 공부 실력에 대한 학생 의견(단위: %)

성별	미약한~괜찮은	상당히 좋은~매우 좋은
남학생	36	64
여학생	53	47

〈부표 2-33〉 독서의 성격(단위: %)

성별	교과 관련 서적	교과와 무관한 서적
남학생	54	46
여학생	66	34

〈부표 2-34〉 자신의 문화 활동에 대한 기록(단위: %)

성별	연극 관람	영화 관람	음악회 참석	전시회 관람
남학생	10	17	5	3
여학생	19	27	9	8

〈부표 2-35〉 학생 조합 활동 참여 수준(단위: %)

성별	임원	단순 가입자	냉담자 혹은 적대자
남학생	23	54	23
여학생	7	58	35

〈부표 2-36〉 정치 활동 참여 수준(단위: %)

성별	활동가	단순 가입자	냉담자 혹은 적대자
남학생	29	51	20
여학생	12	60	28

〈부표 2-37〉 주거 유형에 따른 여학생들의 정치 활동 참여
(단위: %)

주거 유형	적극 참여	동조자	냉담자 혹은 적대자
부모 집	19.5	49.5	31
독립 주거	32	38.5	29.5
대학 기숙사	46	25	29

〈부표 2-38〉 주거 유형에 따른 여학생들의 학생 조합 활동 참여
(단위: %)

주거 유형	조합 가입	조합 미가입
부모 집	53	47
독립 주거	60	40
대학 기숙사	83	17

〈부표 2-39〉 대학 신입생의 사회적 출신(1951~52학년도부터 1961~62학년도, 단위: %)

사회적 출신	1951~52년		1952~53년		1953~54년		1954~55년		1955~56년		1956~57년	
	지원자	합격자[*]	지원자	합격자	지원자	합격자	지원자	합격자	지원자	합격자	지원자	합격자
노동자	31.7	39.1	32.8	35.9	31.5	33.9	32.0	34.6	32.5	32.2	34.3	30.7
농민	22.2	24.9	23.8	25.1	24.9	25.9	24.4	24.4	25.0	24.0	25.1	22.0
지식인	46.1	36.0	43.4	39.0	43.6	40.2	43.6	41.0	42.5	43.8	40.6	47.3

사회적 출신	1957~58년		1958~59년		1959~60년		1960~61년		1961~62년	
	지원자	합격자	지원자	합격자	지원자	합격자	지원자	합격자	지원자	합격자
노동자	26.2	35.0	27.3	27.8	26.9	28.2	26.4	27.0	27.6	27.9
농민	21.6	21.1	21.0	21.3	20.1	20.1	19.0	19.3	18.9	19.4
지식인	52.2	53.9	51.7	50.9	53.0	51.7	54.6	53.7	53.5	52.7

주: * 첫 번째 수치[지원자]는 전체 지원자 대비 범주별 지원자의 비율을 나타낸다.
두 번째 수치[합격자]는 전체 입학자 대비 범주별 입학자의 비율을 나타낸다.

자료: Jan Szczepanski, *Socjologiczne Zagadnienia Wyzszego Wyksztatcenia*, 1963에 기초.

노동자(혹은 농민) 계급 출신으로 대학에 입학한 학생들의 상대적 비율은 동일한 사회적 범주 출신 지원자들의 상대적 비율보다 체계적으로 더 높았으나, 1957년부터는 그렇게 되지 않는다. 심지어 대학 신입생 가운데 노동자와 농민 자녀의 비중이 하락하는 경향이 시작된 것이 보인다. 노동자의 경우 30%에서 27%, 농민의 경우 24%에서 19%로 변화한 것이다. 다른 한편 민중 계급의 학업을 촉진하려는 정책의 경우에서도, 농민층은 노동계급에 비해 상대적으로 불리한 위치에 놓여 있다. 아버지가 노동자인 대학 신입생의 비율은 아버지가 농민인 비율보다 일정하게 더 높다.

이에 반해, 활동인구에서 공업과 건설 부문 노동자들은 28%를, 그리고 농업 노동자들은 48%를 차지한다.[3]

헝가리에서의 사회적 출신과 교육 기회(〈부표 2-40〉~〈부표 2-43〉)

우리는 교육에 대한 접근 기회가 상급 관리직 자녀에게 일정한 정도로 훨씬 크게 나타나며, 이런 불균형은 학업 수준이 올라갈수록 더욱 두드러진다는 것을 알 수 있다. 사실 상급 관리직의 자녀들은 노동자 자녀들에 비해 고등학교 진학 확률은 2.5배, 대학 진학 확률은 4배 더 높다. 중등교육의 유형 또한 사회적 출신과 연관된 것으로 나타난다. 노동자 자녀들은 중등교육을 받게 될 때 기본적으로 기술학교에 진학할 개연성이 크다.

우리는 초등학교 저학년에서부터 고등학교에 이르기까지 사회적 출신(아버지의 사회적-직업적 범주로 정의하든, 부모가 획득한 가장 높은 학위로 정의하든 간에)의 영향을 볼 수 있다. 문화에 대한 관계 면에서 혜택받은 사회계층에 속하는 학생들일수록 학업적 성공 확률은 훨씬 커진다. 학업 단계

---

3 *Rocznik statystyczny 1962*, 1960년 폴란드 활동인구의 분포.

〈부표 2-40〉 아버지의 사회적-직업적 범주에 따른 중등 및 고등 교육 입학생 비율

가장의 사회적-직업적 범주	1000가구당			
	김나지움 재학생	기술학교 학생	중등학교 전체	대학생
상급 관리직, 지식인	142	24	166	31
기타 관리직	108	32	140	25
관리직 전체	121	29	150	28
숙련 노동자	59	55	114	9
전문 노동자	44	52	96	7
단순 노동자 등	33	47	80	5
노동자 전체	48	52	100	7
모든 범주 총계	69	46	115	13

자료: 1960년에 이루어진 다음의 조사에 기초. Sandorne Ferge, *Statisztikai Szemle*, 1962년 10월.

〈부표 2-41〉 취득 학점과 사회적 출신

학교 유형	부여된 학점 평균[*]		노동자 자녀 대비 관리직 자녀의 결과(%)
	관리직 자녀	노동자 자녀	
초등학교 1~4학년	4.01	3.4	117.9
초등학교 5~8학년	3.72	3.16	117.7
김나지움	3.47	3.19	108.8

주: * 학점의 범위는 1점에서 5점까지다.

〈부표 2-42〉 학업적 성공과 부친의 사회적-직업적 범주[*]

아버지 혹은 어머니의 사회적-직업적 범주	초등학교				김나지움	
	1~4학년		5~8학년		프랑스 리세의 3~1학년에 해당	
	최고 점수	최저 점수	최고 점수	최저 점수	최고 점수	최저 점수
상급 관리직, 지식인	49	3	34	6	20	15
기타 중간관리직	34	4	24	12	17	15
관리직 전체	40	4	28	10	18	14
숙련 노동자	21	10	13	17	9	19
전문 노동자	17	16	11	23	7	19
단순 노동자 등	8	24	6	29	14	20
노동자 전체	17	15	11	21	10	19

주: * 한 사회적 범주에서 그 범주의 전체 학생 대비 최고 학점과 최저 학점을 받은 학생들의 비율.

부록 II. 몇 가지 자료와 조사 결과

〈부표 2-43〉 부모의 교육 수준에 따른 학업적 성공

아버지 혹은 어머니의 최종 학위	초등학교				김나지움	
	1~4학년		5~8학년		프랑스 리세의 3~1학년에 해당	
	최고 점수	최저 점수	최고 점수	최저 점수	최고 점수	최저 점수
대학 학위	49*	2	41	2	22	10
바칼로레아	40	1	29	7	16	8
8학년(초등학교)	25	8	16	14	13	17
8학년 미만	13	19	8	26	9	20

주: * 한 사회적 범주에서 그 범주의 전체 학생 대비 최고 학점과 최저 학점을 받은 학생들 비율.

가 올라가면서 성공 확률의 불균형은 점차 감소하는 것처럼 보인다(관리직 자녀의 우세 정도는 초등학교에서 고등학교로 가면 117%에서 108%로 떨어진다). 하지만 잊지 말아야 할 것은 다음과 같은 사실이다. 즉 열악한 계층 아이들은 지속적으로 제거당하고, 그 결과 김나지움에 함께 모이는 관리직 자녀들과 노동자 자녀들은 실상 서로 다른 정도의 엄정성을 가지고 선발되었다는 것이다[한마디로 노동자 자녀들은 상급학교 진학 과정에서 과잉 선별을 거친다].

학생과 교육 언어(〈부표 2-44〉~〈부표 2-49〉)

　우리는 [대학] 교육 언어를 이해하고 이용하는 학생 자질을 측정하기 위해 언어 테스트를 실시했다. 객관적으로 관찰될 수 있는 교수 담론에 기초해 구성된 다양한 실습 문제들은 언어 활용의 두 가지 차원을 탐색하려는 목적을 지닌다. 하나는 가장 학구적인 언어 영역에서부터 [일상생활의] 구체적인 언어나 자유 교양의 언어 영역에 이르는, 다원적인 영역이다. 다른 하나는 어떤 용어의 맥락적 이해에서부터 아주 적극적인 형태의 단어 조작(다의성에 대한 명확한 인식, 완전한 정의 능력)에 이르는, 언어적 행동의 다원적인 수준이다.

　이런 조사는 고등교육에서 언어적 오해의 중요성과 언어적 유산의 결정적 역할이라는 두 가지 근본적인 사실을 드러낸다. 하지만 우리가 사회적 출신이나 성별, 또는 과거에 받은 교육의 여러 특징과 같은 분석 범주들로 분할된 인구 집단들이 이전의 교육과정에서 불균등하게 선별되었다는 점을 고려하지 않는다면, 그런 범주들이 조명해 주는 온갖 차이를 완전하고 체계적으로 설명하기는 불가능할 것이다. 따라서 통계적 분석을 통해 드러나는 관계는 겉보기와 달리, 구성 범주들에 의해서만 정의되는 집단과 성공의 수준 사이에서 성립되지 않는다. 예를 들면, 언어 시험의 성적

〈부표 2-44〉 사회적 출신과 학습 과정 유형별 언어 능력*

	그리스어, 라틴어 모두 불가			라틴어 가능			그리스어, 라틴어 모두 가능			전체		
	민중 계급	중간 계급	상층 계급	민중 계급	중간 계급	상층 계급	민중 계급	중간 계급	상층 계급	민중 계급	중간 계급	상층 계급
12점 미만	52	54	39	48	58	52	38.5	55	26.5	46	55	57.5
12점 이상	48	46	61	52	42	48	61.5	45	73.5	54	45	42.5

주: * 이하 언어 점수는 모두 20점 만점을 기준으로 한다. [프랑스의 채점 체계는 20점 만점으로,
미국식으로 환산할 때 대략 0~3점은 F, 4~6점은 D, 7~9점은 C, 10, 11점은 B, 12, 13점은 B⁺ 내지 A⁻,
14, 15점은 A, 16~20점은 A⁺에 해당한다.]

은 단순히 이전의 교육, 사회적 출신, 성별, 또는 이 모든 범주의 조합에 의해 특징지어지는 학생들의 공적이 아니다. 그것은 오히려 어떤 집단의 표식, 즉 이러저러한 특징들을 지니고 있기에 그와 다른 특징들로 규정되는 집단과 같은 정도로 실패에 의한 제거를 겪지 않을 수 있었던 집단의 공적이다. 달리 말하면, 우리가 공시적 관계들 속에서 사회적 출신이나 성별 같은 요인들의 때로는 교차적인 영향을, 직접적이고 배타적으로 포착할 수 있다고 믿는 것은 오류를 저지르는 일이다. 그런 요인들이 시간 속에서 끊임없이 작용하는 모종의 과거에 의해 정의되는 인구 집단의 경우에, 공시적 관계들은 유일한 구체적 총체로서 이력의 맥락 내에서만 온전한 의미를 가질 수 있는 것이다.

만일 사회적 출신에 결부된 불이익이 주로 [학생에게 부여된] 학업적 오리엔테이션[즉 중등 교육과정의 유형]에 의해 중개된다면, 상급 관리직 자녀가 가장 고전적이거나 반대

로 가장 고전적이지 않은 중등 교육과정을 거쳤을 때 최고 성적을 받는 것은 놀랍지 않다. 반면 민중 계급 출신 학생들은 라틴어 수강생 하위 집단에서 가장 뛰어난 성적을 보였다. 여기에는 두 가지 이유가 있을 것이다. 먼저 하층계급 출신이면서 라틴어를 공부하는 학생들은 가족적인 배경의 특수성이 작용했을 수 있고, 그들이 이런 과목 선택이 훨씬 드문 범주에 속하기 때문에 그런 오리엔테이션을 가지고 공부를 지속할 수 있을 만큼 특별한 역량을 펼쳐 보여야만 했으리라는 것이다. 유사한 현상을 가장 고전적인 교육과정으로 정의되는 하위 집단 안에서 볼 수 있다. 거기서 민중 계급 출신 학생들은 라틴어와 그리스어를 공부하는 학생 전체와 거의 동등한 수준이자([20점 만점에 12점 이상 받은 학생 비율이] 전체 62%인 데 비해 노동계급 출신은 61.5%), 상층계급 출신 학생들(73.5%)에 비해서는 약간 낮은 수준의 성적을 거두었다. 이는 이 하위 집단에서 자기들의 특권을 한껏 행사하고 문화적 배경에서 나오는 무수한 이점들 덕분에 학업적 오리엔테이션을 잘 활용하는 유복한 학생 분파와 노동계급 학생들이 경쟁했다는 사실로 설명 가능하다.

만약 우리가 논리를 끝까지 밀어붙인다면, 혜택받지 못한 계급에서의 학생 선별이 더 엄격해질수록 언어 테스트 성적의 서열 구조와 출신 계급의 서열 구조 사이의 관계는 점차 역전되는 경향이 있을 것이라고 기대할 수 있다.

〈부표 2-45〉 사회적 출신과 파리/지방 거주별 언어 능력
(단위: %)

	파리			지방			전체		
	민중계급	중간계급	상층계급	민중계급	중간계급	상층계급	민중계급	중간계급	상층계급
12점 미만	9	31	35	54	60	41	46	55	42.5
12점 이상	91	69	65	46	40	59	54	45	57.5

〈부표 2-46〉 사회적 출신과 파리/지방 거주별 언어 능력

		언어적 이점	대학 입학상의 선별성		언어적 수준
민중 계급	파리	-	+ +	→	+
	지방	- -	+	→	-
중간계급	파리	-	+	→	0 (+)
	지방	- -	0	→	- -
상층계급	파리	+ +	- -	→	0
	지방	+	-	→	0

주: +와 -는 각각의 행 안에서 고려된 현상과 관련해 세 집단의 개별적인 위치를 부여하는 상댓값을 나타내며, 0은 중간 위치를 나타낸다.

그리고 실상 소속 계층과 관계없이, 파리 출신 학생들은 지방 학생들에 비해 더 높은 성적을 받았는데, 그런 차이는 노동계급 출신 학생들에게서 가장 두드러졌다(파리 91% 대 지방 46%, 상층계급 출신의 경우엔 65% 대 59%). 파리에서는 민중 계급 출신 학생들의 성적이 가장 좋았고, 중간계급, 상층계급 출신이 차례로 뒤따랐다. 통상적인 관계의 이런 역전 현상을 이해하기 위해서는 파리 거주와 연계된 문화적 분위기가 한편으로는 언어적 이점들과, 또 다른 한편으로는 훨씬 엄격한 선별과 결합한다는 점을 명심해야 한다. 만약 가족 환경에서 파생되는 언어적 이점들, 그리고 상이한

〈부표 2-47〉 성별·학습 과정 유형별 언어 능력(단위: %)

	그리스어, 라틴어 모두 불가		라틴어 가능		그리스어, 라틴어 모두 가능		전체	
	남학생	여학생	남학생	여학생	남학생	여학생	남학생	여학생
12점 미만	34	**60**	39	**58.5**	**41.5**	36	38	**54**
12점 이상	**66**	40	**61**	41.5	58.5	**64**	**62**	46

주: 각 열 안에서 백분율이 계산되었기에, 우리는 세 유형의 교육과정 내부에서 가장 강력한 경향성을
행별로 강조했다.

사례들에서 선별의 엄격성을 상댓값(+ 또는 -)으로 정의한
다면, 우리는 이 값들을 종합하기만 해도 언어 테스트 결과
의 위계 구조를 설명하기에 충분하다는 점을 알게 된다(〈부
표 2-46〉 참조).

    명백한 예외조차도 선별 정도와 성공 정도 간의 관계 측
면에서 이해될 수 있다. 라틴어나 그리스어 모두 공부하지
않았거나 라틴어만 공부한 남학생들은 동일한 교육과정에
속한 여학생들보다 더 좋은 성적을 받은 반면, 그리스어 수
강생 집단 내에서는 여학생들의 성적이 더 우수했다(최빈값
보다 더 높은 점수의 학생 비율이 남학생은 50.5%인 데 반해, 여학
생들은 64%였다). 통상적인 차이의 이런 역전은 의심의 여지
없이 다음과 같은 사실에서 기인한다. 즉 여학생들은 남학
생들보다 그런 교육과정에 들어갈 확률이 낮고, 따라서 그
렇게 들어간 여학생들의 경우 동일한 교육과정의 남학생들
보다 훨씬 고도로 선별된 집단이라는 것이다.

    여기에서도 다시 사회적 출신에서 나오는 언어적 이점

〈부표 2-48〉 성별·사회적 출신별 언어 능력

		언어적 이점	대학 입학상의 선별성	인문대 입학상의 선별성		언어적 수준
민중 계급	남학생	-	+	+	→	+
	여학생	-	+ +	- -	→	-
중간계급	남학생	-	0	+	→	0
	여학생	-	0	-	→	- -
상층계급	남학생	+ +	- -	+ +	→	+ +
	여학생	+ +	- -	-	→	-

주: +와 -로 표현된 상대적 선별 정도는 다양한 하위 집단들에서의 대학 입학 확률과 인문대 입학의 조건부확률을 계산함으로써 얻어진 데이터로 추산한 근사치이다.

〈부표 2-49〉 성별·사회적 출신별 언어 능력(단위: %)

	민중 계급		중간계급		상층계급		전체	
	남학생	여학생	남학생	여학생	남학생	여학생	남학생	여학생
12점 미만	35.5	53.5	43	60.5	33	47	38	54
12점 이상	64.5	46.5	57	39.5	67	53	62	46

들, 그리고 대학 입학과 부차적으로 인문대 입학이 성별, 사회 계급별 주체들에게 함축하는 선별 비율을 상댓값(+ 또는 -)으로 정의한다면, 우리는 이 값들을 종합하기만 해도 각 집단이 정의définition 수행 테스트에서 받은 성적의 위계 구조를 설명하기에 충분하다는 점을 알게 된다(〈부표 2-48〉 참조).

〈부표 2-50〉 다양한 단과대 내 교육자 자녀

	인문대	자연과학대	의대	약대	법대	전체	활동인구
비율 I	1/3.2	1/7.4	1/8.6	1/11.7	1/12.8	1/6	1/7.4
비율 II	1/2.8	1/3.2	1/3.2	1/3.7	1/3.7	1/9.1	1/5.3

교육자 가족에 속한다는 사실이 상이한 단과대들 내에서 생산하는 차별적 이익을 측정하기 위해 우리는 각 단과대에서 대학교수나 고등학교 교사의 자녀인 학생 수를 상급 관리직 자녀 총수와 비교해 보았고(비율 I), 초등학교 교사나 준교사의 자녀인 학생 수를 중간관리직 자녀 총수와 비교해 보았다(비율 II). 이렇게 얻어진 두 비율을 활동인구 내에서 전체 상급 관리직 대비 교수 비율, 그리고 전체 중간관리직 대비 초등학교 교사 비율(각각 7분의 1과 5분의 1)과 비교하면, 교육자의 자녀들은 (양쪽 계층 수준에서 모두) 그 규모에 비례적으로 대표되는데, 인문대와 자연과학대에서만은 다소 예외라는 점이 드러난다.

자연과학대로의 추방(〈부표 2-51〉~〈부표 2-53〉)

노동자 자녀들은 인문대보다 자연과학대에 더 많이 진학한다. 더욱이 학생 충원의 민주화는 1960년에서 1965년 사이에 뚜렷이 나타나는데, 자연과학대는 이런 추세로부터 다른 어떤 단과대들보다도 더 큰 혜택을 입었다. 같은 기간 노동자 자녀의 비중은 전체 고등교육을 통틀어 7%에서 11%로 증가했는데, 자연과학대에서는 8.5%에서 15%로 성장했다. 그런데 이런 현상은 그랑제콜 입시 준비반을 비롯해, 자연과학 전공생들에게 열려 있는 또 다른 학업 이력의 가능성을 고려하지 않고서는 온전히 설명할 수 없을 것이다. 고등교육 접근 기회가 매우 미약한 노동자의 자녀들이 거기 접근하게 될 때, 자연과학을 전공할 확률이 2분의 1 이상이라면, 다음과 같은 사실 또한 유의해야 한다. 즉 그들이 그랑제콜 입시 준비반으로 향하는 경우는 아주 드물며, 준비반 전체 학생의 6%밖에 차지하지 못한다는 것이다. 그랑제콜 안에서 그들의 대표성은 더욱 미미하다. 고등사범학교의 1.9%, 국립이공과학교의 2%에 지나지 않는다. 그러므로 자연과학대 충원의 외양상 민주적인 특성은 실제로는 추방의 효과를 위장한다.

게다가 민중 계급 출신 학생들을 자연과학대로 추방하는 메커니즘은 그들이 중등학교에 들어가면서 이미 작동하

〈부표 2-51〉 다양한 고등교육기관 내 자연과학 전공생들의
사회적 출신(단위: %)

	자연과학대 (1964~65년)	그랑제콜 입시 준비반 (1963~64년)	고등사범학교 자연과학 계열(1965~66년)
농민	8.5	3.4	2.9
산업 노동자	13.5	6.0	1.9
고용직	9.5	6.2	2.9
장인과 상인	13.5	7.2	8.9
중간 관리직	22.0	16.0	16.0
상급 관리직	33.0	61.2	67.4
전체	100	100	100

〈부표 2-52〉 중등교육 시작(6학년) 학교 유형과 입학 전공
(단위: %)

	CEG	사립학교	리세	현대	고전
농민	51.5	20.0	28.5	73.0	27.0
산업 노동자	59.0	5.5	35.5	80.0	20.0
고용직	46.0	11.5	42.5	68.5	31.5
장인과 상인	40.0	17.5	42.5	68.0	32.0
중간관리직	35.0	10.5	54.5	63.0	37.0
초등학교 교사	33.5	3.5	63.0	49.0	51.0
상급 관리직	14.0	24.0	62.0	31.5	68.5
이공계 관리직	15.5	28.5	56.0	36.5	63.5
교수	7.5	12.0	80.5	16.5	83.5

기 시작한다. 그들은 대개 CEG(일반교육콜레주Collège d'Enseign-
ement Général)로 가게 되어 있고, 즉 대부분 거의 자동적으로
현대 전공section moderne으로 보내지는데, 이런 강요된 선택
을 일종의 소명으로 살려고 노력하는 수밖에 없다.

　　동일한 추방 효과가 자연과학대 내부에서도 관찰된다.
상이한 전공들에 결부되는 권위의 위계 구조는 아카데미에
서의 합의가 구축하는데, 대체로 사회적 출신의 위계 구조와

〈부표 2-53〉 사회적 출신별 자연과학대 내 전공

	자연과학, 물리학, 화학	수학, 물리학, 화학	일반, 물리학, 화학
농민	**31**	45	24
산업 노동자	23	**49**	28
고용직	24	**49**	27
장인, 상인	24	47	29
중간관리직	25	41	34
초등학교 교사	23	40	37
상급 관리직	24	39	37
이공계 관리직	21	31	**48**
교수	21	23	56

일치한다. 그렇게 해서 상이한 전공들에 부여된 권위의 위계 구조 내에서 아래로 내려갈수록 민중 계급 출신 학생들은 더 많이 대표된다. 이런 몇 가지 사례는 [자연과학대 내에서] 문화적 유산의 전수를 보장하는 메커니즘들이 특수한 형태를 띠면서도 그 원리에 있어서는 인문대와 관련해 기술된 것들과 다르지 않다는 점을 보여 주기에 충분하다.[4]

---

4 M de Saint-Martin & L. Boltanski, R. Castel, M. Lemaire, sous la direction de P. Bourdieu, *Les etudiants en sciences du premier cycle*, Paris, CSE, 1966.

참고 사항

1. 1960년대 프랑스의 교육제도

『상속자들』에 나타난 사회학적 분석과 논의를 제대로 이해하려면, 현재와도 상당한 차이가 있는 1960년대 초반 프랑스 교육제도에 대한 기본적인 파악이 필수적이다. 먼저 지금의 프랑스 교육제도부터 간단히 살펴보자. 2, 3년의 취학 전 교육을 거치고 초등학교école primaire에 입학한 학생은 5년(6~10세) 간의 학업 후 중등교육 과정에 들어간다. 중등교육 1기는 우리의 중학교에 해당하는 콜레주collège로, 6학년la sixième으로 입학해 5학년la cinquième, 4학년la quatrième, 3학년la troisième으로 나아간다. 중등교육 2기는 우리의 고등학교에 해당하는 리세lycée로, 2학년la seconde부터 시작해 1학년la première을 지낸 후, 최종 학년la terminale으로 끝마친다.

그런데 이처럼 에콜-콜레주-리세 순으로 이어지는 단일하고 연속적인 초·중등 교육과정은 1975년의 아비 법Loi Haby으로 인해 가능해진 것이다. 1950년대 말까지는 초등학교를 졸업한 학생에게 선택 가능한 세 가지 과정이 있었다. 상급초등교육 보충강의cours complémentaires de l'enseignement primaire supérieur(4년 과정)와 리세(7년 과정), 그리고 기술학습 센터centres d'apprentissage가 그것이다. 의무교육은 14세까지였다. 본격적인 중등교육기관이라 할 만한 리세는 자본가, 지주계급의 자녀들을 위한 엘리트 양성 학교로서 다분히 계급적인 성격을 띠고 있었다.

1959년 이른바 베르토앵 개혁Réforme Berthoin과 함께 의무교육 연령은 16세로 연장되었고, 교육체계도 변화했다. 초등학교 보충강의를 제공했던 상급초등교육 과정은 일반교육콜레주collège d'enseignement général, CEG가 되었고, 기술학습센터는 기술교육콜레주collège d'enseignement technique, CET가 되었다. 1963년에는 새롭게 중등교육콜레주collège d'enseigne-ment secondaire, CES가 설립되었다. 1959년까지는 중등교육 전체(6학년부터 졸업반까지)를 포괄하는 학교 가운데 국가가 재정 지원을 하는 학교를 리세, 각 시도의 지자체가 지원하는 학교를 콜레주라고 불렀다. 1959년부터 1963년까지는 그런 학교들을 모두 리세로 지칭했다. 1963년부터는 중등교육 1기 담당 학교를 CES, 2기 담당 학교를 리세로 부르기 시작했다. 1975년의 아비 법은 CEG, CET, CES 등을 '단일한 콜레주'collège unique로 일원화하고, 그동안 콜레주별로 구분되어 온 교육 내용을 통합했으며, 연령에 따른 단계별 초·중·고 체제(에콜 5년-콜레주 4년-리세 3년, 실업고는 2년)를 정비

했다.

『상속자들』에서 다루는 시기의 프랑스에서 대학에 진학한 학생들은 국공립인 리세와 CEG 혹은 사립 중등학교 출신이었다. 그런데 당시 중등교육 과정에서는 고전이 매우 중요한 위상을 차지했다. 1950년대 리세에서는 6학년 때부터 최종 학년까지 주당 4시간 라틴어를 가르쳤고, 그리스어는 4학년, 3학년 때 선택 과목으로 주당 3시간 가르쳤다. 리세는 라틴어를 포함하는 '고전classique 계열'과 라틴어를 포함하지 않는 '현대moderne 계열', 그리고 '기술technique 계열'로 구분되었다(CEG에는 고전 계열이 없었다). 한편 고전 계열에서는 중등교육 2기가 시작하는 2학년 때 세 가지 전공 가운데 하나를 선택해야 했다. '라틴어-그리스어'Latin-Grec, '라틴어-외국어'Latin-Langues, '라틴어-과학'Latin-Sciences이 그것이다. 라틴어가 없는 현대 계열에서는 '과학-외국어'Sciences-Langues 전공을 선택할 수 있었다. 이런 전공들에는 암묵적으로 일정한 위계 서열이 있었다. 현대 계열은 고전 계열보다 수준이 떨어지고, 고전 계열 중에서도 '라틴어-그리스어' 전공이 가장 권위 있다는 식이었다. 이런 전공은 학생들이 나중에 응시해야 할 바칼로레아 유형과도 직결되었다.

바칼로레아는 중등교육 2기를 마친 학생들이 대학 입학 자격을 얻기 위해 치르는 시험이다. 1963년까지 바칼로레아는 1학년 말 치르는 1차 시험과 최종 학년 때 치르는 2

차 시험으로 이루어졌다. 최종 학년에 들어가고 바칼로레아 학위를 지원하려면 1차 시험의 합격이 필수적이었다. 1차 시험 제도는 1963년 각 리세 내부의 학력인정시험examen pro-batoire으로 대체되었다가, 2년 뒤인 1965년에 폐지되었다. 바칼로레아는 원래 구술과 필기 형식을 모두 결합한 시험이었지만, 1959년 이래 구술시험은 외국어 과목만 남기고 폐지되었다.

원칙적으로 바칼로레아에 통과한 사람이라면 누구나 일반 대학에 진학할 수 있었다. 1960년대 일반 대학은 법학, 의학, 약학, 과학 그리고 인문학 같은 여러 분야별 단과대facultés로 이루어져 있었다. 인문학과 사회과학을 포괄하는 인문대에는 문학, 고전어와 외국어, 철학, 사회학 등을 가르치는 연구소들instituts이 있었고, 전공 학과에 상응하는 역할을 했다. 한편 1948년부터 1966년까지 대학의 인문대와 자연과학대에는 1년간의 교양 교육으로 학생들에게 전공 공부를 준비시키고 수준 미달인 학생들을 탈락시키는 예비과정propédeutique 제도가 있었다. 프랑스 대학의 1, 2학년 과정은 더그DEUG, 3학년 과정은 리상스Licence라고 불린다. DEUG는 고등교육 1기, 리상스와 석사는 고등교육 2기에 해당하는데, DEUG를 마치고 리상스로 올라가는 과정에서 일반적으로 적지 않은 수의 유급자, 탈락자가 나온다.

프랑스의 고등교육 기관으로는 일반 대학université 외에도 일종의 상위 전문학교인 그랑제콜grandes écoles이 있다. 이 엘리트 양성 기관에 입학하려면 바칼로레아를 통과한 후 다시 2, 3년간 그랑제콜 입시 준비반이라는 별도의 과정과 치열한 입시 경쟁을 거쳐야 한다. 그랑제콜 입시에 실패하더라도 준비반 출신 학생은 DEUG 수준의 학력을 인정받는다. 그랑제콜은 소수 정예로 선발한 학생들을 대상으로, 3, 4년 동안 상경, 과학, 기술, 인문 등 해당 전문 분야에 관한 수준 높은 교육을 제공한다. 대개 교직 진출을 보장하는 고등사범학교ENS와 고위 공무원 진출을 보장하는 국립행정학교ENA, 국립이공과학교Ecole polytechnique 등이 가장 권위 있는 그랑제콜로 여겨진다.

2. 사회적-직업적 범주catégorie socio-professionnelle의 번역어

농업 노동자Salariés agricoles

농민Agriculteurs

가사 노동자Personnel de service

산업 노동자Ouvriers

고용직Employés

　　사무원Employés de bureau

　　점원Employés de commerce

상공인Patrons de l'industrie et du commerce

　　기업가Industriels

　　장인Artisans

　　상인Commerçants

　　선주Patrons pécheurs

중간관리직Cadres moyens

자유 전문직과 상급 관리직Professions libérales et cadres supérieurs

　　자유 전문직Pofessions libérales

　　교사, 교수Professeurs

　　상급 행정관리직Cadres administratifs supérieurs

금리생활자Rentiers, 무직Sans profession

기타 범주Autres catégories

옮긴이 해제

『상속자들』, 비판 사회과학의 '고전'

1.

『상속자들: 학생과 문화』(이하『상속자들』)는 1960년대 프랑스 독자들이 엘리트 지식인에게 기대할 만한 저작은 아니었다. 올해로 출간 60주년을 맞는 이 책은 사회학자 피에르 부르디외와 장클로드 파스롱이 유럽사회학연구소에서 수행한 여러 조사 연구 결과와 공식 통계자료 분석을 갈무리해 내놓은 책이다. 두 저자는 파리 고등사범학교 출신의 동갑내기로, 책이 나온 1964년 30대 초반의 촉망받는 신진 연구자들이었다. 지금에야 그 위상이 예전 같지 않지만, 파리 고등사범학교는 프랑스 최고의 수재들이 모이고 그에 걸맞은 일급 지식인들로 길러지는, 인문학 및 자연과학 중심의 엘리트 교육기관으로 유명하다. 뒤르켐, 베르그송, 사르트르, 메를로퐁티, 아롱, 캉길렘, 보부아르에서부터 알튀세르, 푸코, 데리다, 발리바르, 바디우, 랑시에르에 이르기까지 세계적 명성을 얻은 프랑스 지식인 대부분이 이 학교 출신이다. 프랑스 내에서 이 교육기관이 누리는 위세가 얼마나 대단한지는 지식인 가운데 자신의 한 줄 이력을 그저 '고등사범학교 출신'ancien normalien이라고 표기하는 이들이 드물지 않다는 데서도 단적으로 드러난다. 이런 학교이니만큼 여기에서 철학을 전공하고 어렵기로 이름난 교수자격시험(아그레가시옹)까지 합격한 저자들이라면 당연히 철학사의 난제와 대결하는, 또는 뭔가 '인간'이나 '세계'의 심원한 비밀을 밝히는 추상적이고 보편적인 주제의 '고상한' 책을 펴낼 것으로 여겨졌다. 실제로 고등사범의 철학 전공 학생 대다수는 사람들의 이 같은 예상에 부응하는 이력을 밟았고, 그런 식으로 입학 때부터 '예정된' 지식인 자리에 올랐다. 한데 부르디외와 파스롱은 고등사범 졸업 후 사회학으로 전향하고서 지식사회와 일반의 기대를 여지없이 배반하는 공저서를 내놓았던 것이다.

『상속자들』은 1960년대 초 프랑스에서 아직 제대로 분화하지 않았던 교육사회학 영역의 전문적 논의로, 철학적 '고담준론'과는 한참이나 거리가 멀었다. 원서가 190쪽 분량인 이 책은 자료 중심의 부록만 60여 쪽에 달하며, 본문에도 적지 않은 양의 각종 통계표와 설문 조사 결과, 인터뷰 발췌문 등을 싣고 있다. 출간 당시 릴 대학 사회학과 학생으로 조사 작업에 직접 참여하기도 했던 사회학자 이베트 델소가 나중에 "그런 자료들에서도 제대로 된 책이 나올 수 있구나" 하고 내심 놀랐다고 고백할 정도였다.[1] 이런 책이 반세기 이상의 시간을 견디고 여태껏 살아남아 20세기 인문사회과학의 대표적인 성과 가운데 하나로 평가받고 있다면, 그 이유는 과연 무엇일까?

2.

1960년대 초는 프랑스 사회에서 전후 경제성장에 따른 교육개혁이 이루어지고, '고등교육의 민주화'가 진전을 보이면서 대학생 수가 급증하던 시기이다. 모든 시민에게 차별 없는 교육 기회를 제공함으로써 덕성을 고양하고 공동체의 자유와 자치, 공동선을 구현한다는 공화주의 원리가 그런 시대적 변화를 가로질렀다. 이에 보조를 맞추어 능력주의méritocratie 또한 점차 부상하고 있었다. 교육 기회가 누구에게나 평등하게 열려 있는 만큼, 개인의 성공은 타고난 재능과 자유로운 노력 여하에 달려 있다는 것이다. 거기에 노동계급의 소득 증가와 매스미디어의 활발한 보급으로 계급 간 경제적·문화적 격차가 빠르게 감소하고 있으며, 선진 자본주의 체제에서는 장차 계급 자체가 소멸할 것이라는 이데올로기적 전망까지 가세했다. 『상속자들』은 프랑스 사회의 이 특수한 역사적 국면에서 예리하고도 명확한 질문들을 제기한다.

교육 기회의 면에서 이전까지 계급별로 가해지던 차별이 사라지고 형식적 평등이 증가했는데도, 왜 하층계급 출신 학생들은 다른 계급에 비해 학업적 성공을 거두는 비율이 현격히 낮은가? 개인적 재능이 모자라서? 경제적 어려움 때문에? 그들은 단지 진학률이 낮을 뿐만 아니라, 특정한 전공에 더 많이 몰리고, 유급, 지체, 탈락의 가능성 또한 크다. 여기엔 출신 지역과 젠더 차이 역시 체계적인 변인으로 개입한다. 부르디외와 파스롱은 이런 사실들에 대한 분석으로부터 출발해 하층계급 출신 학생들이 학업과 관련해 가지는 핸디캡이 경제적 요인 못지않게 문화적 요인에서 비롯한다는 주장을 제기한다. 그들에 따르면, 학생들이 부모로부터 상속받는 '문화적 유산'의 차이가 대학 진학 여부는 물론, 전공 선택, 학업 성적, 예술적 교양, 정치적 참여 등 학창 생활의 다양한 영역에 전방위적인 영향을 미친다는 것이다 (1장).

이런 관찰과 분석은 다음과 같은 질문으로 이어진다. 그렇다면 '대학생' 범주는 흔히 상상하듯 단일하고 균질적인 집단인가? 그렇지 않다. 학생들은 고유한 공간(캠퍼스, 기숙사, 카페와 술집 등)과 시간성(강의, 시험, 방학, 자유로운 일상 등)의 경험을 공유하지만, 그것이 진정한 통합 효과를 발휘하려면 전통과 제도의 적절한 매개가 필요하다. 하지만 프랑스 대학에서 과거의 전통은 사라지고 있으며, 학생들 간 공동 작업과 협력 기술을 조직하는 제도는 만들어지지 않고 있다. 학생 세계는 노동이 아니라, 게임이 이루어지는 유동적인 군집에 가깝다. 지극히 상징적인 성격을 띠는 이 게임은 교수들과의 공모 속에서 학생들의 정체성 형성에 이바지한다. 대학은 학생들에게 자유롭고 자율적인 존재라는 환영을 심어 주며, 문화와 교양의 가치를 숭배하도록 이끈다. 이런 양상은 파리 대학과 지방대학, 그리고 학생들의 사회적 출신에 따라 달리 나타난다. 부르디외와 파스롱이 보기에, '파리 인문대 남학생'이 표상하는 전형적인 대학생들은 미래의 직업 준비와는 무관한 허구적이고 형식적이며 이데올로기적인 논쟁에 관여한다. 이는 그들에게 '대학생'으로서의 자격과 정체성을 부여하는 한편, 사회적 출신 계급에 따라 상이한 비현실성의 감각을 불어넣는다. 즉 중하층계급 출신 학생들은 직업적 전망과 동떨어진 '학생 조건'과 '교육 경험'에서 불만과 불안감을 느끼며 '진지한 게임'을 벌인다. 이와 대조적으로 부르주아지 출신 학생들은 장래를 크게 개의치 않고서 자유로운 지성만을 중시하며 '진지한 것을 둘러싼 게임'을 벌이는 것이다(2장).

그렇다면 학생들의 행동은 어떻게 해석·평가할 수 있을까? 부르디외와 파스롱은 이 질문에 대답하기 위해 베버적인 의미의 이념형을 방법론으로 활용한다. 즉 이상적 합리성에 부합하는 학생 행동 유형을 실제의 다양한 행동들과 비교하는 것이다. 일종의 '한계'를 구성하는 이념형은 통계적인 존재감은 미약할지라도, 통계적인 관계를 해석하는 데는 유용하다. 분석 결과에 따르면, 학생들은 상징적 차원에서 '과시적 소비'를 수행하고, '타고난 재능'에 대한 믿음에 기초해 여러 습속 — 독창성의 추구, 노력에 대한 경멸, 자기 성취의 과장, '교과서적' 교양의 무시 등 — 을 구축한다. 이런 행동 양상들은 교수들과의 공모 관계 속에서 이루어진다. 교수들은 스스로 단순한 '학습 보조자'의 역할에 머물기보다 '스승'의 위치에 서고자 하며, 학생과의 관계를 단순히 '교육자와 수련생의 실용적인 만남'이 아니라, '선민들 간의 선택된 만남'으로 추구한다. 학생들 대부분은 현재와 미래를 분리하면서, 두 가지 행동 모델 가운데 하나를 채택하는데, 그때그때의 시험에 몰두하는 '공부 벌레형', 그리고 지적 모험을 끝없이 즐기는 '딜레탕트형'이 그것이다. 부르디외와 파스롱은 특히 미래에 대한 관계(직업적 전망)의 차원에서 여학생과 남학생, 하층계급과 부르주아 출신 학생 간의 행동 차이를 조명한다. 여학생, 그리고 하층계급 출신 학생과는 달리, 남학생과 부르주아 출신 학생은 모종의 비현실주의 속에서 막연한 미래 기획에 만족하면서 공부 그 자체와 딜레탕티슴에 빠지는 경향이 있다. 그들은 사실 사회적 위치 그 자체에 의해 직업적 미래를 어느 정도 객관적으로 보장받기 때문이다(3장).

1960년대 초반 프랑스 대학생들의 상황에 대한 이런 분석은 다음과 같은 질문으로 이어진다. 하층계급 출신 학생들이 갖는 핸디캡을 최소화하고 대학 교육의 실질적 민주화를 앞당길 방안은 무엇일까? 『상속자들』의 두 저자는 칸트적 실력 윤리를 토대로 한 합리적 페다고지가 필요하다고 주장한다. 즉 문화적 불평등이 학업에 작용하는 메커니즘을 중화하려면, 교수는 가족을 통해 상속된 교양이 아닌, 학교를 통해 전수된 교양에 가치를 부여하면서 합리적이고 기술적으로 획득 가능한 자질들의 배양에 초점을 맞춘 체계적 교습을 실행해야 한다. 나아가 학업 실력에 대한 평가는 학생들의 상이한 사회문화적 출발점과 장애물을 고려해 차등적으로 이루어져야 한다. 페다고지의 이런 합리화야말로 하층계급의 이해관계에 가장 잘 부합하는 교육 정책을 구성하기 때문이다(결론).

1966년 3월 '마르크스 사상 주간'Semaine de la pensée marxiste 에서 부르디외가 한 강연 내용의 일부는 이상과 같은 『상속자들』의 주요 논지를 적절히 요약해 준다.

> 서로 간에 불평등한 피교육자들이 모두 동등한 권리와 의무를 지닌 것처럼 취급하면서, 교육체계는 실상 그들이 문화 앞에서 애초에 겪는 불평등을 비준하기에 이른다. 사회학 연구들은 예외 없이 학교가 측정하는 자질들과 사회적 출신 사이의 밀접한 관계를 보여 준다. 달리 말하면, 경제적으로, 특히

문화적으로 혜택받은 환경에 속한 아이들일수록 학교에서 성공할 가능성이 더 커진다는 것이다. 이는 교육 민주주의를 실현하려면 경제적·사회적 민주주의가 전제된다는 의미이지만, 또 방법, 가치, 정신 면에서 진정으로 민주적인 학교가 필요하다는 의미이기도 하다. 아이들이 가정환경으로부터 물려받는 문화적 유산이 매우 불평등하기에, 학교가 상속받지 못한 아이들에게 다른 아이들이 상속받은 것을 획득할 수 있는 실질적 수단을 제공하지 않는 한, 문화 앞에서의 불평등은 영속할 것이다.[2]

3.

출간 이후 『상속자들』은 프랑스 사회에서 커다란 반향을 일으켰다. 그것은 교육 불평등 문제를 연구하는 사회과학자들 간에 치열한 논쟁을 촉발했고, 마르크스주의자들에게는 대체로 환영을 받았지만,[3] 보수 우파나 급진주의자들로부터는 가차 없는 비판에 시달리기도 했다. 책의 독자층 또한 전문가, 지식인은 물론 학생과 일반인 등 광범위하게 걸쳐 있었다. 『상속자들』을 두고서 정책 결정자들이라든지 다양한 사회운동, 학생운동 단체 간에도 많은 토론이 이루어졌다. 2000년대 말 기준 총 10만여 권에 달하는 판매 부수는 이 책에 대한 프랑스 독서 공중의 예사롭지 않은 호응을

짐작하게 한다.*4*

　'프랑스식' 지식인 저서의 전형을 의식적으로 거부했던 『상속자들』은 사실 그 당시 사회학책으로서도 다소 특이한 사례에 속했다. 1960년대 제도화의 초창기에 있던 프랑스 사회학은 미시적·계량적 경험 연구를 앞세우는 미국식 전통에 맞서 (뒤르켐과 마르크스의) 거시적·철학적 사회 비판의 전통에 스스로를 기입하고자 했다. 사회학자는 ('실패한'이 아니라면) '전향한' 철학자를 자처하기 일쑤였고, 사회학 저작은 많은 경우 사변적 일반론으로 채워진 학문적 저널리즘의 실천에 가까웠다. 사회학자-저널리스트의 대표 격이 바로 1955년 소르본에 부임하면서 사회학과를 최초로 창설한 레몽 아롱이었다. 아롱은 유럽사회학연구소의 창립자 겸 소장으로 수년간 부르디외와 파스롱의 지적 후견인 노릇을 했으며, 그들의 박사과정 지도 교수이기도 했다. 한데 부르디외와 파스롱의 책은 경험적인 동시에 비판적이고, 전문적인 동시에 정치적이라는 점에서 스승의 철학적·저널리즘적 스타일과도 사뭇 달랐다.

　한마디로 『상속자들』은 "1950년대 사회학과 뚜렷이 구분되는 새로운 사회학적 스타일"을 개시했다. 그것은 구체적으로 "초연한 통계적 관찰에 바탕을 둔 거시사회학적 추론과 상호작용론에 착안한 구성주의적 사고방식에 빚지고 있는 미시사회학적 기술이 번갈아 나타나는 스타일"을 가리킨다.5 1950년대 후반 알제리 연구에서 틀이 잡힌 부르디외 특유의 이론적·방법론적 종합이 『상속자들』에서도 명확히 드러난 셈이다. 이 책에서 부르디외와 파스롱은 통계학적 객관화와 인류학적 기술을 효과적으로 접합한다. 통계학은 사람들이 제대로 알지 못하거나 막연하게만 의식하는 구조적·객관적 실재를 포착하게 해준다(예컨대, 계급별로 상이한 대학 진학률). 하지만 통계자료가 생활 세계의 의미 있는 정보들을 모두 포괄하는 것은 아니며, 통계적 유의성이 사회학적 해석을 자동적으로 생성해 내는 것도 아니다. 이 대목에서 구체적인 맥락과 생생한 경험에 대한 인류학적 접근이 유용하게 개입할 여지가 생겨난다(예컨대, 시험과 학업, 또는 문화 예술에 대한 학생들의 의식과 태도). 그리하여 통계학이 행위자들의 직접적·주관적 이해 너머에서 작동하는 '사회적인 것'의 힘을 규명한다면, 인류학은 행위자들의 의식과 관계, 상호작용에 대한 복잡한 서술과 해석을 제공한다. 양자는 이렇게 서로를 교정하며 보완한다.6 『상속자들』이 확고하게 정초한 부르디외 사회학의 스타일은 당시 유행하던 철학적 독단론(실존주의, 마르크스-레닌주의), 사회학적 기능주의와 실증주의 등에 비판적 거리를 두면서 사회학의 과학성을 증진하려는 데 그 목적이 있었다. 부르디외 특유의 인식론에 기초해 있었던 그 스타일은 이후에 나온 그의 저작들에서도 어김없이 이어진다.

통계와 현장 기술지의 결합으로 나타난 방법론적 실용주의 외에도『상속자들』의 스타일은 이론적 절충주의와 비판적 계몽주의로 특징지어진다. 즉 부르디외와 파스롱은 뒤르켐, 베버, 마르크스 같은 고전 이론가들을 스콜라적으로 대립시키거나 이데올로기적으로 정화하기보다, 창조적으로 활용함으로써 종합하려는 시도를 보여 준다. 두 저자는 그 이론가들과 더불어, 또 그들에 맞서며 분석을 끌고 간다. 뒤르켐처럼 교육제도의 기능을 중시하고 마르크스처럼 계급 재생산을 문제화하면서도, 뒤르켐과 달리 학교를 사회 통합의 기구로 보지 않고 또 마르크스와 달리 경제적 상속보다 문화적 상속에 주목하는 식이다. 여기에 다시 권력의 정당화에 대한 베버의 이론적 통찰과 이념형적 방법론이 더해지는데, 흥미로운 것은 이 모든 이용과 조합 과정에서 (불필요한 상징적 권위를 행사할 위험이 있는) 고전 이론가들의 이름은 최대한 절제되어 나타난다는 점이다. 책에서는 바질 번스타인의 언어사회학, 리처드 호가트의 노동계급 문화 연구, 소스타인 베블런의 유한계급론 같은 영미권의 지적 자원이 끼친 영향 또한 눈에 띈다. 한편 이를 바탕으로 한 경험 연구는 '숨겨진 지배 논리의 발견과 폭로'라는 계몽주의적 비판을 지향했다. 이런 비판은 '인과관계의 설명-가치판단 기준에 따른 평가-정치적 개입'이라는 고전적 원리에 충실하면서도, 사회학 담론 자체의 지향과 한계를 끊임없는 지식사회학적 성찰의 대상으로 삼는다는 점에서 새로운 면모를 지니고 있었다.

하나 더 주목해야 할 것은 이 책이 오랫동안 68혁명의 기폭제 역할을 했다는 평가를 좌우파 양쪽에서 받아 왔다는 점이다. 몇 가지 예로, 『상속자들』의 내용과 분석에 못내 적대적이었던 아롱은 자신의 입장과 무관하게 어떻든 그것이 "[68년] 5월 학생들의 베갯머리 책"이 되었다고 말한 바 있다. 공산당 계열 잡지 『라 누벨 크리티크』*La Nouvelle Critique*는 그 책이 68혁명을 촉발한 학생 상황에 대해 놀라운 예지력을 가지고서 적절히 분석했다고 논평했다. 평범한 한 명의 독자로서 그 책을 읽었던 작가 아니 에르노는 『상속자들』이 "교육체계에 대한 1968년의 항의에서 커다란 역할을 했다"고 썼다.[7] 교육사회학자 로제 에스타블레는 이렇게 적었다.

> 이 엄밀하고 통찰력 있는 사회학이 행위자들, 즉 교육자들과 학생들에게 빠르게 호소력을 발휘했다고 해서 놀랄 일은 아니다. 대학 사회 전체가 호명당했다고 느꼈다. 자유 교양, 지식의 자율성과 대학에 관한, 겉으로는 가장 고결해 보이는 학생 조합 또는 전문가 담론들의 효과를 가차 없이 기술하면서 사회학은 그것들이 문화적 상속의 합리화라는 점을

폭로했다. 그렇게 해서『상속자들』은 — 논란 속에 — 1968년 5월의 고전들 가운데 하나가 되었다.*8*

1989년 부르디외가 남긴 간단한 자평은 그 책의 정치적 의의를 다음과 같은 한마디로 요약한다. 그것은 "한 세대 전체에 의해 읽혔고" "정치의 하늘에 번쩍인 불벼락"과도 같았다고.*9* 적어도 정치적 영향력이라는 면에서『상속자들』은 우리가 비판 사회과학에 기대할 수 있는 최상의 성과를 낸 저작이었던 셈이다.

4.

그런데『상속자들』이 예상치 못한 정치적 힘을 발휘했다면, 이는 그 책의 '에세이적' 성격에 힘입은 바 역시 크다고 말할 수 있지 않을까? 그것이 전문가나 연구자만이 아닌, 학생과 일반인 또한 흥미롭게 읽을 수 있는 텍스트였고, 어쩌면 그로 인해 역사적 우연성 속에서 '혁명 대중'의 구성을 촉발할 수 있었던 것으로 보이기 때문이다. '에세이'는 사실 부르디외와 파스롱이 죄르지 루카치에게『상속자들』의 증정본을 보내며 동봉한 편지 속에서 쓴 표현이다.*10* 두 저자는 이 책이 자신들이 추구하는 '과학적 사회학'에 아직 이르지 못했다는 겸양의 의미에서 그것을 '에세이'로 지칭했다. 비슷한 맥락에서 이 책이 방법론과 자료 분석의 차원에서

과학적 엄밀성이 떨어진다는 동료 연구자들의 비판 역시 적지 않게 나온 바 있다.[11] 후에 파스롱은 이 책을 특징짓는 '수공예적 방법'이라든지, '사회학적 명제와 정치적 주장 간의 잠재적 긴장'을 시인하기도 했다.[12]

하지만 아마도 '과학성 부족'과 무관하지 않을 『상속자들』의 또 다른 특징, 즉 두 저자 특유의 예리한 해석과 주관적 비평, 나아가 그것을 뒷받침하는 개성적이고 풍자적인 수사학이 이 책의 중요한 매력을 이룬다는 점을 부인할 수 없다. 자기 학생들에게 지극한 관심과 주의를 기울인 신참 교수들이었던 부르디외와 파스롱은 통계자료에 바탕을 두면서도 때로 그것을 뛰어넘는 놀라운 직관력을 발휘했다. 더욱이 통계 분석과 인류학적 기술을 결합한 책의 스타일은 여러 종류의 자료와 현장을 다루면서 다양한 층위의 공중을 향해 말을 거는 효과를 낳았다. 예컨대, 반드시 조건부확률 계산과 통계표 분석에 익숙한 독자가 아니더라도, 학생들의 생생한 인터뷰 내용, 또는 학생 조건에 관한 풍부한 서술과 해석을 통해 이 책에 어렵지 않게 접근할 수 있었던 것이다. 그런 효과가 의도된 것이든 아니든 간에, 『상속자들』은 전문 사회학 저서이면서도 교육 문제를 다룬 한 편의 비판적 에세이로 읽힐 수 있었다. 이는 그 책이 학생을 비롯한 다양한 사회집단에서 적지 않은 반향을 일으킬 수 있었던 한 가지 이유일 테다.[13] 대표적인 예로, 아니 에르노는 『상속자들』이 "학업을 통한 피지배 세계에서 지배 세계로의 이동"이라는 이야기와 과감히 부딪히도록 자신을 부추겼고, 그 결과 첫 작품인『빈 옷장』을 쓸 수 있었다고 고백한 바 있다.[14]『상속자들』은 미래의 작가에게 그 어떤 문학 텍스트도 지니지 못한 설득력을 발휘했던 셈이다. 아마도 그 힘은 그 책이 폭로한 사실들 못지않게 저자들의 고유한 시선과 진정성을 담아낸 전달 양식에서 비롯했을 것이다.

5.

프랑스에서『상속자들』은 19세기 이래 발자크나 스탕달 같은 유명한 작가들이 유행시킨 '상속자' 대 '장학생'boursier의 문학적 구도를 연상시키는 제목이었다. 초창기 교육 제도의 사회적 효과를 형상화하면서 소설가들이 귀족이나 부르주아지 출신의 '상속자'를 가난한 집안 출신의 명석한 '장학생'과 대비시키곤 했기 때문이다. 그 제목은 경제적 부와 자산에 기초한 사회적 특권의 재생산을 비난했던 생시몽의 분석을 환기하는 측면도 있었다.[15] 그런데 책에서 비판적으로 겨냥하는 '상속'의 요체는 실상 '경제적 유산' 아닌, 이른바 '문화적 유산'에 놓인다. 부르디외와 파스롱에 따르면, 언어 능력과 예술 취향, 교양 지식 등이 문화적 유산을 구성하며, 이는 가정에서 일어나는 미시적인 상호작용과 일상적인 학습을 통해 부지불식간에 전수된다.[16] 이 점에서 부르디외와 파스롱 모두 '장학생' 출신이면서도 어느 정도 '상속자'의 면모를 지니고 있었고, 그런 이중적 특성이 이 책의 바탕에 깔린 문제의식의 근원으로 작용했다는 사실은 특기할 만하다.

부르디외는 프랑스 남서부의 당갱에서 출생했다. 그의 아버지는 소작농이었다가 나중에는 우체부로 전직해 동네 우체국장 자리까지 올랐고, 어머니는 농촌 대가문 출신으로 전업주부였다. 니스 태생의 파스롱은 농촌 출신 은행원이었던 아버지와 초등학교 교사였던 어머니를 두었다. 말하자면, 두 사람 모두 지방의 프티부르주아지 자녀로 태어나, 학식과 교양을 갖춘 어머니에게서 어느 정도 자연스럽게 '문화적 유산'을 물려받을 수 있었던 것이다. 이와 관련해 특히『상속자들』의 주제가 자신의 학창 시절 경험과 긴밀하게 맞물려 있다는 파스롱의 언급은 눈길을 끈다. 그는 자기와 비슷한 재능을 가지고 있으면서도 상급 과정 진학에 실패한 친구들을 보면서, 자신의 학업적 성공이 교사 어머니가 전수해 준 독서 취향 덕분이었다는 점을 깨달았고, 그 결과 "사회적 불의"를 처음 실감했다고 회고한다.[17]『상속자들』의 연구와 직접 연결 지어 말하진 않았지만, 부르디외 역시 파스롱처럼 어릴 적 친구들이 학업 과정에서 하나둘 탈락해 가는 모습을 바라보며 느낀 복잡한 심경을 토로한 적이 있고, 포Pau나 파리 같은 도시의 학교에 진학해서 겪은 문화적 낙인과 차별의 경험이 자기 연구의 대상 선정이나 접근 방식에 끼친 영향을 고백하기도 했다.[18] 어떻게 보면, 두 저자의 성장 배경과 교육 환경에서 생겨난 비판적 문제의식이 『상속자들』의 연구를 그 이면에서 떠받친 버팀목이었던 셈이다. 그 연구는 저자들이 여러모로 '상속자'보다는 '장학생'에 가까웠다는 점에서, '상속자들'에 맞선 '장학생들'의 반격이었다고도 말할 수 있지 않을까?

6.

부르디외와 파스롱이 1960년대 초 거의 신생 학문에 가깝던 사회학을 선택한 데에도 그들의 사회적 궤적과 무관하지 않은 반골 기질이 작용했다. 1930년생인 이들은 모두 뛰어난 학업 성적을 바탕으로 파리 명문 고등학교(각각 루이르그랑과 앙리 IV세)의 그랑제콜 입시 준비반에 진학했고, 같은 해 나란히 고등사범학교에 입학할 수 있었다. 고등사범 시절 두 사람은 서로 다른 소집단에 속해 있었던 터라, 실질적인 교류는 거의 없었다. 다만 이들은 전쟁 중의 알제리에서 제각기 힘든 군 복무를 했고, 이 공통의 경험은 나중에 다시 만난 둘의 관계를 돈독히 하는 데 이바지한다. 부르디외는 1960년부터 소르본에서 아롱의 조교 역할을 했는데, 이듬해 릴 문과대학의 사회학 교수로 부임하면서 그 자리를 파스롱에게 인계한다. 이를 계기로 두 사람은 고등사범

학교 졸업 이후 새롭게 재회하고, 본격적인 친분을 쌓기에
이른다.

부르디외는 알제리에서의 장교 시절 식민지 주민들의
참상에 큰 충격을 받고, 철학에서 인류학으로 전향했다. 프
랑스에 돌아온 이후로 그는 아롱에게 지도를 받으며 사회
학자가 되었는데, 이런 학문적 방향 전환의 배경에는 "사회
적 고통, 그리고 살아갈 이유 앞에서의 [계급 간] 극심한 불
평등"에 대한 첨예한 비판 의식이 자리 잡고 있었다.[19] 파스
롱의 경우, 부르디외처럼 고등사범에서 철학을 전공했으나
당시 강사였던 푸코의 영향 아래 심리학에도 많은 관심을 쏟
았다. 후설의 현상학 이래 철학에는 이제 인간과학으로 넘
어가는 과제밖에는 남지 않았다고 판단했기 때문이었다.[20]
니스의 리세에서 가르치던 그에게 아롱이 부르디외를 통해
소르본의 사회학 조교직을 제안하자, 파스롱은 마침내 심
리학 대신 사회학을 택했다. 부르디외와 파스롱에게『상속
자들』을 내놓기 전까지의 몇 년은 집중적인 사회학 수련 기
간이기도 했던 셈이다. 그들은 광범위한 철학 지식을 바탕
으로 사회학 이론과 저자들을 독학하고 또 가르치며, 사회
학자가 되어 갔다. 1960년 아롱이 설립해 줄곧 소장직에 있
었으나 부르디외가 총무를 맡아 실질적으로 운영했던 유럽
사회학연구소는 그 과정에서 중요한 역할을 했다. 부르디
외와 파스롱은 연구소를 거점으로 젊은 신진 연구자들과 긴

밀한 협업의 관계망을 꾸렸을 뿐만 아니라, 대규모 재정 지원 아래 다양한 경험 연구를 실행할 수 있었다. 『상속자들』역시 그런 연구 결과들을 정리·종합한 저작이었다. 이 책의 출간 전후로 나온 연구소 보고서들인 『학생들과 그들의 학업』(1964), 『교육 관계와 커뮤니케이션』(1965)은 『상속자들』과 많은 부분 겹치는 자료와 내용을 담고 있다.[21]

파리의 부르주아지 출신이자 정치적으로 보수 우파였던 아롱은 부르디외와 파스롱이 자신과는 정반대 성향과 입장의 소유자들이라는 사실을 알면서도, 뛰어난 학문적 재능을 가진 두 '고등사범 후배'를 거부하지 못했다. 두 제자 역시 그들과 같은 '이단'에게 지적인 지지대뿐만 아니라 제도적인 보호막 노릇을 해줄 수 있었던 선생을 '사상의 대가'로서 인정하고 존중했다. 다만 선생과 제자들 사이에는 일상적인 긴장과 갈등이 잠재해 있었던 것으로 보인다. 『상속자들』의 주장에 아롱이 보인 부정적인 반응 — "어차피 사회에 지배 엘리트가 있어야 한다면 그 내부에서 계속 충원되는 편이 그들의 양성에 필요한 경제적·사회적 비용을 절감하는 길일 텐데, 과연 '교육 민주화' 정책에 어떤 이점이 있는지 모르겠다" — 은 그들 간 극복하기 어려운 간극을 새삼 확인시킨 에피소드이기도 했다.[22] 아롱과 두 사람의 관계는 결국 1968년 5월 혁명을 계기로 파국을 맞았고, 박사 논문 지도도 없었던 일이 된다. 이후 부르디외는 박사 학위를 거부(혹은 포기)했고, 파스롱은 1980년에야 낭트 대학 사회학과에서 「사회학의 말들」이라는 인식론 논문으로 국가박사 학위를 받는다.

부르디외와 파스롱은 1961년부터 연구소를 중심으로 함께 일하며, 여러 논문과 저작을 공동으로 저술했다. '이중주의 글쓰기'를 낳은 두 사람의 긴밀한 지적 협력 관계는 『상속자들』이후 사회과학 인식론 저작인 『사회학자의 직능』(1968, 장클로드 샹보르동을 포함한 3인 공저)과 교육사회학 이론서인 『재생산』(1970)을 출간하고 1972년에 끝난다. 인식론적·이론적 충돌이 그 주된 원인이었다고 전해진다. 사실 두 사람은 출신 배경과 관심 영역에서 공통점이 많았던 만큼이나, 지적·기질적 차이 또한 적지 않았다. 부르디외는 줄곧 '학문을 통한 참여'라는 원칙에 충실한 '정치적 학구파'였지만, 파스롱은 고등사범 시절부터 공산당에 가입한 '급진주의적 활동가'였다. 또 뒤르켐처럼 '사회적인 것'의 결정 논리를 유난히 강조한 부르디외와 달리, 한때 심리학도였던 파스롱은 '개인적인 것', '심리적인 것'의 중요성에 좀 더 예민했다. 사회과학 인식론의 측면에서도 부르디외가 바슐라르의 과학철학에 기초한 자연주의적 관점을 취했다면, 파스롱은 베버의 인식론에 영향받은 상대주의적·다원주의적 관점을 취했다. 이들의 차이와 균열은 시간이 갈수록 뚜렷해졌고, 『상속자들』과 『재생산』에서 구축한 이론적 개념과

테제 들의 수정 여부를 둘러싸고 마침내 결별로 이어졌다.[23]

그 뒤로도 두 사람은 교육과 문화 예술, 그리고 사회과학 인식론 분야에서 각자 자기 식으로 지적 탐구를 지속해 나간다. 부르디외에 한정해 말해 보자면, 그는 『호모 아카데미쿠스』(1984)와 『국가귀족』(1989)을 통해 프랑스 고등교육 체계에 대한 비판적 분석을 갱신하고 정교화했다. 그런 분석의 밑자리에는 "교육사회학은 지식사회학과 권력사회학의 결코 사소하지 않은 한 장"이며 "권력과 정당성에 대한 일반 인류학의 기초"라는 지론이 깔려 있었다.[24] 부르디외에 의하면, 문화자본은 경제자본과 더불어 사회 분화의 근본 원리 가운데 하나를 구성한다. 학교, 나아가 교육제도는 문화자본의 불평등한 분포를 재생산하며, 따라서 사회 공간의 기존 구조를 재생산하는 데 결정적으로 이바지한다. 또 그것은 사회구조뿐만 아니라 정신 구조를 재생산하는 데에도 핵심 역할을 한다. 이런 맥락에서 교육사회학은 부르디외가 구상한 비판 사회과학의 토대를 이룬다. 『상속자들』은 바로 그 토대의 토대를 마련한 저작이었다.

7.

부르디외는 『상속자들』이 실상 특별한 것을 말하지 않았는데도 대중적인 성공을 거두며 일종의 '폭로 효과'를 수행했다고 회고한 바 있다. 그에 따르면, 영미권에서는 오랫

동안 출신 계급에 따른 상이한 대학 진학률을 다룬 연구들이 이루어져 왔고, 관련 사실들 또한 적어도 학문 공동체 안에서는 이미 잘 알려져 있었다. 다만 『상속자들』은 그런 경험적 관찰의 이면에서 작용하는 메커니즘을 규명하려 했다는 점에서 영미권 저작들과 차별성을 지닌다. 즉 하층계급 출신 학생들이 교육체계에 의해 제거당하는 현상을 확인하는 데서 더 나아가, 왜 그렇게 되는지, 그렇게 해서 일어나는 사회적 분할의 재생산에 교사 집단과 학교 체계는 어떻게 이바지하는지 구체적인 설명을 시도했다는 것이다.[25] 부르디외와 파스롱은 교육체계가 문화적 유산의 상속자들을 선호하고 대학생으로 선별해 낸다는 점을 보여 준다. 가정에서 물려받은 모종의 자질을 '자연적 재능'으로 간주하게 만들면서 학교는 계급적 차이를 학업적 차이로 변환한다. '상속자들'을 그저 '타고난 능력자들'인 양 변신시키는 재능 이데올로기는 지배계급 중심의 사회질서를 정당화하는 기능을 수행한다. 그것은 외양상 중립적 기구인 학교를 통한 학위 취득이 사회적 특권에 접근하기 위한 열쇠를 제공하는 '능력주의 사회'에서 한층 효과적으로 작용한다.

부르디외는 『상속자들』의 영역본에 부친 서문에서 "이 책의 중요한 미덕은 사회과학의 전통과 분과 학문들이 떼어 놓고 사유하는 경향이 있던 사회 세계의 면모들, 이를테면 학교에서의 중도 탈락에 대한 분석과 교육체계의 기능과

258

작용에 대한 분석이라든가, 학교 언어와 문화의 차별적 수용에 대한 분석과 계급 문화에 대한 분석 같은 것들을 한데 묶어 보려 한 시도"에 있었다고 자평한다. 궁극적으로 그것은 "교육사회학의 지배적 전통과 단절하고, 사회 재생산의 한 차원으로서 문화 재생산의 사회학을 연구하기 위한 프로그램의 초안을 잡으려는 목표"를 지향했다.[26] 1970년 『상속자들』의 논증을 심화·확장한 이론적 텍스트인 『재생산』의 출간은 부르디외와 파스롱의 논의가 '재생산 이론(또는 패러다임)'의 이름 아래 영미권 교육사회학에서 크게 주목받는 계기를 마련했다.

재생산 이론은 사회 내 계급 갈등의 양상을 인식하면서도, 지배의 게임이 정치경제적 관계 못지않게 문화적·상징적 질서 안에서 이루어진다고 주장한다. 한 사회의 지배 질서와 불평등이 계속 온존할 수 있다면, 이는 강압적 수단뿐만 아니라 문화적 수단에 의해 가능하며, 이 과정에서 특히 학교 제도가 중심 역할을 한다는 것이다. 학교는 계급 이동을 촉진하는 해방적 기구라기보다, 은밀한 지배와 재생산을 지원하는 보수적인 기구로 여겨진다. 그것은 사회 전체에 대해 지배 구조를 지지하고 정당화하는 체제 유지적 기능을 수행하지만, 그 기능은 교육제도 내부에서 작동하는 특수한 사회적 관계를 통해서만 현실화한다는 점에서 상대적 자율성을 지닌다. 풀어 말하면, 학교 현장에서 나타나는 교육과정과 교육 내용, 언어 사용, 사제 간 소통, 평가 방식 등 다양한 교육학적 관계와 실천이 (가정교육을 통해 거기 이미 익숙한) 중상류층 학생들의 학업적 성공 가능성을 높이고 마침내 계급 재생산을 가져오며, 그 모든 것이 마치 학생들의 개인적 능력에 따른 자연스러운 결과인 것처럼 정당성을 부여한다는 것이다.[27] 그리하여 재생산 이론의 틀 내에서 계급별 출신 학생의 학업 성과, 교사의 사회적 출신, 교육과정의 구성, 교사의 학급 내 실천과 상호작용, 학생의 일상적인 학교생활 등이 의미 있는 연구 주제로 떠올랐다.

재생산 이론의 또 다른 의의는 그것이 학교와 교육에 대해 우리가 가지고 있던 통념을 심층적으로 변화시켰다는 데 있을 것이다. 이로부터 『상속자들』이 일종의 '상징혁명'을 일으켰다는 평가가 나온다.[28] 부르디외 사회학의 개념인 상징혁명은 세계를 바라보는 시각의 근본적인 전환을 뜻한다. 부르디외와 파스롱이 수행한 상징혁명은 학교를 더 이상 기회의 평등을 보장하는 제도로 볼 수 없게 만들었고, 학업적 성공 또한 순수한 개인적 능력의 산물이기보다는, 가정에서 상속받은 계급적 특성이 연금술적 변환을 이룬 결과로 인식하도록 만들었다. 상징혁명 이후에는 우리가 이미 변화한 시선을 통해 세상을 바라보기 때문에, 혁명 이전의 사고방식이 무엇이었는지, 그 전복을 위해 얼마나 큰 노력이 들어야 했는지 간파하기 어렵다. 그럼에도 재생산 이론이 학교의 기능과 학생의 재능을 파악하는 종래의 시각에 심대한 변화를 가져왔고, 그 여파가 학계 너머까지 광범위하게 이르렀음은 부정할 수 없다.

물론 재생산 이론을 둘러싸고 좌우파 양쪽(구조주의적 마르크스주의와 방법론적 개인주의)에서 상당한 학문적 비판이 가해진 것도 사실이다. 세세한 쟁점들은 차치하고, 그것이 학교와 사회에 대한 결정론적 시각으로, 재능 이데올로기가 전제하는 유전적 숙명론을 사회학적 숙명론으로 대체했다는 비판이 두드러졌다. 그런데 이와 관련해 부르디외가 내놓은 답변은 유념할 만하다. 그는 프랑스 외에도 다양한 사회의 후속 연구 결과들이 교육체계의 재생산 기능을 뒷받침하는 상황에서 이를 불가피한 듯 여기는 방어 메커니즘 역시 출현했다고 지적한다. 그런데 그가 보기엔, "재생산의 법칙을 알기 때문에 우리는 교육제도의 재생산 작용을 최소화할 수 있는 아주 작은 기회를 가질 수 있다"는 것이다.[29] 마치 우리가 중력의 법칙을 변화시킬 수는 없어도, 그에 대한 지식을 바탕으로 비행기를 발명할 수 있었던 것처럼 말이다.

이 대목에서『상속자들』이 결론에서 '합리적 페다고지'를 제안했다는 점을 떠올릴 필요가 있다. 이는 절대적이고 일반적인 기준에 따른 일률적 교육과 평가보다는, 학생들 간 문화적 유산의 차이를 고려한 맞춤형 교육과 상대적인 성취도의 평가를 주장한다. 이 정책 제안은 급진 좌파와 마르크스주의 진영으로부터 '개량주의적'이라는 비판을 받았지만, 현실의 변화와 개선에 실질적으로 이바지하고자 했던 부르디외-파스롱의 시각을 명확히 드러내는 지점이기도 했다.30 실제로『상속자들』이 가져온 변화는 인식만이 아니라, 정책 차원에까지 미쳤다. 구체적으로 1981년 프랑스 사회당 정부가 도입한 ZEP(우선교육지구) 정책은 재생산 이론의 문제의식과 합리적 페다고지의 원리를 반영한 것으로 알려져 있다. 프랑스의 대표적인 이 교육 복지 지원책은 경제적·사회문화적 환경이 열악한 교육 취약 지대에 선별적이고 부가적인 조치들을 시행함으로써, 불평등 완화를 위한 교육 기회가 누구에게나 열려 있도록 보장하기 위한 것이다.31 이런 정책이 교육 불평등 해소를 위해 적절한 방안인지, 또 과연 의도된 효과를 생산했는지 등에 대한 판단과는 별개로,32 교육의 '실질적 민주화'를 진전시키기 위해 고민했던 부르디외와 파스롱의 태도는 그 의의와 한계를 되새겨 볼 만하다. 그것은 이후 사회법칙에 대한 진정한 지식을 토대로 '합리적·현실적 유토피아'를 모색하는 정치에 대한 강조로 이어진다.33

8.
    프랑스 사회에서『상속자들』은 여전한 현재성을 띠는

책으로 평가받는다. 일례로, 2015년 5월 프랑스 주간지『마리안느』가 당시 전 세계적인 화제를 불러온『21세기 자본』에 관한 기사 제목을「피케티보다 센 부르디외?」라고 달 정도였다. 계급과 불평등의 문제가 이미 철 지난 노래처럼 여겨지던 시기에 두 지식인 모두 통념에 맞서서 '자본'의 중요성을 일깨웠지만, 특권의 상속을 통한 지배 체제의 유지 문제를 경제적·문화적 차원에서 다룬 부르디외가 피케티보다 한층 강력한 사유를 제시했다는 논지에서였다.[34] 사실『상속자들』이 공론장의 화두로 끌어올린 프랑스의 계급 간 교육 격차는 현재 다소 완화되긴 했어도 아직까지 상당한 것으로 나타난다. 또 1960년대 이후 프랑스에서 이루어진 대규모 사회조사 결과들에 따르면, 문화적 요인이 교육 불평등의 가장 중요한 설명 변수로 꼽힌다.『상속자들』은 이런 현실의 비판적 분석을 위한 핵심 자원을 제공하며, 교육사회학 분야에서 유사한 계열의 후속 연구를 꾸준히 산출하고 있다.[35]

　덧붙여 언급해야 할 것은『상속자들』이 교육사회학뿐만 아니라 다른 분야에까지 지적인 영감과 반향을 불러일으키며 의미 있는 탐구 과제들을 제시하고 있다는 점이다. 이와 관련해 크게 두 가지를 지적해 둘 만하다. 하나는『상속자들』의 중심에 있는 상속과 세습의 문제 제기를 정치경제적 차원에서 심화하는 것이다. 이는 능력주의 신화를 해체하려는 의지 또한 함축한다. 부르디외 자신도 『국가귀족』 (1988)을 통해 수행한 바 있는 이 작업은 특히 경제학자 피케티와 교육사회학자 폴 파스콸리가 자기 분야에서 제각기 새로운 형태로 변주하고 있다.

『21세기 자본』과 『자본과 이데올로기』에서 『상속자들』을 길게 인용한 피케티는 수 세기에 걸친 역사적 데이터를 토대로 세습자본주의patrimonial capitalism, 또는 상속 기반 자본주의inheritance-based capitalism를 적극적으로 문제화한다.[36] 자본수익률이 언제나 경제성장률을 앞지르는 추세 속에서 경제 엘리트가 노동보다는 주로 상속을 통해 자신의 부를 축적해 왔다는 것이다. 피케티는 최근 수십 년 동안 모든 자본주의국가에서 상속의 중요성이 더욱 커졌고, 우리가 소수에 집중된 자본소득을 민주적으로 통제하지 않으면 경제적 불평등이 극심해진 세습자본주의의 굴레에 갇힐 수밖에 없다고 경고한다. 사회 계급과 불평등의 영속이라는 그의 문제의식은, 스스로 시인하듯, 부르디외 사회학 전통의 영향을 강하게 받았으며, 세습자본주의 메커니즘의 분석은 문화자본과 상징자본의 전수에 관한 연구와 상호 보완적인 성격을 띤다.[37]

한편 파스콸리는 ZEP 정책에도 불구하고 엘리트 학교인 그랑제콜 중심으로 여전히 일어나고 있는 고등교육 불평등과 차별의 현실을 심층적으로 탐구한다. 부르디외와 피케티의 논지를 이어받은 그는 이른바 '능력'mérite이 그 자체로 환경과 상속의 함수라는 점을 강조하면서, '상속지배'héritocratie를 새롭게 개념화한다. 상속지배는 한마디로 여러 엘리트 부문이 자신들의 이익과 특권, 정당성을 유지하기 위해 행동하고 위기에 대응하는 개인적·집합적 역량의 총체를 의미한다. 파스콸리는 프랑스 제3공화국 이후 그랑제콜의 역사를 검토하면서, 엘리트 집단이 더 이상 '능력'의 수사학만으로 정당성을 보장받기 어려워지자 자기들 이해관계에 반하는 개혁에 저항하고 적극적인 담론 생산과 홍보에 나서는 등 전략적 행위자성을 발휘해 왔다는 사실에 주목한다. 상속지배 개념은 상속과 상속자들의 존재 지속 경향을 역사화하고, 사회적 재생산이 모순적 역학과 상징투쟁의 역사적 산물이라는 점을 부각한다.*38*

　『상속자들』이 가리키는 또 다른 흥미로운 연구 방향은 이른바 '비-재생산'non-reproduction 현상을 분석하는 것이다. 그것은 상속과 세습에 기초한 사회적 재생산의 추세를 거스르는 반례들에 주목하면서, 그 철학적·사회학적 특성 및 의의를 논의한다. 이른바 '계급탈주자들'의 사회학적 자기분석서들이라든지, 철학자 샹탈 자케의 이론서『계급횡단자들 혹은 비-재생산』등이 이 부류에 속한다.*39*『상속자들』에서 부르디외와 파스롱은 기계적 결정론을 피해 가는 '예외 사례들'의 연구 필요성을 강하게 환기한 바 있다. 이와 같은 문제의식의 연장선 위에서 비-재생산에 대한 탐구는 계급 재생산의 원리에서 벗어난 존재들의 역량과 범위를 구체적으로 이해하고 비상한 개인들의 '사회적 운명'을 이론화하고자 한다. 이는 비록 혁명이 일어나지 않더라도 기성 질서 내부에서 자유의 영역을 확장하고 새로운 존재 양식이 출현할 가능성을 포착하려는 시도이기도 하다.

교육을 통한 계급 재생산의 심화와 그것에 역행하는 비-재생산의 조짐이라는, 『상속자들』이후의 두 연구 흐름은 언뜻 보기에 상충하지만 실제로는 상호 보완적이다. 그것들은 또한 『상속자들』에서 파생해 문제틀의 의미 있는 확장을 거쳤다는 공통분모를 지닌다. 그 결과, 탐구의 초점은 '학업 불평등'과 '교육 민주화'에서 '사회적 이동성과 그 메커니즘'으로 넓어졌고, 이와 함께 능력주의 이데올로기와 사회경제적 불평등의 확대에 대한 비판, 그리고 변화 전망에 대한 모색이 전면에 떠오른 것이다. 『상속자들』의 기저에 깔린 문제의식을 급진화하면서, 우리는 결국 현 자본주의 체제의 민주적 재구조화를 지향하는 논의로 나아가게 되는 셈이다.

9.

1970년 『유한계급론』의 프랑스어 번역본에 부친 서문에서 레몽 아롱은 인간과학 분야에서 늙지 않는, 혹은 아주 천천히 늙어 가는 저작에는 두 유형이 있다고 논한 바 있다. 하나는 놀라운 통찰력으로 역사적 개인을 해석함으로써 부분적인 반박은 가능해도 그 핵심만은 진실로 남는 엄밀한 이론을 구축한 저작이고, 다른 하나는 모종의 질문과 방법을 개시하면서 새로운 관점을 열어젖힌 저작이다. 아롱이 보기에, 『유한계급론』은 클라우제비츠의 『전쟁론』, 토크빌의 『미국의 민주주의』 등과 함께 전자에 속하고, 뒤르켐의 『자살론』이나 베버의 『프로테스탄트 윤리와 자본주의 정신』 등은 후자에 속한다.*40* 아롱은 선뜻 동의하지 않겠지만, 『상속자들』은 아마도 후자의 계열에 자리할 수 있을 것이다. 그것은 60년 세월 동안 "주름살 없이 나이 든" 비판 사회과학의 '고전'이라 해도 과언이 아니다.

그런데 사실 이 표현에는 어폐가 없지 않다. 『상속자들』을 섣불리 '정전화'正典化하려 든다면, 부르디외와 파스롱이야말로 그런 시도에 누구보다도 먼저 강력하게 반대하고 나설 것이기 때문이다. 그들은 특정한 텍스트를 고정불변하는 본질적 가치를 지닌 실체로 간주하면서 그것을 물신화하는 일을 각별히 경계해 마지않았다. 그렇다면 『상속자들』을 통상적인 의미의 '고전', 즉 '변치 않을 가치를 지닌, 명성 높은 옛날 책'이라는 박제화된 범주 안에 가두어 버릴 수는 없다. 그것은 '영원한 철학'philosophia perennis을 거부하고 순수한 관념의 천상에서 내려와 경험 연구의 대지에 철저히 발붙이고자 했던 저자들의 의지가 무색하게, 그저 '영원한 사회학'의 또 다른 우상을 세우는 일이 될 터이기 때문이다. 그러니 우리가 굳이 『상속자들』에 '고전'의 이름표를 붙이고자 한다면, 이는 그 단어를 다르게 정의함으로써만 나름의 의의를 지닐 수 있을 것이다. 어떤 중요한 문제의 초안을 잡은 책, 그리하여 그 문제가 여전히 유효하게 남아 있는 역사적 상황에서 끊임없이 소환되며 새로운 해석 지평을 향해 열려 있는 책이 바로 '고전'이라고 말이다. 이때 '고전'은 일반명사라기보다는 차라리 일종의 명령어에 가까워진다. 그 대상을 다시 읽고 재해석하고 특수한 역사적 상황에 맞추어 새롭게 써먹도록 독자에게 맹렬히 촉구하는 명령어. 이제 우리말로 우리 비판 사회과학의 논의 안에 본격적으로 들어온 『상속자들』은 이런 의미에서 오래도록 '고전'이어야 한다.

1 Yvette Delsaut, "Sur *les Héritiers,*" in Jean-Michel Chapoulié et al. (Dir.), *Sociologues et sociologies. La France des années 60*, Paris, L'Harmattan, 2005, p. 70.

2 Pierre Bourdieu, "L'idéologie jacobine," in *Interventions. 1961-2001*, Marseille, Agone, 2002, p. 58.

3 『상속자들』 이래 프랑스에서 교육 불평등 문제를 둘러싸고 불거진, 상이한 사회학적 접근들 사이의 논쟁을 개관하기 위해서는 다음 책을 참고할 수 있다. Charles C. Lemert (Ed.), *French Sociology: Rupture and Renewal Since 1968*, New York, Columbia University Press, 1981, 3부. 한편 발리바르는 책 출간 직후 알튀세르의 요청으로 쓴 서평에서 『상속자들』이 "대단히 중요한 책"이며 "진정한 변화를 위한 도구"로 쓰일 수 있을 것이라고 평가했다. 사르트르는 1966년 지식인에 관한 일본 강연에서 『상속자들』의 분석을 호의적으로 끌어다 썼다. Étienne Balibar, "Reading notes on Pierre Bourdieu and Jean-Claude Passeron, 'The Inheritors'," *Cahiers Marxistes-Léninistes* 3 (1964) https://www.versobooks.com/blogs/5399-reading-notes-on-pierre-bourdieu-and-jean-claude-passeron-the-inheritors; 장폴 사르트르, 『지식인을 위한 변명』, 박정태 옮김, 이학사, 2007, 38, 39쪽.

4 『상속자들』은 같은 저자들이 쓴 『재생산』보다도 훨씬 더 많은 판매 부수를 기록했고, 7개 언어로 번역되었다. Pernelle Issenhuth, "La 'cléf de voûte de toute sociologie de la culture'. Enjeux des premières enquêtes 'Education'," Julien Duval et al. (Dir.), *Pierre Bourdieu et l'art de l'invention scientifique: Enquêter au Centre de sociologie européenne* (1959-1969), Paris, Classique Garnier, 2022, p. 257.

5 Bernard Convert, "Héritiers (Les). Les étudiants et la culture," in Gisèle Sapiro (Dir.), *Dictionnaire international Bourdieu*, Paris, CNRS, 2020, p. 401.

6 나중에 부르디외는 이를 사회적 실재에 대한 "이중적 독해"로 표현한 바 있다. Pierre Bourdieu, *La Noblesse d'État*, Paris, Minuit, 1989, p. 9. 피에르 부르디외·로익 바캉, 『성찰적 사회학으로의 초대:

부르디외 사유의 지평』, 이상길 옮김, 그린비, 2015, 1부도 참조.

7 Raymond Aron, *Mémoires*, Paris, Julliard, 1983, p. 478; Philippe Masson, "La réception des *Héritiers*. A l'extérieur de la sociologie (1964-1972)," in Jean-Michel Chapoulié et al. (Dir.), *Sociologues et sociologies. La France des années 60*, Paris, L'Harmattan, 2005, p. 109; Annie Ernaux, "La Distinction, oeuvre totale et révolutionnaire," in Edouard Louis (Dir.), *Pierre Bourdieu. L'insoumission en héritage*, Paris, PUF, 2016, p. 20.

8 Roger Establet, "Préface," in Valérie Erlich, *Les nouveaux étudiants. Un groupe social en mutation*, Paris, Armand Collin, 1998, p. 11. 『상속자들』은 68년 5월 혁명 직전 파리 고등사범학교 연극부에 의해 무대에 오르기도 했다. Delsaut, "Sur *les Héritiers*," p. 73.

9 Pierre Bourdieu, "Retour sur La réception des *Héritiers*... et de *La Reproduction*...," in *Interventions. 1961-2001*, Marseille, Agone, 2002, p. 73.

10 Delsaut, "Sur *les Héritiers*," p. 70.

11 대표적으로, 사회학자 미셸 엘리아르는 응답자 선정이 확률 표집 아닌 편의 표집에 의해 이루어졌고 — 두 저자는 사회학자 지인들의 도움을 얻어 여러 대학의 인문사회과학 수업 수강생들에게 설문을 받는 식으로 조사를 진행했다 — , 특히 철학과 사회학 전공 학생들에 편중되어 있어 그 결과를 인문대 학생들에게조차 일반화할 수 없다고 비판한다. 그는 부르디외와 파스롱이 수집한 설문지 자료의 실제 통계 분석을 담당했던 동료이기도 하다. Michel Eliard, *Bourdieu ou l'héritage républicain récusé*, Toulouse, PUM, 2014, 2장 참조.

12 Jean-Claude Passeron, "Le sociologue en politique et vice versa: enquêtes sociologiques et réformes pédagogiques dans les années 1960," in Jacques Bouveresse & Daniel Roche (Eds.), *La liberté par la connaissance, Pierre Bourdieu (1930-2002)*, Paris, Odile Jacob, 2004, pp. 14-104.

13 부르디외는 학술 텍스트를 여러 층위로 구성해 다양한 독자층에 소구하는 문제에 꾸준한 관심을 나타낸 바 있다. 이는 그가 자기가 저술한 책들은 물론, 창간과 편집을 주도한 학술지에서 인터뷰 자료와

사진, 신문·잡지 기사 등을 십분 활용해 복합적인 독해가 가능하도록 구성한 데서도 잘 드러난다. 이상길, 『상징권력과 문화: 부르디외의 이론과 비평』, 컬처룩, 2020, 2장 참조.

14 아니 에르노, 『칼 같은 글쓰기』, 최애영 옮김, 문학동네, 2005, 112, 113쪽.

15 Alain Bruno, *Pierre Bourdieu & Jean-Claude Passeron: Les héritiers, les étudiants et la culture — Un renouveau de la sociologie de l'éducation*, Paris, Ellipses, 2009, p. 15.

16 참고로 『상속자들』에서 두 저자는 '문화적 유산'이라는 용어로 가족 내에서 이루어지는 언어, 교양, 태도 등 문화적인 차원의 상속과 세습을 강조하지만, '문화자본'이라는 용어를 쓰지는 않았고 상세한 정의 없이 '정보자본'이라는 용어를 한 번 언급할 뿐이다. 문화자본 개념은 전후 프랑스 사회의 변화를 주제로 1965년 아라스에서 열린 대규모 컬로퀴엄에서 부르디외가 발표한 논문 「문화적 유산의 전수」에서 처음 쓰인다. Pierre Bourdieu, "La transmission de l'héritage culturel," in Darras, *Le partage des bénéfices. Expansion et inégalités en France*, Paris, Minuit, 1966, p. 397.

17 Jean-Claude Passeron, "Que reste-t-il des *Héritiers* et de *La Reproduction* (1964-1971) aujourd'hui?," in J-M. Chapoulié et al. (Dir.), *Sociologues et sociologies. La France des années 60*, Paris, L'Harmattan, 2005. p. 44.

18 Pierre Bourdieu, *Esquisse pour une auto-analyse*, Paris, Raisons d'Agir, 2004, pp. 126-131.

19 Jacques Bouveresse, *Bourdieu, savant & politique*, Marseille, Agone, 2003, p. 13.

20 Série « Jean-Claude Passeron, un sociologue sur son métier » Épisode 3/5 : Vers la sociologie (via Foucault), 2 novembre 2016 https://www.radiofrance.fr/franceculture/podcasts/a-voix-nue/vers-la-sociologie-via-foucault-3775510

21 Pierre Bourdieu & Jean-Claude Passeron, *Les étudiants et leurs études*, Paris-La Haye, Mouton, Cahiers du Centre de sociologie européenne 1, 1964; Pierre Bourdieu, Jean-Claude Passeron &

Monique de Saint-Martin, *Rapports pédagogiques et la communication*, Paris-La Haye, Mouton, Cahiers du Centre de sociologie européenne 2, 1965.

22 Passeron, "Que reste-t-il des *Héritiers* et de *La Reproduction* (1964-1971) aujourd'hui?," pp. 56, 57; 파스롱의 오랜 친구이자 1970년대 초반 아롱의 연구소에서 활동한 역사학자 폴 벤느 역시 비슷하게 회고한 바 있다. Paul Veyne, *Le quotidien et l'intéressant*, Paris, Les Belles Lettres, 1995, pp. 57-59. 한편 델소에 의하면, 아롱은 『상속자들』이 당시 유행하던 '불평등 비판'에 기회주의적으로 영합한다고 실망감을 드러내면서도, 어쨌거나 큰 대중적 성공을 거둘 것이라고 예견했다. Delsaut, "Sur *les Héritiers*," p. 72.

23 부르디외와 파스롱 간의 지적 분기점들을 개관하기 위해서는 다음의 문헌들을 참고할 수 있다. Passeron, "Le sociologue en politique et vice versa: enquêtes sociologiques et réformes pédagogiques dans les années 1960," p. 53 이하; 이상길, 『상징권력과 문화』, 43~46쪽.

24 Bourdieu, *La Noblesse d'Etat*, p. 13.

25 Bourdieu, "Retour sur La réception des *Héritiers*... et de *La Reproduction*...," p. 73.

26 Pierre Bourdieu, "Preface to the American Edition," in *The Inheritors: French Students and Their Relation to Culture*, Chicago, University of Chicago Press, 1979, p. vii.

27 Bourdieu, "L'idéologie jacobine," pp. 55-61; 김영화, 『피에르 부르디외와 교육』, 교육과학사, 2020, 6장 참조.

28 Convert, "Héritiers (Les). Les étudiants et la culture," p. 400.

29 Bourdieu, "Retour sur La réception des *Héritiers*... et de *La Reproduction*...," p. 77.

30 1966년 상황주의자 인터내셔널이 내놓은 유명한 팸플릿 『비참한 대학 생활』은 당시 학생 상황에 대한 급진 좌파의 이해와 대응 방식을 보여 준다. 거기서 부르디외와 파스롱은 선의에도 불구하고 부분적인 진실에 매몰되어 교수들의 도덕 문제를 체계적 교육을 위한 칸트적 윤리 문제로 환원해 버린 사회학자들로서 신랄한 조롱의 대상이 된다.

상황주의자 인터내셔널, 스트라스부르대학교 총학생회, 『비참한 대학생활』, 민유기 옮김, 책세상, 2016, 26, 27쪽 참조.

31 Passeron, "Le sociologue en politique et vice versa: enquêtes sociologiques et réformes pédagogiques dans les années 1960," p. 23. 이 정책은 영국의 EAZ(교육우선지역Education Action Zone)와 함께 국내 교육 복지 정책에도 계획 수립 단계부터 직접적인 영향을 미친 것으로 알려져 있다. 조발그니, 「프랑스 'ZEP'이 한국의 '교육복지투자우선지역' 정책 보완에 주는 시사점」, 『교육사회학연구』, 15(3), 2005, 239~262쪽; 김민·이영란, 「프랑스 우선교육정책이 한국 교육복지 정책에 주는 시사점」, 『미래청소년학회지』, 17(2), 2020, 115~140쪽.

32 우선교육지구 정책은 이후 부침과 진화를 거듭하면서도 프랑스에서 아직껏 시행 중이다. 엘리아르는 이 '긍정적 차별 정책'이 '모든 학생에게 동등한 교육을 제공한다'는 공화주의 교육의 평등 원칙을 훼손하고 지적으로 정당화함으로써 공교육의 발전에 오히려 부정적인 결과를 가져왔다고 비판한다. ZEP은 현재 교육의 효율성과 수월성을 강조하는 방향으로 흐르고 있으며, 그 단초는 교육의 형식적 평등을 거부한 부르디외와 파스롱의 제안에 이미 들어 있었다는 것이다. Eliard, *Bourdieu ou l'héritage républicain récusé*, 2장.

33 부르디외, 『성찰적 사회학으로의 초대』, 321~324쪽. 철학자 자크 랑시에르는 『상속자들』을 민주주의적 삶의 중요한 형식인 학교에 대한 "극단적인 의혹의 사유", "허무주의적 해석"을 제공하는 사회 비판의 한 가지 사례로 꼽는다. 그에 따르면, 『상속자들』은 "사회학자와 사회 비판가는 매번 이기고 민주주의는 매번 지는" 논리를 예시한다. 그 논리는 "만일 민주주의가 그것이 주장하는 평등에 걸맞지 않다면, 이는 민주주의가 은폐하는 불평등에 완전히 맞춰진 것이며, 불평등이야말로 민주주의의 근본 원리이기 때문이라는 것"이다. 그가 보기에, "불평등에서 출발해 불평등으로 되돌아오는" 사회학적 시각 — 즉 문화적 불평등의 현실을 고려한 차별화된 교육의 필요성 주장 — 은 "민주주의적 학교가 보편적인 지식을 분배하거나 사회적 재분배 효과들을 통해서가 아니라 생산적 삶에서 분리되는 형태 자체를 통해서 그 자신이 받아들인 자들을 평등하게 만든다는 것"을 간과한다. 따라서 진정한 개혁은 학교를 "평등의 상징적 가시성의 장소, 그리고 평등의 경험적 협상의 장소"로 구성하는 데 있다는

것이다. 자크 랑시에르, 『정치적인 것의 가장자리에서』, 양창렬 옮김, 길, 2013, 99~103쪽. '평등'에서 출발해 '감각적인 것의 재편성'을 통한 해방을 지향하는 랑시에르의 민주주의 정치철학은 그 자체로 충분히 숙고할 만한 가치가 있다. 하지만 이와 별개로, 『상속자들』(나아가 부르디외 사회학)에 대한 그의 평가가 과연 적절한지는 면밀한 검토를 요구한다. 특히 두 가지 문제가 고려되어야 한다. 먼저 『상속자들』의 불평등 비판이, 랑시에르가 가정하듯이, 민주주의를 '기만적인 환영'으로 비난하고 축출하려는 의도와는 전연 무관하다는 것이다. 부르디외의 지향이 오히려 정반대에 가깝다는 점은 그가 『상속자들』 출간 바로 다음 해에 발표한 논문 「문화적 유산의 전수」 결론부 문장에 분명히 나타나 있다. 거기서 부르디외는 "'민주주의' 사회의 현실이 그 이상과 어느 정도나 부합하는지 판단할 수 있게 해주는 최상의 방법은 또한 그 사회가 상이한 사회 계급의 개인들에게 부여하는, 사회적 계층 상승과 문화적 구원의 제도화된 수단들에 접근할 기회를 측정하는 것"이라고 지적한다. 이는 그가 평등의 확대로서 민주주의에 대한 이상을 사회학적 실재의 분석에 고스란히 투영하고 있음을 잘 보여준다. Bourdieu, "La transmission de l'héritage culturel," p. 420. 게다가 랑시에르는 『상속자들』이 68혁명에서 수행한 역할에 관해 철저히 침묵으로 일관한다. 이런 침묵은 그가 68혁명을, '가능한 것'의 배치를 변화시키는 시·공간을 열어젖힌 주체적 역동성의 창조로 높이 평가한 점에 비추어볼 때 한층 기이하게 다가온다. 그는 (불평등에 대한) 비판 사회학적 담론과 혁명적 사건의 마주침이 갖는 정치적 의미에 대해서는 외면한 채, 68혁명의 배경으로 "1960년대 탈식민화 및 제3세계 해방운동의 에너지에 힘입은 마르크스주의 사상과 혁명적 희망의 거대한 부흥"만을 거론한다. 쿠바혁명, 중국의 문화혁명, 파농의 혁명 활동, 이탈리아 노동자 투쟁, 알튀세르의 마르크스주의, 새로운 자본주의 착취 분석 등을 68혁명과 연결 지으면서도, 정작 그 직접적인 발화점이라 할 프랑스 학생 소요의 계기와 『상속자들』의 역할에 대해서는 일말의 논평조차 내놓지 않는 것이다. Jacques Rancière, *Moments politiques: Interventions 1977-2009*, Seven Stories Press, 2014, pp. 172와 167.

34 Bertrand Rothé, "Bourdieu plus fort que Piketty?," *Marianne*, 1er mai 2015. https://www.marianne.net/agora/bourdieu-plus-fort-que-piketty

35 Establet, "Préface," pp. 10-13; Bruno, *Pierre Bourdieu & Jean-Claude Passeron: Les héritiers, les étudiants et la culture — Un renouveau de la sociologie de l'éducation*, pp. 118, 119; 구신자, 『프랑스의 대학과 그랑제콜』, 세계문화교육연구소, 2021, 1장과 4장.

36 토마 피케티, 『21세기 자본』, 장경덕 외 옮김, 글항아리, 2014; 토마 피케티, 『자본과 이데올로기』, 안준범 옮김, 글항아리, 2020.

37 Thomas Piketty, "Capital in the Twenty-First Century: a multidimensional approach to the history of capital and social classes," *British Journal of Sociology*, 65(4), 2014, p. 737; Thomas Piketty, "Vers une économie politique et historique," *Annales: histoire, sciences sociales*, 70(1), 2015, pp. 133-135 참조.

38 Paul Pasquali, *Héritocratie: Les élites, les grandes écoles et les mésaventures du mérite (1870-2020)*, Paris, La Découverte, 2021, pp. 20-23.

39 디디에 에리봉, 『랭스로 되돌아가다』, 이상길 옮김, 문학과지성사, 2021; 아니 에르노·로즈마리 라그라브, 『아니 에르노의 말』, 윤진 옮김, 마음산책, 2023; 샹탈 자케, 『계급횡단자들 혹은 비-재생산』, 류희철 옮김, 그린비, 2024; Rose-Marie Lagrave, *Se ressaisir. Enquête autobiographique d'une transfuge de classe féministe*, La Découverte, 2021.

40 Raymond Aron, "Avez-vous lu Veblen?," in Thorstein Veblen, *Théorie de la classe de loisir*, Paris, Gallimard, 1970, p. viii.

옮긴이 해제

옮긴이의 말

　어떤 책은 머리만큼이나 가슴에 와닿는다. 내게는 『상
속자들』이 그런 책이었다. 기억 한 귀퉁이에 무질서하게,
때로 아프게 흩어져 있는 이런저런 개인적 경험이 어떤 사
회적 논리 위에서 퍼즐처럼 한데 맞춰질 수 있는지를, 단단
한 학문적 언어로써 알려 주었기 때문이다. 당연한 이야기
일 테지만, 파리 유학 시절 처음 읽었을 때는 '상속자'가 못
되는 학생의 입장에서 느끼는 바가 컸고, 이제 우리말로 옮
기면서 다시 읽자니 '제자들을 거느린 마법사' 비슷한 선생
의 입장에서 새삼 깨닫는 바가 많았다. 『상속자들』은 1960
년대의 프랑스 교육 문제를 다루지만, 현재의 한국 상황에
서도 의미 있게 논의될 수 있는 대목들이 적지 않다. 이 책
이 프랑스에서 그랬듯이, 우리 사회에서도 많은 독자에게
읽히고 각자 자기 자리에서 사회문화적 불평등의 완화와
더 나은 학교 교육을 위해 해야 할 일을 고민하게 만드는 작
은 계기가 될 수 있길 바란다.
　책 내용의 이해를 돕기 위해 1960년대 초의 프랑스 교
육제도를 간략히 정리해 부록(참고 사항)으로 실었다. 내 나

름대로는 국내외의 관련 논문과 책, 인터넷 자료 등을 참고해 최대한 알기 쉽게 정리하고자 했지만, 혹시라도 부정확한 정보가 있을지도 모른다는 걱정이 앞선다. 그런 부분이 있어 누구든 지적해 주신다면, 수정에 태만하지 않을 것이다. 번역 과정에서 채태준은 초고 전체를 세심히 검토해 주었고, 표 작성에도 큰 도움을 주었다. 박두진 선생님은 통계학 용어에 잘못이 없는지 집중적으로 살펴 주셨다. 이 자리를 빌려 두 분께 감사의 마음을 전한다. 여러 차례의 교정을 거치는 동안 편집자 윤상훈 선생님은 매번 원고를 꼼꼼히 들여다보며 끈질기게 남아 있는 오류들을 바로잡아 주셨다. 안중철 선생님과 이진실 선생님은 자꾸만 늦어지는 번역 작업을 참을성 있게 기다리며 독려해 주셨다. 이 모든 분의 마음 씀씀이가 없었더라면, 이 책을 읽으며 움직였던 내 마음이 번역본을 통해 다른 사람들에게까지 가닿는 일은 아예 상상조차 할 수 없었을 것이다. 진심으로 감사드린다.

옮긴이의 말

찾아보기

찾아보기   287